翥雲

翥雲

上海翥云艺术博物馆

上海翥云艺术博物馆《翥云》

主编：周　嘉

编辑：徐征伟　陈　洁

地址：上海市嘉定区安亭镇新源路1375号

邮编：201805

编辑部电话：021-39541111

电子邮箱：zhuyunyishu@sina.com

主办：上海翥云艺术博物馆

图书在版编目(CIP)数据

翥云. 第2辑 / 周嘉主编. — 上海：中西书局，2016.1

ISBN 978-7-5475-0988-3

Ⅰ. ①翥… Ⅱ. ①周… Ⅲ. ①博物馆－嘉定区－丛刊

Ⅳ. ① G269.275.13-55

中国版本图书馆CIP数据核字(2015)第314728号

翥　云 第二辑

周　嘉　主编

责任编辑	邓益明
装帧设计	梁业礼　王轶颀
出　　版	上海世纪出版集团　中西書局(www.zxpress.com.cn)
地　　址	上海市打浦路443号荣科大厦17F(200023)
发　　行	上海世纪出版股份有限公司发行中心
经　　销	各地新华书店
印　　刷	上海中华商务联合印刷有限公司
开　　本	890×1240 毫米　1/16
印　　张	8.75
版　　次	2016年1月第1版　2016年1月第1次印刷
书　　号	ISBN 978-7-5475-0988-3/G · 286
定　　价	38.00元

封面：“翥云”二字为顾振乐所书

封面用照：矗立于嘉定汇龙潭公园中的明代翥云峰

封底用照：1930年代嘉定胡氏雪园内之石屋（私人藏）

卷首语

《疁云》第二辑和大家见面了，带给我们的欢喜犹如辛勤劳作后的一杯清茶。

上海疁云艺术博物馆是一家民办博物馆，位于上海市嘉定区安亭镇，是收藏、展示与宣传嘉定人文历史的场所。自2008年创办以来的这几年里，我们牢记初衷，一直致力于服务嘉定的地方文化建设，为宣传嘉定的优秀文化传统，分享所藏，贡献微力。

2013年，上海疁云艺术博物馆成为嘉定地区唯一一家由上海市文物局批准，在上海市民政局、上海市社会团体管理局登记注册的非国有博物馆。面对新的发展机遇，如何在做好博物馆藏品收藏、陈列展览与社会教育这些基本的业务活动之后，能在学术研究与信息公开方面有所作为，从而展示新时期非国有博物馆的新形象，是我们面临的新课题。

2014年春，我们决定推出馆刊《疁云》，介绍馆藏及在嘉定人文历史研究方面的动态与成果。于是广泛拜访地方文化人士与沪上知名学者，畅谈想法，交流意见，得到了同乡顾振乐、陶继明、赵春华诸先生的大力支持。随后成立了馆刊专家委员会与编辑委员会，开始运作《疁云》。

2014年12月《疁云》第一辑出版，设有馆藏、人物、名胜、影像、老话、往事、游记等栏目，所发内容全都是关于嘉定的。嘉定地方史专家陶继明先生看后说："《疁云》让人眼睛一亮，图文并茂，内容生动，史料充沛，不忍释手，教化嘉定所出的刊物就应该是这个样子。"嘉定区教育局领导姚伟说："《疁云》集地方文献、艺术藏品、文物史料于一体，选题恰当，图文并茂，俾使青少年增添文化传承津梁。"读者的鼓励是我们继续办好《疁云》的最好动力。

2015年是中国人民抗日战争暨世界反法西斯战争胜利70周年，9月3日又是首个中国人民抗日战争胜利纪念日。在1932年"一·二八"淞沪抗战与1937年"八·一三"淞沪抗战中，嘉定都是主要战场之一。这次我们在原有栏目的基础上，增设了"血染的记忆·抗战在嘉定"专题，就是为了铭记那段苦难的岁月。

《疁云》的创办，是我馆在学术研究方面走出的第一步，可谓一分追求，一分探索，十分执著。衷心希望得到朋友们，特别是关注嘉定文化建设的朋友们的爱护与帮助，使我们前行的路程更坦畅，脚步更踏实。

编　者

目 录

血染的记忆 · 抗战在嘉定

7 嘉定创痕录——“一·二八”淞沪抗战嘉定灾况调查 / 徐征伟 整理

10 《国难苦度记》（节选）/ 吕舜祥 原著　林介宇 整理

16 烈血诗篇——两次淞沪抗战中的嘉定 / 陶继明

20 苦难痛痕——“一·二八”淞沪抗战中嘉定遭受的灾难 / 徐征伟

23 日寇在安亭犯下的滔天罪行 / 张 正

26 侵华日军《嘉定宣抚班（工作报告）》（1937.12.13—1938.4）/ 上海翥云艺术博物馆 藏　周春红 翻译

42 让影像留住“血染的记忆”——上海翥云艺术博物馆藏抗战时期影像介绍 / 周 嘉

馆藏

46 细致潇洒　淡雅天真　形神兼备——清《张徽五精绘动植各物》册页简介 / 顾建清

49 风采独具　世人宝爱——上海翥云艺术博物馆藏嘉定竹刻介绍（二）/ 杨柳有叶

人物

52 关于王圻的几点辨正 / 王梦湘

55 追忆先父范祥善 / 范 珣

60 画坛闯将沈逸千 / 宋 岚

63 谭正璧年谱 / 谭 篪

71 故乡情——追忆于光远先生 / 陶继明

73 新见三位嘉定竹人 / 王光乾

名胜

75 吴中第一的嘉定孔庙 / 江汉洪

80 嘉定县衙门 / 陈兆熊

82 上海嘉定《倪云林墓铭小像合刻》索隐 / 陶喻之

89 嘉定名石翥云峰的前世今生 / 周 嘉

93 嘉定南门外的横沥街 / 章丽椿

96 嘉定胡家花园 / 陈 洁

影像

102 嘉定孔庙魁星阁的影像记忆 / 徐征伟

106 一张摄于85年前的老照片 / 陈四益

老话

108 家风家训与嘉定地方社会 / 王光乾

113 嘉定竹枝词略考 / 朱少伟

115 《嘉定方言词语汇集》读后感 / 张剑光

117 用真情描绘家乡的历史画卷——记嘉定民俗画家严永芳 / 徐征伟

往事

122 “接沪”还是“接淞”：沪宁铁路嘉定段路线之争 / 岳钦韬

126 《中国文学家大辞典》跋语 / 谭正璧 遗稿　谭 篪 整理

129 平汉抗敌留印 / 沈逸千

131 祖父沈逸千的抗战写生 / 沈原一

游记

134 邵燕祥嘉定一日 / 楼耀福

136 流动的古城——皮划艇环游嘉定古城河 / 陆争友

馆讯

138 协助《胡厥文诗书选》出版

138 配合拍摄纪录片《翥云流长》

139 接受《典藏》采访

139 参加国家文物局培训

140 承办嘉定区纪念抗日战争胜利七十周年图片展

140 周嘉馆长获得荣誉

「风雅继泰常词赋，斗山追司业文章。」

清 钱大昕隶书对联 上海翥云艺术博物馆藏

嘉定创痕录

——“一·二八”淞沪抗战嘉定灾况调查

徐征伟 整理

按：在1932年5月5日《淞沪停战协定》签订后的数日内，原沦陷区日军陆续撤离，国民政府接管委员会随后接管各地区，因战火而避难的灾民也陆续回家，社会秩序慢慢恢复正常。然灾后重建工作艰巨异常，因嘉定是“一·二八”抗战的主战场之一，战火所及，遍地劫灰。对于灾情如何，当年上海各报记者陆续来嘉调查而作报道。此《嘉定创痕录》即为5月20日《新闻报》所发。

南翔镇上

镇中受炸最重者，厥为八字桥，凡中弹三四枚，桥身全断。桥之西堍，路北被炸者，为应益深茶叶号等十五家，路南为恒昌南货号等两家。桥之东堍，路北姚深甫鱼行、发茂作坊等十数家，此街盖已全毁；路南为晋泰纸号、葛新盛米店等三四家，一望之余，但见碎椽断柱，凌乱斜矗于瓦砾堆中而已。该处被炸而死者，有朱式谷肉庄之伙金姓等凡三四人。次之为东市梢杨家弄被炸之户，弄东为陈尹良等十余家，弄西为张六房之房屋数十椽，损失较八字桥为多，迄今已发现之尸身有十余具，而失踪之人尚有不少，或者犹埋于瓦砾堆下也。马路口之中弹者，为中山小学宿舍之一部。西市梢之中弹者，为大富贵寿器店及江姓住宅之半。万寿桥之中弹者，为江姓住宅之前半。其他各处虽被炸而损失不甚重大者，不备载。至为日军放火焚烧之处，则有东市梢陈允亭之房屋两进，香花桥街南之黄日新酒店、仁昌烟纸店，及街南之钟表店等。人民死于日军枪刺下者，有阿虎及浦松邻两人；浦被刺未即死，为日军所活埋，惨矣哉！

毁灭文化

南翔公学，为先哲许苏民所创办。许氏藏书颇多，亦饶善本，均捐作公学图书馆，历年添购亦颇不少。固不知日军于我文化，有何深仇宿恨，闸北商务书馆之东方图书馆，既毁于硫磺弹矣。陷我南翔后，复尽取公学图书馆之图书，堆积广场中，举火悉焚之。其意何居？真令人切齿痛愤者也。

由翔到嘉

嘉翔间之道路桥梁本甚整齐，日军到后，沿路桥梁悉被破坏，完好者仅有其一而已。余或以木易石，或破坏其半，他日修复旧观，颇非易事。嘉定南门外之沙场弄，全街皆以长石条砌成，其下为阴沟，乃多数石条均为日军所中断折陷沟中，几不克通车辆。此等破坏，似非出于自然，修复之费，当不在少数。

嘉定城中

城中为炸弹所毁者：（一）圈通寺桥东堍之项远村家，宅颇宏大，当时建筑，已需四万金，今已毁其十分之九，除大厅之半及若干小屋外，悉数被焚，度所投者当为硫磺弹也。（二）南大街与张马弄转角处，凡中三弹，其一炸去秦姓花园之小屋数间及徐新甫住宅之右首厢房，其一炸毁胡师王家之大厅，其一炸毁世界书局分销处后面之朱赞侯家。（三）塔前杜聚兴铅皮店及百货商店，中两弹，店面全毁，其南邻元泰昌纸号之大厅与货栈，亦遭波及。（四）石灰桥畔之张恒盛石灰行。（五）

1932年"一·二八"事变中，嘉定城中栅口弄被日军飞机轰炸的民房

沈家桥中弹全断，桥东汪望农家之门面而及下岸房屋，炸坏不少。（六）东坡桥下吴家馆之后进，波及浦菊舲家之门面。（七）栅口弄中顾元发酒店楼房七幢及侯登兴客栈，完全炸毁。（八）积谷仓之一部分。此外，尚有一枚落栅口弄中印隽丞家，未炸，约有二尺见方，刻陷泥中，未敢轻动，须请专家前往销灭之。

其为日军放火焚烧者：（一）为慈善机关存仁堂。（二）为南门盐公堂，几全部被毁，本有厅事九栋，今只存其半矣，损失当在十万左右。（三）钟楼相近之农民四家，其遭日军惨杀者，先后约十六七人，又有活埋者三人。西门外则有逃难者五六人，为日军机关枪扫射而死。

东门之外

东路街道，为日军行驶汽车，已中凹而边凸，非大修不可。出东门，一望皆瓦砾，被炸者凡四十一家，如藤万昌酒店、陈万盛杂货店及吴君禄住宅等。昔日市面，尚属繁盛，今则椽柱焦黑，与砖瓦错杂，成奇惨景象，共计牺牲于炸弹下者，一百二十四间。其炸死之人民，有朱阿四、吴长贵二人，又有死尸下半截炸飞人家屋上，不知其名。长途汽车站之周围，落弹甚多，然站则无恙。

报施不爽

汽车站之东北有斜径乡者，夹一小河，在南曰南斜泾，在北者曰北斜泾，两村农户，不足四十家，乃为日军放火焚烧，毁三十余家，幸存者一二而已。在放火之前，捕乡民二十七人，悉数枪毙之，其中四人系沪北避难来嘉者，终及于难，惨哉！被毙之乡民，多属贫苦，其乡有为道士之徐湘平者，虽非富有而颇乐善，乃向木行赊棺殓之，力任其费。乃徐氏之居，四邻皆焚，彼独保全，或谓报施不爽，然徐妻亦在二十七人之劫。春桥南之沈家宅等处，亦被焚二十余家，被毙十六人。有所谓小宅者，全宅皆毁，该处有县立农场，亦完全被焚。

北门之外

自东门至北门沿城脚一带（城内），为日军放马之处，农田数百亩，春熟悉遭践踏，损失甚巨。目下农人方在事爬松工作，然践踏经月余，土坚，工作至苦。嘉邑素有冷北门之称，盖北门多贫瘠之家。北门外市廛，亦不若东南西三门之盛，总计商店、居户三十余家，乃悉遭焚烧。幸而获免者，两个全家、两个半家而已。记者小憩于该处茶肆中，其前进已焚，仅有后进，悬匾曰介石堂，此堂之幸存，岂仰赖军事委员长大名之灵耶？可叹！

娄塘镇上

三月二日之夜，我军分两路自嘉撤退。一路出西门，一路则出北门至娄塘，日军追踪向北，遂于娄塘发生战事。娄塘镇甚繁盛，因战事之故，飞机踵至，益以纵火，于是该镇之残破，乃更在南翔之上。被炸者为大北街等处，有印寿民、陈缉文、瞿子全诸家；印氏为前商务书馆总经理印锡璋之子，家本富有，宅亦宏丽，当时造价六万元。其为日军火焚者，以东市市梢之小东街为最惨，全街十毁其九，街左右共有七十余家之多。次之为西市梢之野泥泾，然亦有十七家，几去其半。此外，尚有北市梢三家、河南二家、东南市三家。

是日适大雨，记者仅巡行小东街、野泥泾两处。闻中日交战，自二日夜中三时起，我军只数十人，且战且退，翌日退至朱家桥，日军亦追至朱家桥。三日之傍晚，复在该处激战两小时而后已。日军死伤不少，因此之故，自娄塘里、朱家桥一带，乡居之被焚者，有二百余家之多（连娄塘镇共二百七十四家）；人民之中流弹而死者，约百余人，有陶炳章等数家全家皆亡，可谓惨矣！小东街之梢有朱升泰花米行者，房屋独得保存，顾其主人朱诵清，为日军枪伤死于沪上医院中，其弟镜澄，为日军拉扛子弹，责其不力，死于刺刀之下。

垃圾满室

以上皆记房屋之被炸、被焚及人民之被害。至于嘉邑各家，无论其曾否为日军所占居，总之家家残破不堪，室室垃圾遍地，程度虽有深浅，损失莫能幸免。此则南翔、嘉定、娄塘、外冈乃至于一切乡间，莫不皆然。逃难者归来，初入其室，类皆目定口呆，束手无策，门窗之类，罕有完整，且多缺少，一家多者百余，少亦十数，虽未被炸被焚，亦属有家难住。至于室中，总是满地垃圾，莫能插足，加以臭气熏天，不可向迩，则日军尿屎不择，积两月之久，造成此等现象也。器具什物，或已焚烧，或多破坏，贵重之红木紫檀，亦一例以柴薪论之。至碗盏锅炉，一经应用，即加弃掷，故碎磁破铁，随地皆是。衣服之类，初不为日人所需，则往往焚之毁之。书籍字画，佳者不翼而飞，次者皆在垃圾堆中，碎为纸片。其为日军占居者，墙壁恒为凿洞，或大或小，或多或少，毗连诸家，可以往来。嘉邑饮料，多赖井水，然井中已多数成为厕所，秽浊不堪，无法应用。目下归家者，约十之四五，均在整理之中，顾残破大甚，有力者且不易，境况平常者惟有叹息痛恨而已。各家衣物，除毁灭之外，类多易地，甲家之物移于乙家，乙家之物复在丙家。不肖者则据为己有，多多益善，恒避纠纷。闻有南门某氏者，家中棕榻有百数之多，他物无论，诚恐为物主所认，连夜运寄他处，以图变卖，自非特别情形。

维持经过

日军之侵占嘉翔也，地方当轴，均已走避，于是未及走避者，乃不得不出而维持。在南翔为方项台，在嘉定为金叔坚。当时各报盛传嘉定有伪县长，或即指方，或即指金，其实皆非也。□此方及去翔，金亦离嘉。维持南翔者，乃为巴润之。而嘉定之维持会长，则为冯开生。至娄塘方面，由周子兴始终其事。各地办法不同，成绩亦然，或毁或誉，莫衷一是，毁之者甚或指为汉奸，誉之者则每认为难能。在国破家亡之际，而言维持地方，原属极困苦之事，岂能事事尽如人意，但求无愧于我心而已。究竟为功为罪，众目昭彰之下，他日自有定论也。

散放义赈

此次嘉邑受灾之重，较之甲子齐卢之役，更重十倍。流亡在外者，虽幸得复还乡里，然残破已甚，多数无法维持。其在乡民，二麦未收，室如悬磬，更属无以为生。上海华洋义赈会因此特派专员，于日前运米一千担，洋数千元，至嘉散于急赈，已于南翔、嘉定、娄塘、外冈、方泰等处散发，嗷嗷待哺之灾民，得此甘露，莫不感戴异常。然粥少僧多，限制甚严，所施亦寡，仅足维持十许日而已。利济之力量，殊苦其不足，所盼慈善家多多为该会后盾，使灾民沾惠较遍，维持较久，庶几可以免于饿殍矣！

文载黄天白《新嘉定大事记》第二刊材料（十二）之“中华民国廿一年，五月”，“上海府县志丛书”《嘉定县卷》（四），上海市地方志办公室、上海市嘉定区地方志办公室编，上海古籍出版社，2012年12月。

《国难苦度记》（节选）

吕舜祥 原著　林介宇 整理

按：吕舜祥（1890—1976）别名云彪，嘉定曹王人。长期服务于嘉定教育界，曾任嘉定县教育局视学，嘉定县教育会主席，嘉定县立中学教导主任、教师等职，又任商务印书馆及大东、世界书局等编辑，《嘉定新声》主编，生前为上海市文史馆馆员。勤于笔耕，著述丰富，有“云庐丛刊”十六种、《嘉定疁东志》等传世。

《国难苦度记》为1937年“八·一三”淞沪抗战开始至1945年8月16日抗战胜利的八年间，吕舜祥对于身历目击事实的记录。读此记录，当年嘉定遭遇之苦难，仿佛犹在眼前。当年为避战乱，吕舜祥先生曾逃奔大后方，经安庆，过汉口，又南迁广州、香港，后经海路回上海，期间诸多苦况，读之令人唏嘘不已。今将其中抗战之初关于嘉定的内容辑出，以飨读者。

一、民国二十六年（1937）八月

1.国难临头

民国二十六年七月七日卢沟桥事变后，日人步步进迫。八月十三日夜，无端攻我上海，国人纷起抗战，精神团结，上下一心。虽战术战具不逮，然前仆后继，奋不顾身，非但日人二十四小时攻破南京之迷梦成为话柄，即区区上海一隅，亦无法进展。诗曰：“倭冠无端扰沪边，军民协力誓周旋。齐身喊杀除横暴，卫国心同铁石坚。”“机枪扑扑炮隆隆，动地惊天耳破聋。入夜轰轰尤惨烈，终宵烟火满苍穹。”“铁鸟临空滥炸轰，无休昼夜呈蛮横。煞时弹发尘灰起，壁倒墙坍物殒生。”“众志成城敌计穷，铜墙铁壁徒劳攻。飞机大炮减威力，舰队纵横鲜奏功。”

2.协助国军布防

我嘉毗连上海，日久难免遭遇蹂躏，且敌时以飞机炸我后方。县教育会附设之图书馆，经历任会长苦心经营，民国十六年始，由余主会务，力谋添购图书，详订办法，编印书目，遍发社会，规模粗具，普通书籍，大体具备。设遇不测，至为可惜，乃将重要图书运寄青浦县属朱家角沈姓家保藏。

“八•一三”后避敌轰炸城市，居乡时多。一面设法安定乡民，毋事惊慌。一面鼓起爱国观念，协助国军布防，如引导路径、搬运军用品、开掘战壕等。遇畏怯者，则亲作前导，以壮其胆。间日赴城参与全县维持治安暨协助国军抗战会议。

3.开始避难

汉奸受贿，以潮汛小，汽船可傍宝山县属小川沙堤岸，以及该处防军单薄等情，暗告日军。日军因于二十日即阴历七月十八日晚麇集军舰，在密集炮火猛轰下，乘汽艇蜂拥登陆。驻此之防军数仅一连，全体殉国，附近从旁协助国军之壮丁，亦惨遭杀害。居民梦中惊起，年轻足疾者，赤身逃奔嘉界。年迈迟走者，尽

吕舜祥（1890—1976）

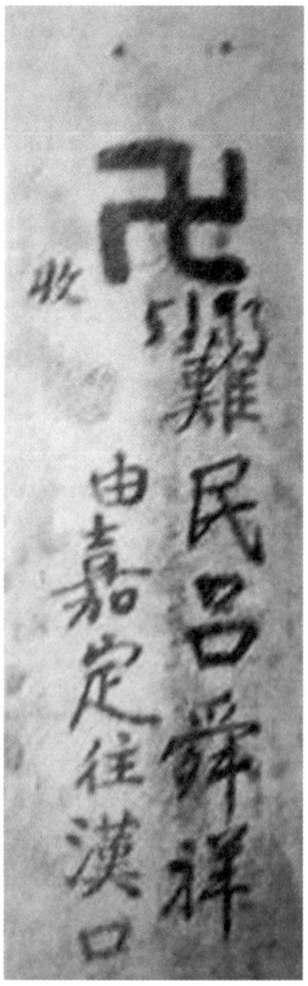

1938年1月吕舜祥过安徽安庆时，所获难民字条

被惨杀。

日军登陆后，势如潮涌，向前扑进，逢人枪杀，遇村火烧，而兵舰复发炮如连珠。本村适对小川沙，闻声东望，但见火光冲天，炮弹滚滚，由顶嘘嘘向西；同时机枪谷谷，彻夜不息。

余初以日军虽攻小川沙，定有国军抵御，决难登陆，虽族弟梦征有蹈“一•二八”杨林口覆辙为言，不之信。二十一日晨，传言昨夜西流之炮弹，坠落嘉定南、西二门外，而东来之机枪声，依然不绝，人心浮动。又传言小川沙民众有逃至曹王附近者，且不断哭喊而来。

是时，地政局长赵廷干，离职潜逃，县委第三课长武骃纯君代理。其他各局为避轰炸，均迁乡办公。地政局之图册，由武君费九牛二虎之力，移至徐行西之南双庙，办公处附之。窃谓地政局之消息，或较灵通，趋询之。行近徐行，日机正低飞轰炸该镇，连续三弹，尘烟四起，墙坍壁倒，声大过雷，二三分钟全镇化为瓦砾场。于惊惶万状下，奔越周家桥而至南双庙。武君亦以不知对，邀与进城刺探。

前二日，因事至城，诣潘君指行于农民银行。忽机声轧轧，连续三弹，似投于西南二方，门窗动摇，墙壁欲倒，全行职员失色。潘君商迁移处，余以乡村为是，陪迁至北门外张水匠家。县教育局亦追踪迁往。余与武君将至北门，正敌机盘旋，低飞侦察，西至农民银行，行中职员俱避入防空壕。转至教育局，各职员亦均惊惶无措，非但不知昨夜情形，反群相询问，答以远在十里外之曹王，虽东方有难民逃至，但晨出时未闻日军至，闻言由惊惶而呈安定状态。午饭教育局后，日机依然盘旋，轰轰掷弹，无法入城，辞别东回。

抵南双庙西陈家村前，见东来难民，肩挑背负，扶老携幼，潮涌西奔。询以来处，慌言罗店。何故西奔？则云日军已至罗店。余等仍不信而前进，讵道路拥塞，兼之日机盘旋，乃至陈家村陈商遗君家暂观动静，承竭诚招待，款以茶点。见村前西行难民愈众，爰冒险东行。途中有言驻嘉国军闻敌至罗店，急派兵二巨车驰御，为敌炮歼，刻正继续派遣。傍晚近本村，遥见罗店上空，烟雾满天，小钢炮蓬蓬不绝，始信敌至罗店为真，武君北回。

余抵家见难民麇集，人声鼎沸，细视之，均属罗店逃来之亲友，物件堆满，地铺纵横，行走为难。村人闻余回，争问消息及商应变办法，当决视明日情势而定，设国军不能抵御于罗店，则向西躲避。当夜，村人鹄立村前，昂首瞭望罗店。枪炮声有时自西向东，有时自东向西，彻夜东西不已。纵火焚烧市房及枪炮火光，明如白昼。晨间，战声更有自西向东情势，误为国军有驱敌东退可能，暂不西迁，虽嘱次儿新民偕族侄音石由小路步往上海，等候暑假期满，就便转往浙江省立杭州高级中学肄业。

二十二日晚，罗店情况如昨。嘱季儿新华随女桂贞家乘舟西行，以防不测。连日敌机成群结队，盘旋上空，满住家中之难民，知识浅薄，无防空常识，随意场外走动，高声喧哗，而小儿之啼哭声又终日不止。吾家孤零村前，墙壁白色，目标显著，易遭轰炸，因躲避于遥远之河滩大树下，除进食外，时与为友。

二十三日下午，武君来商应付办法，潜在竹林中商定剧变时暂向青浦躲避。

二十四日晨，难民蜂拥东来，慌言日军已近曹王，又言曹王东之国军彼此误为敌军，自相攻击，业已退集曹王。其时，国军分数路自西开东，大有在曹王迎敌之势。未几，自晨由钱桥开向曹王之国军，急急收拾电线，似曹王已不敌而为向西撤退之动作，乃宣布西避，暂以新泾河西杜家牌楼为目的地。

家人于下午一时前起身，由弟豪如担行李炊具率领，内子与弟妇等牵三牛随之，余殿后。为践行村人同逃预约，北至老宅通知，讵均于上午启行，老母与陈家姨母，坚欲留家。余为细察曹王方面之实情以及宵小是否乘机作不法行为，迟迟向西村行。过西村，见国军续分数路东开，询领道乡人，知收拾电线向西退之国军，以非奉命开往曹王而退回，曹王仍在国军之手中。是时，东开之国军，邀难民助携战具，难众奔避，经晓以大义，语以曹王并未沦陷，始愿相助。吾弟向西南行，过华亭泾，不见余在后，虑遭不测，一人折回探视。余以出发较迟，途中又劝民众协助国军，且西北行，相左未值。至杜家牌楼之二姑母家，不见家人，折回候于路，久不见来，访之杜家附近，又无踪迹，乃至附近之南双庙地政局访武嘏纯君。晚膳后，弟追踪至，始知道途相左。当晚，弟回家探视老母，余决于明日与武君偕地政局员工至白鹤港觅适当处所，以便全家迁往，由武君陪至杜家携取行李衣服，并嘱内子弟妇暂居杜家。诗曰：“奸徒没耻丧天良，引敌乘虚上海塘。午夜川人遭劫运，裤腰失带逃仓皇。”“明晨敌占曹王乡，被迫西迁杜氏庄。杂集军民境况乱，单身冒险再搬场。”

4.逃奔白鹤港

二十五日晨，偕武君等由西门外小路过高义桥向白鹤港行，行李一部分自负，一部分由局役以自由车推行。沿途日机盘旋，屡伏农田，因行李外包白色被单易为敌机窥见，在在发生危险。中以越过西门时为最危险，日机盘旋下垂，侧首作掷弹状。该处驻军，见不潜伏，恐殃池鱼，潜在柏树坟中放枪警告。其时即俯伏棉田，自料非死于枪弹即为飞机命中。未几，枪声告绝，张目探望，始知生命无恙，瑟缩前行。

下午二时抵安亭。经方前乡长暨现任沈乡长雇人送至白鹤港时，时已傍晚。由西胜塘乡长李鸣丹君招待于商店，款晚膳，下榻留宿。

先是武君嘏纯兄弟二家，由其弟仲衡为防家乡沦陷，于前三日率至李乡长商店附近，赁屋而居。闻讯问候，翌日迎至其寓而食宿也。天气酷暑，余惯洗澡，晚膳后，就寓旁木排行冷水浴。路竭无君子，礼貌置之脑后。武寓诸人，逾格款待。同时地政局职员孙仲琦君家亦迁居武寓旁，亦承多所照顾。

5.蛰居西胜

逃奔白鹤港后二日，即八月二十七日，武君以寓所狭小人多，不便附设地政局办公处，商李乡长另觅处所。李乡长允借其手创之西胜小学，且承亲送，余亦随往。

校在镇北里许，战事关系，暑假后未开学，职员远离，校舍小部分以西胜塘庙改建，大部分由李乡长捐款特建。场地宽广，且有大操场，前临河，岸有大树；厨房厕所齐备。特建之校舍，系新式，高大宽敞，空气畅流。暑假以来，由住庙马道士兼任管理，见李乡长陪至，殷勤接待，诸予方便。附近村人，咸来问讯，诚实可亲。膳食由局役自备。在此清静幽雅宽敞之环境中，人生地疏，亲友鲜知，生活较家舒适。除助武君办理公务外，或闲谈时事，或浏览校书，或至白鹤港购阅沪报，借知战局情况，或买饮茶肆，听取附近战地细情，虽蛰居乡村，消息较家灵通。

二、民国二十六年（1937）九月

6.骨肉重聚

一星期后，武君以县府暨教育局等迁至钱门塘陈仲达君家办公，为便利接洽，亦将局迁往。恐余寂寞，令侄婿樊泰康住校作陪，膳食嘱就食其寓，幸连日天晴，未见不便。武君之弟仲衡及地政局职员孙仲琦等时时回探，常托就便带信吾弟，告以此间安静，校舍宽敞，可全家移居。吾弟以杜家牌楼距战线不远，且国军云集，诸难安适，闻信于十日即废历中秋日率内子、弟妇等肩挑背负携牛到校。未几，季儿新华偕女桂贞家人亦闻信迁来。

家乡虽逼近战线，赖国军奋勇，敌军迄未窜越蒲华塘一步。老母与陈家姨母虽经内子与吾弟时回劝出，未允，后由内子劝往钱家桥西与陈家姨母同居寄儿沈万侯家，然未几又独回家中。年老之人，平时尚不忍其独居，今家在危险地区，于是安忍？爰由吾弟与内子与废历八月二十日坚扶来此。讵途中路滑坠河，弟不谙水性，惊惶失措，幸老母素性宽和，遇事镇静，七十六岁之老年人能自行俯伏河底扒至滩边，由弟扶起。天寒衣湿，由弟解衣供易，继续前进，康健如常，险哉幸哉！自此骨肉重聚，且以婿家亦来同居，人数较多，而牛除我家三头外，更添婿家三头，益形热闹，膳食自备。作陪之樊君，辞回武寓。

7.鼓励爱国

四周乡村民众，虽浑浑噩噩，不识不知，然志行纯洁，无诈无欺。知余系李乡长介绍而来，非不良分子，工

作暇时，入校闲坐。敬其诚实，乐与接谈，细问风俗人情外，晓以国家现状、世界大势，唤起爱国观念。

闲暇无事，随时散步乡村，或观田间工作，村民乘问抗战情形以及国家前途之命运，语以爱家须先爱国，无国即无家，激动其抗战卫国情绪。聆余语及敌人在沦陷区域之暴行，人人激昂慷慨，椎胸攘臂，誓与敌人周旋。

附近各乡村多住有本邑西门外逃来之人民，闻余亦嘉定人，日来探听嘉定消息。问以敌在东门十余里外，炮火不及，爰何来此？则云国军满驻西门外，时时命吾协助，故来避此间。当语以国军浴血抗战，为吾民众御敌除暴，非为个人利益，就地协助，系人民应尽义务，名义上似为国军，实则自为也，当视为家中急事，奋力协助，不宜规避。再三劝之，一星期后，有携眷回返者。

8.敌炸旧青浦

废历七月三十日，家人犹未至西胜塘，武君嘏纯仍同居校中。午夜熟睡时，陡闻机声轧轧，声旋头顶。探首外望，照明弹飘垂空际，光透玻璃窗，室内外明如白昼，炸弹轰然，如左如右，房屋震动，误为轰炸学校，惊慌无措，外逃恐扫射，居屋虑炸弹所及，大有上天无路，入地无门情状。或伏床底，或匿桌下，如鼠见猫，蜷伏不动，历数分钟，机声远离，出视四周，不见弹痕，惊魂略定，重入梦乡。翌晨，传言白鹤港受弹二枚，一落空地，一落青浦农民银行仓库。又传言旧青浦庙附近，亦着弹二枚，悉落空地，未有损害。投弹原因，或言是夜循俗烧地藏香，南翔地理学家兼信佛教之姚孟埙居士，避居是庙，发起念佛，附近百余老妪，集庙念佛，灯烛辉煌，人声喧哗。日机过此，误为驻军，盘旋掷弹。白鹤港掷二弹，距近连及，幸未命中，否则百余老妪与姚居士同遭不测矣！闻言，偕武君察勘白鹤港，果有其事。

9.访友朱家角

朱家角系青浦县属浜淀山湖之湾角，非军事必争地，“一•二八”时，邑人逃此者，均获安全。此次逃亡者因而更多，同志迁居者不下三四十人。屡欲往访而无由。会武仲衡君因省农行嘉定分行在朱家角收购籽棉，与李乡长作棉贩经营，时往来于朱家角白鹤港间。十二日，承邀乘其货船前往，市面热闹，难民麇集，大有人满患。午饭于农行，奔走访问，同志大半晤见，互道流离情况，对时局相与唏嘘。

当晚农行人满，无法借居，晚膳后投老友杨展成君家。承竭诚招待，藤榻以睡，虽家有呻吟床笫重病人，置之不顾，静室谈心，不安之至。十三日上午陪访昨日未访诸同志，导游未游处所，下午乘原船回西胜塘，临别依依不舍。大难临头，家有病人，犹以友谊为重，可知平日交情，更可知杨君之为人矣。

10.国机夜炸虹口

十六日武君自钱门塘来，云可绕道青浦乘脚船至沪，有一行意。余久不见服务上海之长儿，兼之次儿赴沪等候杭高开学，业已到杭与否，不得而知，愿与偕行。十七日侵晨乘舟至青浦，晚宿旅馆，略观城市情况，闻此处之麻饼与青梅味较他处为佳，买啖一二，果名不虚传。战后本乡曹王镇本家吕兴盛饼铺所制之麻饼，远近争购者，盖于逃难该处时得其法面仿制所致。旅次遇前罗店商团长朱冷非君，略知家乡战况。

十八日黎明至码头乘脚划船，船小人众，拥挤难转身，空气混浊，几至窒息。下午四时半至徐家汇，在大雨滂沱下，至法租界入口处，两旁法警排列，森严可畏，难民待入者拥挤于口外，只许单身入内，且频经搜检，顺次而入，物件禁携。余等无行李，然携更换衣服，幸托同船人由其熟识之附近同行裁缝店家后门代为带入，始得于入口处入内。

抵福履理路浦东电气公司办事处长兄处，适外出，由工役导致其亚尔培路岳家寓，晤见下，知次儿早赴杭州。

……晚宿公共租界山海关路陆友白君寓，滨苏州河。是日为“九•一八”，系我之国耻日。国机于晚八时自南京来袭敌军丛集之虹口地区。闻声偕陆君登露台瞭望，机群高度盘旋虹口上空，声势威赫，投弹声清晰可闻，日方探照灯上下左右，空中明如白昼，高射炮蓬蓬如连珠，火光四射，顿成火网，而国机高飞火网外，从容盘旋投弹。租借住民皆登高瞭望，喧哗声、机声、炮声、掷弹声闹成一片。飞机夜袭，为余第一次得见，尤在见所难见之情势下，益觉惊奇。弹片横飞，屋瓦啪啪作声，由远而近，渐及陆寓，恐遭不测，入室探望，历半小时，其声始息。沪人是夜之兴奋，不难想见。

十九日至大马路本邑旅沪同乡会，报告本邑战况，以及难民困苦情形，大动怜惜心。

二十日侵晨仍绕道青浦回西胜塘。

11.安慰同乡

余家迁来之初，知之者鲜，日久渐为人知。逃难散居青浦界以及嘉界之西胜塘附近者渐来问候暨诉外逃苦况，家中受害深重，国家前途危急，甚有呜咽泣陈、状态癫狂者，尤以借居西胜小学北村之罗店王贵和君几日来诉述，面容失常，言及罗店成为圻墟时，每攘臂椎胸，呼天抢地，泣不成声。时以国人已团结一致同心抗战，虽战具战术不逮，然众志成城，不久公理自有战胜强权之日，试观近日以来，虽以飞机大炮、滥炸滥攻，东边南北长及百里之大战场，敌军未获前进一步，即可知敌人自灭之期不远。目前民众之损失虽大，生活之痛苦艰深，胜利以后，只须奋斗十年八年，国民之元气即可恢复，损失之房屋，不难重建！况敌人此次如遭失败，知我不易轻侮，日后不敢再行经启干戈，非但本人永免受害，即我子若孙永得安居乐业矣。望各暂时忍耐，静待天日重光等语，恳切安慰。听后每见稍减忧虑，时来再谈，以解苦闷，余亦不感寂寞。

12.牧牛河浜

日中或至白鹤港探问消息，或与李乡长夫妇闲谈，或承同乡访问，不甚寂寞。朝晚则孤家学校，无法消遣，每牧牛于野外，一则减少吾弟备草之劳，二则散步校外，瞭望野景，换吸新鲜空气。附近村人，见我白发满头，衣长衫牧牛，好奇心动，出问短长，甚有围绕男女老少似观猴戏者然，除答以时局现况外，每询问风俗人情以及耕耘方法，并承机启发其改进动机、爱国观念。

……我乡之道路，小者种植农作物，大者除人行处外，加以清除杂草，两旁又紧靠农作物。不论大小河道，滩直与否，自岸至水，满种农作物。坟墓除有数大规模者外，亦悉加种植，而大规模者，又围篱落，禁止上行，故牧牛甚难，即偶得其处，须谨慎留意，免害农作物。西胜塘则不然，河滩多不种植，大小道路亦然，坟墓一任荒芜，牧牛到处可行，且目可四望，随意缓步，无须注意于牛之走动吃食，省力甚多。此可见我乡地少人众，不得不随处利用余地，增多生产，而西胜塘无须乎此，其居民之较为稀少，不言可知。

13.敌机轰炸

敌倾全力攻我淞沪阵线，无法进展，乃不顾人道，到处以飞机滥炸，威胁我民心，日以继夜，城市外，复及交通要冲，使我夜不安眠，日间不敢任意工作。西胜小学四周空旷，站立操场，日见铁鸟往来，四处轰炸，尤以附近之黄渡、嘉定、外冈等地为多。每闻隆隆声，昂首遥望，或侧机投弹，或先浓烟上腾，继而火星爆发，或盘旋之下，高射炮蓬蓬不绝，明日传言炸毁房屋若干，人死几何，情况凄惨，闻之寒心。夜则出立场中，循声望空，隆隆之下，火光上冲，明如白昼，易于爆裂者，着火向上爆裂，如弹明火，如放高升，墙塌壁倒声，亦隐约可闻。学校上空，成群往来者，继亦日夜有之，间或声势汹汹，盘旋作掷弹状，可能远避时，避往西村，不及则伏墙潜隅或河滩，夜如之，初惶恐万状，继习为常。

二十九日下午敌机轰炸距此三里之四港口大桥时，成群铁鸟，往来盘旋侦查，企图命中，西胜小学亦在盘旋圈内，婿家与我家人误为炸校，均有上天无路入地无门之空前恐慌，正自问必死于校前河滩，俯伏际，忽轰然三巨声，势如山崩海裂，相与闭目不敢张视，迨机声远离，登岸远望，见四港口尘灰飞腾云霄。未几传言，该处大桥及附近之大厂炸毁，惊魂入睡时犹未告定，梦中惊呼机来者有之。吾家之大小三牛暨婿家二大牛，常缚校前二大树下，二十一日傍晚，三敌机过此，误为军马，低飞俯瞰，势将投弹，相率奔避，西村各人，亦东西乱窜，小儿有哭跳叫喊父母者，幸未果而去，否则定肇巨祸。

三、民国二十六年（1937）十月

14.让军迁居

废历九月初六日，有自称国军者二人来校，搜寻物件，声言三四日内来驻国军，深感不安。商李乡长夫妇，嘱迁大运河之坟屋居住。往勘，狭小且住管理人，兼之孤居野外，易生意外，不敢尝试。

……明日为废历重阳日，天晴，季儿以病乘婿家船水行，行李杂物亦寄船中，余与内子、吾弟及弟媳携三牛步行。……至白鹤港……南至孔宅，访陆家宅大费唇舌，由茅草路而至目的地。

15.主编抗战周刊

本邑教育局长杨君希时，家迁朱家角，已则常驻钱门塘西教育局临时办公处，督率教育局人员在后方协助国军，公余时至朱家角探望家人。路过白鹤港时，每顾谈国事，为增厚民众之爱国观念，昂扬战意，以及将战地消息报告大后方，使大后方民众获知真实消息，益坚抗战意志，拟由局编印《抗战的嘉定》，周出一次，分发当地及大后方，无相当主持编辑人，来必恳切劝任。事关抗战前途，不容推诿，约于迁居陆家宅后至局计划发行。

至陆家宅，见地方安静，老母生活舒适，乃于翌晨辞老母启行。……爰于晨餐后绕道昆山之天福庵而至钱门塘西里许陈仲达君家之教育局，杨君热烈欢迎。寓与杨君详加计划，确定体制，唤起民众团结一致，协助政府暨前方将士之文字，由余担任，战地消息，由分布各战地协助国军之本邑教育局人担任，交余编辑，另由杨君奉莪襄助一切。首期于七日发行，军民争阅，大后方各同乡亦以先睹为快。

诗曰："陆宅三迁暂告安，钱门奉笔主旬刊。昂扬战意齐心志，勖我军民清汉奸。"

16.军民联欢会

日军虽由小川沙登陆，赖将士勇敢，民众协助，未越蒲华塘一步。平日军民欢洽，消息互通。其时省方以嘉定县长郭鸣勋（鑫）避居青浦县属朱家角，撤职查办，另委省保安委员江北人张北生长县，县府设钱门塘陈仲达君家，秘书科长等在此办公，已则常驻西门外黄兆球君家。为军民更多联络起见，组织军民联欢会于驻留处，每周开会一次，与会者为现场各机关团体首长以及在嘉各师部政调主任等。余以县教育会常务主席而被邀参加。

敌军为扰乱我后方，百般滥炸，水陆均不便行走，尤以外冈、西门等处为最。某次偕武代理地政局长暨教育局代表张课长云五等自望仙桥行近外冈，敌机多架，低飞盘旋，侦查掷弹，驻镇国军高射炮蓬蓬不绝，形势严重，田野赤空，藏身为难，俯伏竹林，幸告无恙。西门外民众逃避一空，门窗多移作战壕，门户洞开，物件凌乱，室满驻军。街道只见军士偷偷往来，不见民众，阴气沉沉，毛骨悚然。而身又在兵队以及各色军械丛中穿越，上复有敌机盘旋，设一人或不抱参与军民联欢会之热忱，倒退步暇，安敢深入里许，易为敌机轰炸之危险会所？……

17.倡办救济所

自上月十九日偕武君至旅沪同乡会面告宝山暨我嘉之难民麇集本邑西乡之苦况后，同乡会嘱干事口子雄君函余及武君暂行持函向蓬阆镇万源酱园经理梅忍百处借取法币千元设法救济。以人多款少，无普救办法，迟未往取。本邑积谷仓在战前储藏稻谷二万担，同乡会议设难民救济所于西乡，食粮以积谷轧充，衣服杂肴菜费等由同乡会筹给。推荐陆君友白及余为正副主任，武君为秘书于县政府。

二十五日，接县政府聘书，即偕陆、武二君筹设嘉定难民救济所于望仙桥之乡立小学，应需职员，商教育局长以正在后方服务之教育人员调充。疁城仓库中之积谷，由县府责成管理人员陆续运至望仙桥轧米，因该处厂小且轧糙米，偕陆君至蓬阆镇商请李区长达召集各轧厂分轧。……

市镇易遭轰炸，难民集中一乡村，亦易为敌机发现，决派员分赴西乡一带寻觅适当乡村，设置小规模收容所百二十所，先由杨店角、钱门塘北市等处次第设立。……

烈血诗篇

——两次淞沪抗战中的嘉定

陶继明

嘉定地处东海之滨，长江出海口，为兵家必争之地，历来饱受战火困扰，自明代中叶开始，曾先后遭受日本、英国等国来自海上的侵略。到了近现代，日本更是频繁地侵略中国，日军先后于1932年及1937年两次侵略嘉定，由于特殊的地理位置，这两次规模空前的淞沪抗战中，嘉定均是主战场。日军在嘉定烧杀抢掠，乃至长期占领，嘉定生灵涂炭，蒙受了巨大的损失。有侵略就有反抗，嘉定人民历来就有反侵略的光荣传统，在"一•二八"及"八•一三"战役中，军民同仇敌忾，冒着敌人的炮火，在这片神奇而不屈的土地上，以鲜血和生命谱写了一曲爱国主义的壮烈诗篇。

一、"一·二八"战役

1932年1月28日，日本侵略军突然袭击驻扎在上海的国民革命军第十九路军，一手挑起了战争。十九路军官兵在爱国将领陈铭枢、蒋光鼐、蔡廷锴的领导下，在民族危机空前严峻的时刻，勇敢地高举爱国主义旗帜，打响了反侵略的民族自卫战争。

战争爆发后，蔡廷锴在真如范庄设指挥所。1月29日，十九路军第六十师进驻南翔、真如一带。每天有援军万人以上暂驻南翔后开赴前线。2月2日，十九路军在南翔李家祠堂（一说在陈家洋房）设总指挥部，蒋光鼐任总指挥，十九路军第六十一师驻防南翔。2月10日、15日，国民革命军第五军在张治中军长的多次请缨下，分两批开赴上海，增援十九路军，张治中在刘行设指挥所，归蒋光鼐指挥。第五军第八十七师宋希濂旅、俞济时第八十八师，奉命开赴南翔，从十九路军手中接防南翔阵地。从而形成了南翔以蒋光鼐为首的淞沪抗战总指挥部，下设真如以蔡廷锴为首的十九路军指挥所及刘行以张治中为首的第五军指挥所，建立了"一点两翼"的指挥。

战争爆发后，嘉定人民同仇敌忾，户出一人，自备工具伙食，为部队拓宽道路，以极快的速度铺筑南翔到绿杨桥的公路，供炮队通行。他们又协助部队掘壕挖堑，构筑工事。爱国人士潘指行、金伯琴筹款"红十字会伤兵医院"，收治前方伤病员。进步文化人浦泳等人组织"嘉定民众抗日救国后援会"，编印快报，传递前方讯息。2月29日子夜，县长潘忠甲奉蒋光鼐万急饬，率县警察大队奔赴浏河配合五军教导总队作战。

此时，嘉定南翔不仅是淞沪抗战的总指挥部，位于南翔西北的蕰藻浜也是淞沪抗战的主战场。蕰藻浜是由西向东的一条古老的河流，水面不阔，但水深泥多，不能徒涉，是战略要地。日军企图占领蕰藻浜要隘，切断吴淞闸北之间的联系，以便分别攻占吴淞和闸北，从而对十九路军和第五军实行分割包围。围绕着争夺蕰藻浜，中国军队与日军展开了殊死的血战。

2月中旬，是嘉定最寒冷的季节，隆冬时节，雪花飞舞，滴水成冰，中国军队战士衣着单薄，武器落后，但他们士气高昂，志在必胜。日军凭借飞机、坦克、铁甲车、大炮、机枪等先进武器，进行立体作战，对中国军队阵地发起多次进攻，但都被打退，战争残酷激烈的程度，世所罕见。从2月10日至15日，在蕰藻浜大血战中，中国军队武器虽劣，却先后歼灭有飞机坦克掩护的日军3000余名，取得了重大的胜利，打破了"皇军不可战胜"的神话。日军总指挥野村中将成了败将，日本政府大怒，立即将他撤职。在这场战斗中，中国军队也伤亡1000余人，付出了沉重的代价，但蕰藻浜阵地却牢牢地

1932年3月初，向南翔方向行军的日军第九师团之一部（《从军：昭和七年满洲事变上海派遣军记念写真帖》）

掌握在中国军队手中。

陆战不能取胜，日本侵略军转而加强了空袭，企图以空中优势征服中国军民。2月21日，日机对南翔淞沪抗战总指挥部狂轰滥炸。南翔火车站中弹10余枚，站长徐文斌等20余名职工壮烈殉职。八字桥一带，东市梢杨家弄和西市梢万寿桥附近都被炸毁。体育场、中心小学、大德寺及难民聚集处也都遭轰炸，死伤50余人。

3月1日，蒋光鼐在南翔总指挥部召集蔡廷锴军长和张治中军长开会研究形势。鉴于日军有向太仓前进，威胁苏锡、南京的趋势，而中国军队兵力奇缺，后援不继，受到严重威胁，因此决定十九路军向南翔方向转移，第五军由原阵地撤退至常熟，淞沪抗战总指挥部由南翔撤至正仪。

3月3日，当十九路军撤至娄塘、朱家桥、葛隆镇一线时，又与日军遭遇了一场空前激烈的战斗。当天凌晨1点，第五军八十七师五一七团抵达娄塘镇附近，因连续作战，部队积疲未苏，血衣犹湿，夜凉野旷，哨线兵单，忽然遇浏河登陆的日军以千余之众，分别向我军警戒线夜袭，我军的娄塘、朱家桥、西竹桥等三个前哨连奋起抵抗。战斗2小时，敌军越来越众，轻炮十几门向我军猛烈射击，我每连警戒线达3000余米，且损失已三分之一，仍顽强战斗，把日军牢牢地吸引在娄塘镇附近，一直战斗到早上8点。日军又增加主力8000余人，敌强我弱，日军开始环绕娄塘包围我军五一七团，五一七团孤军作战，弹药已将告罄，弹雨纷下，我军死伤逾半，情况十分紧急，团长张世希鼓励官兵以必死的决心，率部向敌军冲击，敌军机枪如雨，我军前仆后继，顶死冒进，直扑日军阵地，杀声震天，势不可当。日军受到极大的震撼，才向后退却，五一七团得以突围，转至昆山。这一仗，五一七团牺牲了1位营长、2位连长和连副、6位排长，近千名士兵。一营营长朱耀章在娄塘战役中身中七弹，殉国成仁，尤为壮烈，年仅31岁。朱耀章，浙江浦江人，出身于绘画世家，幼从父习画，少年时就怀报国之

1932年3月4日，嘉定城沦陷。这是进入嘉定南门的日军步兵第二十二联队（《从军：昭和七年满洲事变上海派遣军记念写真帖》）

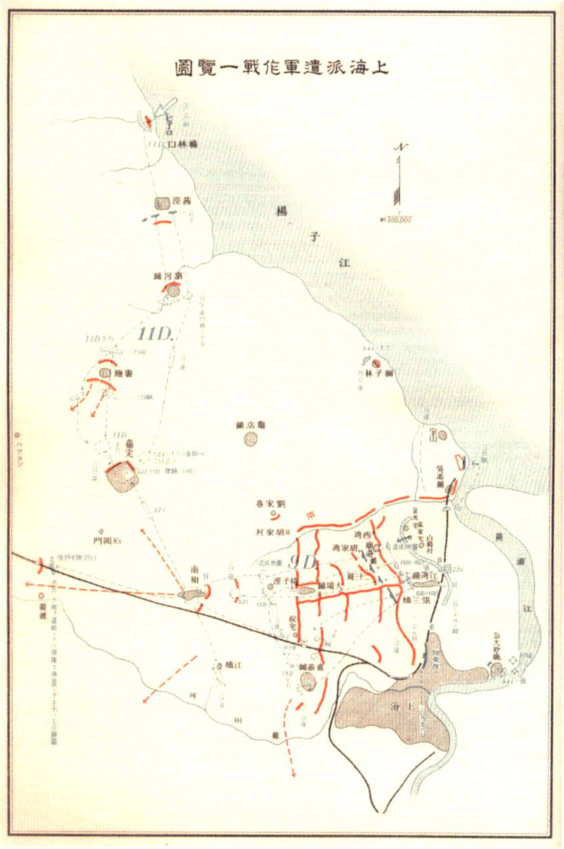

一·二八事变，日本《上海派遣军作战一览图》（《从军：昭和七年满洲事变上海派遣军记念写真帖》）

志，后投笔从戎，考入黄埔军校五期，“一•二八”事变爆发后，他代表全旅188名官佐向国民政府请缨。在殉国前2天，他在南翔驻地蕰藻浜边，作了一首《月夜巡视阵线有感》的诗，强烈抨击了日军的侵略暴行，表达了为国捐躯的大无畏气概：

风萧萧，夜沉沉，一轮明月照征人。尽我军人责，信步阵后巡。曾日月之有几何？世事浮云，弱肉强争！

火融融，炮隆隆，黄浦江岸一片红！大厦成瓦砾，市镇作战场，昔日繁华今何在？公理沉沦，人面狼心！

月愈浓，星愈稀，四周妇哭与儿啼。男儿百战死，壮士十年归！人生上寿只百年，无须流连，听其自然！

为自由，争生存，沪上鏖兵抗强权。踏尽河边草，洒遍英雄泪。又何必气短情长？宁碎头颅，还我河山！

3月3日，南路日军占领嘉定重镇南翔；同一日，西路日军直扑县城。3月4日，县城四城门及法华塔悬挂太阳旗，嘉定全面沦陷。直至国民政府与日本政府签订了《淞沪停战协定》后，日军才于5月9日撤出嘉定。

日军侵占嘉定期间，全县受灾户达21255家。死亡455人，受伤724人，毁坏房屋2602间，直接经济损失2386万元，全县各图书馆的图书几乎丧失殆尽。

二、“八·一三”战役

1937年8月13日，日军在上海一手挑起侵略战争，中国军队奋起抵抗，淞沪会战开始。嘉定前期是中国军队运兵中转基地，后期是淞沪会战中的主战场之一。中国军民同仇敌忾，与日本侵略军浴血奋战，写下了可歌可泣的英雄篇章。

嘉定地处上海西北郊，战略地位十分重要。战争爆发后，中国军队即在安亭设立第三战区司令长官部，负责指挥淞沪抗战。蒋介石亲自担任第三战区司令长官，陈诚任淞沪会战总指挥。张治中的第九集团军司令部设于南翔。第十五集团军五十一、五十八、九十八各师陆续开抵嘉定，在东境蒲华塘一线构筑防线。日军大批后援部队则在长江沿岸登陆。8月23日，日军久留米师团混成旅窜犯罗店，我军第十一、十四、六十七师予以阻击，爆发了空前惨烈的罗店争夺战。嘉定境内曹王庙、施相公庙一带的我军阵地为罗店左翼，战事连日不断。施相公庙阵地每日落弹500余枚，阵地上多次发生白刃格斗，十分激烈，日军喻为“血肉磨房”。

8月25日，蒋介石、宋美龄到南翔许公桥召集冯玉祥、顾祝同、陈诚、张治中等人开师长以上的军事会议，听取汇报，制定部署。

从8月中旬到10月上旬，嘉定东境蒲华塘前线共发生大小战斗数十次，我军歼灭了板垣师团千余名日军官兵，击毁日军坦克、军车数辆，创造了“八•一三”战役的辉煌战果。灭绝人性的日军两次向施相公庙、曹王庙我守军阵地施放毒气，致使我军官兵数十人中毒。期间，日机还多次轰炸县城、南翔等地。仅8月23日一天，城内就落弹20余枚。县长郭鸣鑫放弃指挥，擅自避往练西乡，被江苏省政府以擅离职守撤职。

在战火纷飞的日子里，嘉定人民同仇敌忾，各界爱国人士组织抗日后援会支持前线。他们为抗日队伍带路送信、侦察敌情、筑路、修工事，勇敢地活跃于枪林弹雨中。爱国教师、报人吕舜祥主编周刊《抗战的嘉定》，激发嘉定民众的抗日救亡热情。部分农民将猪肉、蔬菜担至戬浜桥、徐行等驻军，犒劳抗日队伍。

9月中旬，日本上海派遣军在吴淞、川沙等地登陆成功后，猛烈攻击淞沪战场战我军左翼兵团，陈诚第十五集团军和薛岳第十九集团军，被迫退守蕰藻浜南岸及以西地区，日军第十一师团直趋沪西，十九集团军第十六师彭位仁部奉命占领黄渡阵地，阻敌进犯，打响了黄渡之战。日军7000余人，在飞机坦克大炮的掩护下，向我阵地发起了7次大规模的进攻，均被十六师击退，守军顽强抗击，伤亡重大，继由川军第二十六师接防，同样英勇作战，坚守阵地2个多月后才奉命撤出。

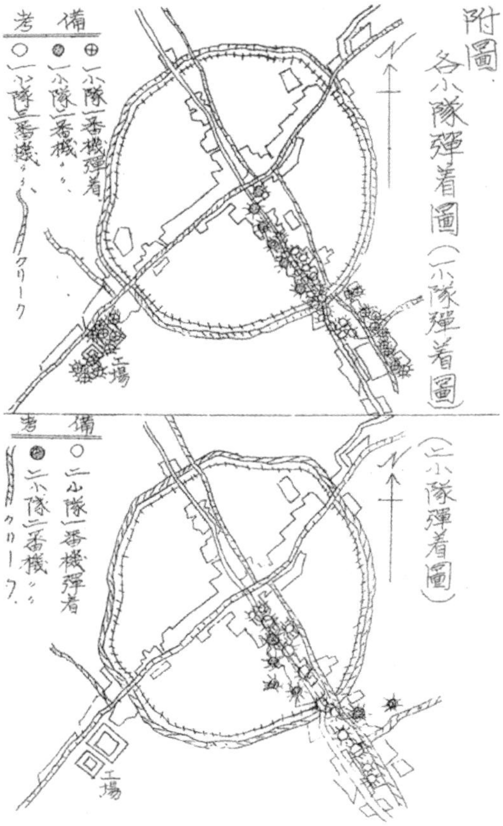

1937年10月16日，当年日军轰炸嘉定县城战报记录

10月上旬，日军主攻方向转向蕰藻浜一带，企图中央突破，直取大场。对嘉定东境蒲华塘防线则以小股队伍骚扰牵制。我军凭借工事与之相持。10月15日，日机轰炸南翔，苏民学校中弹10余枚，校舍及教学设备悉数被毁，损失10余万元。10月21日，大场告急。坚守在蒲华塘防线的我军为减轻南线压力而连夜发起进攻，收复部分村庄，歼敌260余名。26日大场失守，我军撤至沪西造币厂，经真如、江桥，转北至小南翔、广福、澄桥、浏河一线。嘉定南境遂成战场，连日发生战事。日机对南翔、真如等地狂轰滥炸，真如车站夷为平地。

11月1日晚，蒋介石自苏州至南翔，召开师长以上将领会议，令各军固守上海，以待九国公约会议召开，冀借国际舆论抑制日本侵略行径。

11月5日，日军一部在金山卫登陆，对上海实行战略迂回。金山、松江接连失陷，形势急转直下，中国军事当局下令全线撤退。12日上海沦陷，嘉定亦随之陷入敌手，从此，开始了长达8年的敌伪统治岁月。

“八·一三”战役历时三月。嘉定东南部地区先后成为激烈战场。蒲华塘两岸、杨泾以西，南北15公里内万余户农民住房全部毁于战火，数以万计的民众无家可归。县城、南翔、马陆等城镇屡遭日机轰炸，满目疮痍。全县死难平民4000余人，受伤17000余人。财产损失难以估计。

嘉定所经历的这两次战役在中国抗战史上写下了浓墨重彩的一笔，抗日英烈们惊天地、泣鬼神的英雄业绩，永载史册。如今，硝烟已经散尽，我们正沐浴在和平的阳光下，享受自由，享受生活，回顾血与火的历史时，我们觉得，抗日英烈并没有走远，就在我们身旁。而日本的右翼分子极力否认这场给中国人民带来无穷苦难的侵略战争，殷鉴未远，国人当清醒。

苦难痛痕

——“一·二八”淞沪抗战中嘉定遭受的灾难

徐征伟

嘉定地处上海西北，是上海通往江苏的门户，连接上海与南京的沪宁铁路经嘉定西南而过，因此战略位置非常重要。

1931年“九•一八”事变后，日本关东军为掩护炮制“伪满洲国”傀儡政府的阴谋，以转移国际社会视听，蓄谋在上海制造事端。1932年1月28日晚，日军突然向驻防闸北的国民党第十九路军发起了攻击，十九路军奋起抵抗，“一•二八”战役爆发。从1月28日开始至3月3日停战，前后经历了36天。此后至4月间，中日军队虽在嘉定黄渡、安亭与太仓、浏河一线有过数次交火，但战斗未再扩大。至5月5日《淞沪停战协定》签字，“一•二八”淞沪战役宣告结束。此次战役，中国军民上下同心，经浴血奋战，连续打退日军进攻，使敌三易主将，数次增兵，死伤逾万，沉重打击了日本侵略者。

一、“一·二八”抗战中的嘉定战斗情况

“一•二八”抗战前期，战事集中在江湾、庙行与吴淞西侧一线，双方交火异常激烈，竟夜炮声不绝。经我军顽强抵抗，日军不能前进一步。为了改变战斗态势，3月1日拂晓5点，日军第十一师团在浏河镇北侧的七丫口、杨林口登陆，企图通过从后方突击来夹击我军。因我军在这一带守军薄弱，虽急速抽调前线部队增援，经殊死激战，3月2日午后4时半浏河还是失守。浏河的失守，致使我军后方与侧翼受到严重威胁，不得不全面退守第二防线，即嘉定之黄渡、安亭及太仓一线。同日，日军“麇集各乡镇敌机，自晨至暮四处狂掷炸弹”（黄天白《新嘉定大事记》“民国二十一年三月”）。而南线日军第九师团在海军空军的协助下，于下午5点左右攻至南翔附近地区。

北部战线在浏河失守后，日军即兵分两路南进，向嘉定发动攻势。一路沿着新泾河左岸地区向嘉定进击，2日夜已达徐行北部地区。主力部队则进攻娄塘镇，2日半夜我军与日军在镇北对峙。经一夜激战，3日拂晓娄塘镇失陷。我军阵地南移，力图在娄塘镇南部继续阻击日军，但由于兵力严重不足，3日中午时分娄塘南部防线失守。随后，日军主力一部企图通过娄塘西部的朱家桥、葛隆地区，向西进攻至沪宁铁路，以图截断我军的退路。面对此严峻局面，退守朱家桥、葛隆阵地的我军将士，面对“敌军机枪如雨，我军前仆后继，顶死冒进，直扑日军阵地，杀声震野，势不可当，敌军受了这一次最大的猛击，才向后退去，重围遂解”（张治中《国民革命军第五军参加淞沪抗日战役的经过》）。同时，突破娄塘南部防线的日军主力直扑嘉定城北门地区，东路日军也于同时攻至嘉定城东门外，而此时南翔已被南线日军

1932年嘉定沦陷时期，嘉定城外行进中的日军重炮部队

1932年嘉定沦陷时期，嘉定城外兵灾后景象

进占。3日傍晚日军进攻嘉定城，至夜半嘉定沦陷，时称“三三沦陷”。随后日军发表声明：“军事行动已达既定目的，除非中国军队有敌对行动，日军驻守原地，暂停战斗。”（《上海事件经过概要》，载《从军：昭和七年满洲事变上海派遣军记念写真帖》）4日，日军第十一师团主力向嘉定城外集结，嘉定县城四门及法华塔上悬挂太阳旗。

二、“一·二八”抗战中日军在嘉定的暴行

嘉定在“一·二八”淞沪抗战中成为主战场，时间虽在3月初，然在战斗后期的2月21日、24日，敌机即对南翔镇、南翔火车站进行了大规模轰炸，原因一为其时南翔是十九路军前线指挥部所在地，一为南翔火车站是上海北至南京的交通枢纽。而3月2日日军对嘉定城区、南翔镇、娄塘镇等乡镇的轰炸更是空前。前后三次的轮番轰炸，加上地面炮火的不断轰击，嘉定的娄塘镇、朱家桥镇、葛隆镇、澄桥镇、嘉定县城、南翔镇、江桥镇等地，到处是残垣断墙，一派悲凉景象。百姓流离失所，伤亡惨重，建筑毁坏，当年平和繁荣的市镇、乡村不再。

从抗战开始至“三三沦陷”，及因5月5日的《淞沪停战协定》（亦称《上海停战协定》）签订至5月9日下午犯境日军全部撤走，其间嘉定的受灾情况，据是年嘉定县政府6月的统计：“本县受灾21255户，死亡455人，受伤724人，毁坏房屋2602间，直接经济损失2386万元。”又据《上海撤县区域接管实录》载：“全县受灾29355户，死亡464人，毁房2549间。城区受灾9000户，死亡81人，毁房842间。”（《嘉定县志》卷二十四《军事》“三三嘉定沦陷”）这些数据所显示的，是战争带给嘉定的深重苦难。

战争结束后不久，上海各报社记者陆续来到嘉定调查灾情。6月20日的《新闻报》，曾刊发《嘉定创痕录》，对受灾情况作了较为详细的报道。如其中的《南翔镇上》：“镇中受炸最重者厥为八字桥，凡中弹三四

1932年4月，南翔遭日军轰炸后的废墟

枚，桥身全断。桥之西堍，路北被炸者为应益深茶叶号等十五家，路南为恒昌南货号等两家。桥之东堍，路北姚深甫鱼行、发茂作坊等十数家，此街盖已全毁；路南为晋泰纸号、葛新盛米店等三四家，一望之余，但见碎椽断柱，凌乱斜矗于瓦砾堆中而已。”又，《毁灭文化》：“南翔公学，为先哲许苏民所创办。许氏藏书颇多，亦饶善本，均捐作公学图书馆，历年添购亦颇不少。固不知日军于我文化，有何深仇宿恨……陷我南翔后，复尽取公学图书馆之图书，堆积广场中，举火悉焚之。其意何居？真令人切齿痛愤者也。”又，《由翔到嘉》：“嘉翔间之道路桥梁本甚整齐。日军到后，沿路桥梁悉被破坏，完好者仅有其一而已。”（黄天白《新嘉定大事记》“民国二十一年五月”）而嘉定城区、北门与东门外一带及娄塘镇的灾情，因3月2日12架日机穿梭轰炸城区，致使“县保卫团团部存仁堂、东门外沪太路汽车站、吊桥堍黄河楼茶馆、东大街、安禄毛巾厂等均遭轰炸，一百余幢房屋被毁”，而城中张马弄、东坡桥、圆通寺、北义仓、日晖桥、塔前、沈家桥等处也遭日机掷弹数十枚，娄塘镇亦遭日机轰炸。3月3日的娄塘保卫战致使“小东街70余家房屋十毁其九”，同日下午的嘉定城外之战斗，使“东门、北门外的民房商铺及斜泾村被付之一炬”。（《嘉定县志》卷二十四《军事》“三三嘉定沦陷”）房屋建筑等的被炸被焚已是惨不忍睹，而日军侵占时造成的百姓基本生活设施的破坏同样严重，对农作物造成的毁损致使春麦无收，百姓的生活更是雪上加霜。

三、“一·二八”抗战中有关嘉定受灾的历史影像

关于“一·二八”抗战中嘉定受灾的历史影像，由于历史的变迁，留存至今的已是相当有限了。然而通过考察当年日军的出版物及存世至今的侵华日军官兵的旧档案资料，还是可以勾勒出当年的部分片段。这些历史的碎片，真实地诉说着那段苦难的岁月。现将收集所得作一整理，闻一可以知十，借此遥想当年的苦难痛痕。

1932年嘉定沦陷时期，南翔镇附近因战祸被毁的民房

1932年嘉定沦陷时期，嘉定城西门外练祁河上的日军巡逻船

1932年嘉定沦陷时期的后期，战时逃难在外的百姓陆续回乡

日寇在安亭犯下的滔天罪行

张正

今年是抗日战争胜利七十周年，想起七十年前日本鬼子在安亭犯下的滔天罪行，真是罄竹难书。

原来的安亭，是个人气兴旺、安居乐业、市场繁荣、生气勃勃的美丽的鱼米之镇。俨俪桥是安亭的中心，东西南北街以俨俪桥为分界线，河流东西南北亦是在此分流。这河面虽然不算宽阔，但四通八达，是水路交通要道。

每天清晨，附近的农民带着活蹦乱跳的鸡鸭鱼虾和各种新鲜蔬菜，到俨俪桥来设摊赶集。安亭的家庭主妇也纷纷在此时赶往俨俪桥，挑选家人爱吃的菜肴，每天都是笑容可掬，满载而归，烹调成各种美味佳肴，等待着上班族回来，一起享受天伦之乐。

1960年代初，张德采、吴履冰夫妇合影

原来的安亭邮政局在南大街，门面较大，营业室内有长长的柜台。我父亲张德采是局长，办公桌也很气派。邮递员姓满，他的儿子在北大街小学念六年级，我叫他满哥哥。后院就是我们的家，右边一排是我父母和祖母的两间卧室，左边是个大客厅，全是红木家具，就像现在电视剧里的摆设一样，后面是天井和厨房，上面还有晒台，好舒适好安详的三代之家。邮政局左边是个茶馆，每天清晨，年长的人都来喝茶、聊天，天天座无虚席。茶倌家有个小姑娘，是我的小朋友，叫饶杏宝。她家中有棵相思花，每次开花时，她都会送我一朵又大又香的粉红色花，我好喜欢，养在花瓶里，非常珍惜！邮政局对面是个食品店，每天清晨做一锅新鲜的酒酿饼。母亲吴履冰每天给我三个铜板，买个酒酿饼，吃了上学。

食品店边上有座小桥，走过去就是河对面的南大街，而小学在北大街。我那时可能是提前上学，怯生生的有点害怕。有时有同学欺负我，我就会找满哥哥告状，满哥哥总会帮我教训那些同学。

有一天我清早去上学，校园内沸腾了，三五成群地议论着一位青年教师，他夜间突然出走了。我那时因为年幼，似懂非懂，不知道为何好好的老师不当而不辞而别。后来随着形势的发展，懂得了这位青年老师知道了抗日战争的爆发，他就义无反顾地投笔从戎，投入到如火如荼、轰轰烈烈的抗日战争中去了。老师，虽然我不知道您的尊姓大名，但我尊敬您，怀念您！

形势后来越来越恶化，安亭再也没有往日的平静和繁华，不少人家开始逃难了。我父亲张德采因公务在身，要听上级命令才能撤离。他先将祖母送到上海。继而租了两条小船，把大舅子一家四口叫来，一起逃难。两条小船没有雨篷，两家人分乘两条小船前往浙江南浔七里村远房亲戚家避难。我母亲吴履冰真坚强，她是两广体育专科学校毕业，当过“新学”的体育老师。这次逃难，她要管我和大弟张亮，自己挺着个快分娩的大肚子外，还要照顾我有精神病的小姑妈，也是一家四口人。我母亲心地善良，乐于助人，遇到困难不慌不忙。她挺着大肚子，本来是需要人照顾的，此时此刻却挑起了重担，反而要照顾一个精神病患者和一对幼小的儿女。屋漏偏逢连夜雨，一天，小船行至半路，突然日本鬼子的飞机来轰炸，又是机枪扫射，太紧张了，太危险了！小船急着靠岸，我母亲拉着小姑妈，怕她逃散，我和大弟张亮，拼命跟在后面跑，总算躲进了一处农家院子。也顾不得又脏又臭，母亲把我俩塞进了鸡棚，拉着姑妈躲在墙边，等鬼子飞机飞远了，才回到船上，逃过一劫。

终于到了逃难的目的地——浙江南浔七里村远亲家。我们和大舅家两家挤在一间房间内，红木家具全部放在远亲的大厅内（回去时一件家具也没带回）。当时生活的艰苦，可想而知，最担心的是害怕小姑妈发病。她是“武痴”，到时叫天天不应叫地地不灵，把人急死！加之母亲分娩的日期越来越近，附近又没医院，只能叫乡间的接生婆，没有任何设备，不能很好地消毒，万一感染上什么病菌，将来终生痛苦。我后来越想越怕，也越来越仇恨日本鬼子犯下的罪行，害我们好好一个家庭无家可归。父亲下落不明，现在人在何处？就这样我们过着颠沛流离的生活。可是我母亲好坚强，正月十三日，天气好寒冷，在没有任何设备的小房间内，脸无惧色，咬紧牙关，配合接生婆顺利平安地生下了第二个弟弟。

在七里村避难的日子里，度日如年，不知道度过了多少艰苦的日子。一天，父亲终于来信让我们和舅舅两家全部回上海。真是喜出望外！当我们与父亲久别重逢，再次合家团圆的时候，母亲向父亲交了一份漂亮、满意的卷子。分别时四个人回来时五个人，多了一个二弟，于是父亲替二弟起名张瑜。因为是虎年，小名叫虎余，意思是虎口余生。

我记不清在上海生活了多久，后来民国政府要求畅通邮路，父亲又被上级领导派回安亭任邮政局长，我们随后全家也回到安亭，包括我祖母。当我重新回到安亭后，满目凄凉，往日的安亭哪里去了？原来的邮政局没有了，隔壁的茶馆没有了，北大街的小学也没有了。我的小朋友饶杏宝、满哥哥两家再也没有见到过。小日本鬼子炸毁安亭多少房屋，炸死多少同胞！真是罄竹难书！千刀万剐，不息民愤！

我们回到安亭后，镇政府把邮局安排在被炸后的东大街天主堂。天主堂被炸得只剩沿街的一栋两层楼房和后面的教堂大厅。原来庄严、富丽的后院被炸成一片瓦砾，只活了一棵小小的黄杨树。邮政局的营业室设在一楼的一部分，另一部分是邮递员夏道南的家。二楼是我们的住家，还算宽敞。可是好景不长，小日本鬼子进驻安亭，把我们从天主堂赶了出来，作为鬼子的营房，右边的居民房也被鬼子侵占。

我家被日本鬼子赶出天主堂后，一时找不到住房，幸好离俨佪桥不远的中医李岐堂让出一间诊所，给我们暂住。全家人挤在一间小屋，摆了三张床，总算有了栖身之处。后来找到了一间也是东大街靠城隍庙的沈家沿河房子，一小半作为营业室，一大半的房子就是我们的家。同样是三张床，旁边是厨房，开了后门有个石梯，下去就是河边，淘米、洗菜、刷马桶、喝的水都是这河水。在这房内，我家一直住到抗战胜利后，我父亲调到闵行邮政局当局长才离开。

小日本鬼子在安亭安营扎寨后，安亭老百姓受尽侮辱，吃尽苦头。鬼子动不动就对老百姓拳打脚踢，打耳光，老百姓躲都来不及。我也亲眼目睹过，有个邻居，还是近视眼，被打得连眼镜也找不到。我是个女孩，吓得躲进屋里，在门缝中看到此情景，满腔怒火，真想拿刀奔出去，杀了那个鬼子兵！

安亭镇因为鬼子的侵略，人口比以前少了不少，我想日本鬼子那时也不超过一个排，可是慰安妇却不少，具体数字我无法猜测，因为要到河边洗东西，有时见到那些慰安妇进进出出，人数不少。这些慰安妇，个个年青，长得都很俊俏，但个个都面黄肌瘦、精神萎靡，被那些日本畜生折磨得不成人样。

邮政局营业室和我家的住房是连在一起的，窗下就是河流。一天夜半时分，小河里突然动静很大，我们起床看窗外，大吃一惊。一长排的小船，停靠在河流边，船夫都被日本鬼子抓走。此事惊动了整个安亭的老百姓，在安亭这是史无前例的特大事件，家喻户晓。船上装的是大米，船夫被鬼子关进了炮台，多少条船及多少船夫我记不清了，但全安亭的老百姓对被关在炮台里的同胞忧心忡忡。但是此时此刻，哪个老百姓敢“鸡蛋碰石头”找日本人交涉？这些在炮台里的同胞只有两种结局，不是挨日本鬼子的子弹，就是没人送饭送水被活活饿死在炮台里。

我父亲张德采，天天面对着窗下河流里的船只，心里牵挂着炮台里的同胞，他寝食不安，焦急万分。怎么办？怎么办？他不停地自言自语问着自己，后来我父亲突然决定说：“只有我有可能救他们，我是邮务员，有交涉的条件。”后来凭着我父亲的智慧、胆量和策略，多次与日本鬼子交涉，担保这些同胞都是良民，为了养家糊口才当船夫偷运大米，不是给游击队运粮的。最后我父亲终于把日本鬼子头儿说服了。

当这些同胞从炮台放出来后，他们首先到邮政局来向我父亲下跪磕头感谢救命之恩，并要送钱给我父亲作为酬谢，但被我父亲婉言拒绝，他当时讲，都是同胞，有难相救是应尽的义务。可是被救同胞个个不依，他们每人送了一坛黄酒，偷偷放在邮政局营业室窗下。

我父亲把救同胞认为是义不容辞之事，中国人救中国人完全应该的。有趣的是，大概是“文革”后，在北京的二弟张瑜申请入党，组织上派同志去安亭了解我家的情况，该同志调查回去后对我二弟说：“你父亲真了不起，在日本鬼子侵略时代，你父亲还救了不少人，此事还被说书老艺人编成故事，在茶馆宣传赞扬呢。”我对二弟说我不信，二弟说：“我有必要骗你吗？那位同志还健在呢！”此事使我更领悟到要乐于助人，做一点点好事，世人是不会忘记的！

有一句歌词是“鬼子的末日就要到来了！”1945年8月15日鬼子的末日真的到来了，日本宣布无条件投降，我们终于看到鬼子个个灰溜溜地夹着尾巴逃回日本去了，举国欢腾，普天同庆。那时我正好是震川中学初三毕业班，我们全班同学在樊翔老师的领导下，举着“V”字手势，像欢乐的海洋，一起在安亭镇的石子路上奔跑。那股狂欢的疯狂劲，不是语言和文字能形容的。

我的故乡是浙江湖州南浔，但老家早就没有亲友。我从小学到震川中学毕业，都是在安亭成长，安亭等于是我的第二故乡，我祖母也是在安亭沈家房屋内仙逝。只要一说起安亭，我全家都会带着无限的深情谈论着安亭的往事。尤其是抗日战争八年，日本鬼子对安亭犯下的滔天罪行，我都历历在目，永远忘不了。鬼子轰炸安亭前的原貌及炸后的惨状，我是不会忘记的。现在活着的比我年长的安亭老人恐怕不多了吧！我父母共生育六个子女，一男一女是在安亭生育的，当时的环境、条件都很差。加上亲戚投靠，家中的特点就是人多。家中除了床，还有一张桌子要吃饭，日本鬼子把我家弄得倾家荡产，一无所有。但我母亲晚年说：“我的六个子女无一个‘废品’，我感到很自豪，很欣慰。”在2014年4月1日上海市召开的全市科技颁奖大会上，小弟张懿是唯一一个外国籍得奖者，电视台播放原文是：“德国籍超导专家张懿获科技合作奖。”小弟今年67岁，已经退休，但德国单位挽留他再聘三年，中科院更希望与他再合作几年。相信我父母在天有灵会感到自豪。

侵华日军《嘉定宣抚班（工作报告）》

（1937.12.13—1938.4）

上海翥云艺术博物馆 藏　周春红 翻译

编者按：宣抚班是一个侵华日军编制内的特务组织，是一个为了实现日本的政策、目的和方针，在中国占领区对百姓进行奴化宣传和奴化教育的机构。1937年8月13日“八·一三”淞沪战役爆发三个月后的11月13日，嘉定沦陷。先是，日军驻嘉定部队在城区组织成立“治安维持会”，12月12日日军特务部嘉定班（嘉定宣抚班）进驻嘉定并开展工作。一个月后在宣抚班的主持下治安维持会改组为“自治筹备会”，又二月后复改组为“自治委员会”。自1937年12月中旬起，不论是治安维持会、自治筹备会还是自治委员会，其工作都是在宣抚班的挟持与组织下进行的。宣抚班的任务，“是与当地的治安维持会以及日军联系，搜集分担地区的治安情报，斡旋居民生活问题，对占领区居民作各种宣抚工作”（伊藤武雄《生活在满铁》），还有“分头领导民众组织自治会”，“协助维新政府督促鼓励已经恢复的县公署、乡镇等行政机构及大民会等进行民业的恢复、医药设施供应等民众福利设施的开展，或组织护路（铁路、公路）自卫团等”（上海市档案局编《日本帝国主义侵略上海罪行史料汇编》）。

有关嘉定宣抚班的档案史料，嘉定地方志书记载极其有限，曾听闻老人言及一二，如当年宣抚班旧址在城内高家洋房、穿着和服的日本女子微笑着分发糖果给小孩吃、在学校开设日语课程等。对于嘉定宣抚班在嘉定的活动情况如何，今收集到当时被日军列为“极密”文件的《嘉定宣抚班（工作报告）》油印本（复印件）一册，详细记载了其从1937年12月13日至1938年4月末（昭和十二年十二月十三日至十三年四月）的工作内容。今请周春红女士从日文译出，以供读者深入了解该组织的行径。文章格式与数字表述按内容稍作统一。

一、工作人员

班长：熊谷康。

班员：古川新、川濑正三、行元猛、山中正二。

二、工作开始日期

昭和十二年十二月十三日（1937年12月13日）。

三、战前嘉定县一般概要

面积：657460亩。

可耕地：646549亩。

人口：嘉定县，262675人；嘉定城内，约30000人。

侵华日军嘉定宣抚班班长古川新（1939年4月，伪嘉定县公署《嘉定县政概况》）

自治团体：8个区、117个乡、19个镇、1952个闾、9765个邻。

交通：京沪铁路横贯南边地界，在本县境内有南翔、黄渡、安亭三个停车站点。陆路还有其他公交路线。沪太线经行县北边地界，锡沪线经行南边地界。水路有吴淞江、练祁河、横渡河等，全都是小型汽船航行；嘉定、南翔间由嘉翔轮船摆渡。

物产：农作物以棉花、水稻为主，还种植大豆、小麦、洋葱等。通常二年种棉一年种稻，故棉田远比稻田多。棉花年产50余万担，大米年产40万担。

工业：嘉定城外有嘉丰纱厂，为本县唯一新型大工厂。作为手工业，毛巾制造最为发达，嘉定城内外工厂足有50余家，织布机千数百台，年产值80万元。还有草编、织布等家庭作坊。

四、宣抚班工作概要

（一）居民回归工作

1.十二月中状况（按：1937年12月，下同）

宣抚班到任前，已成立的“嘉定治安维持会”，对每天回归的本地居民未做任何身份调查，仅收取5元银钱发放“良民证”，另一方面对回归者，不控制出售米及其他用品。

本班到任后，即刻于12月13日在维持会附设“良民审查所”。内野警备队立即要求每天派两名士兵，严防不轨之徒混入；在会内又设立“采购合作社”，可用以指导工作。

以后本地回归者骤然增多的趋势明显，回来的住民马上修复破损房屋（嘉定城内房屋有三分之一被我方空袭爆损，完整的房屋所剩无几）。到野外从事农耕的劳动力逐渐增多，呈现安居景象。

到12月23日，回归者合计达4800人，自12月15日到12月19日的五天里“良民证”发放数达1085份。把不受领“良民证”的回归者算进去的话，预计实际回归者比上述数量多很多。回归者中大都为图“良民证”不远而来维持会的，这类人在数日内不断增多，维持会颁布暂定办法，按下述征收手续费再发放。一、七十岁以上、十四岁以下不分男女一律免费。二、上条之外的，男性5分钱，女性2分钱。

再者，回归者中多数是农商业者，木匠、泥瓦工、饮食店、理发业、米业等多半是为重建急需证件。西门外市场从周边集聚而来的农夫，每天早上都是一番熙熙攘攘的景象。然而目前，回归者中妙龄女子不多，即便回来也是大门紧锁足不出户，只有三五个小孩子在街道上玩耍。

2.一月中状况（按：1938年1月，下同）

进入一月，民众回归状态有序且愈加良好，其数量一天平均上升七八百人。自12月24日以来到1月9日“良民证”发放数量突破12000份，按实际推测可达20000份以上。而自一月中旬以来，回归中的民众来自上海方面的人居多，自青浦、朱家角方向回归的一般性农民仿佛告一段落。从上海方面避难返回的情况来看，城内外中层以上陆续回来，商业逐渐恢复、城外特别是西门外早市热闹氛围可以为证，城外已有三分之一的商店开业，而城内开业则零星可见。至1月29日止，“良民证”发放量共计16541份。

3.二月中状况

本月继续为回归民众发放“良民证”、通行证。

2月3日，利用军队剩饭来救济贫民。装成贫民卖《新申报》。

2月9日，借以纪元佳节之际，就联队队长亲自给儿童分发糕点发出书面通知。预先调查儿童数量。

2月11日，联队队长为当地300名儿童分发糕点。当班筹备活动。

2月18日，与委员、交通组组长商讨交通问题，结论是为解决本地人的避难回归以及来往上海的交通，规定委员会交通组配备二艘民船，于上海—嘉定间通航。希望回归者加快增多。

4.三月中状况

本月仍继续发放“良民证”、通行证。

将来苏州河上航运，除江浙轮船公司的船只，规定逐渐禁止其他船运。由于该公司当前船只不足，嘉定又没有配船，将来上海—嘉定间的交通在前述公司还没承运期间，同以前一样由“嘉定自治委员会”交通组持有的船只专用于难民回归及其他上海—嘉定间的交通运输。还有依3月23日自治委员会汇报，最近同会交通船与（伪）上海大道政府之间的交通运输不仅不受阻碍，而且还不强迫收缴税金，对此正在调查真相。

5.四月中状况

嘉定的本地民众回归数自12月12日（按：1937年）工作开始以来到4月（按：1938年）末，光在册登记的，嘉定城内外约三万（战前约六万），回归率50%，如县内春耕等遭战祸轻微的地方有80%～90%，回归居民在从事春耕作业，和城内一样房屋倒塌严重也要寻找残存房屋，回归人数每日有五六十人乃至八百人。城内回归民众有五千七百人（战前人口约三万人），其回归率为19%，城内外商店开业的有二百余家，如同西门外、南门外、中央早市一样呈现兴旺景象。到上海、苏州方面避难的有产阶级中只要房屋没被军队全部占用，希望回归的还是非常多的，回归状况同上述一样。城内回归者多半是穷苦的底层人群，深感生活的艰难，倒塌的房屋不能马上得以修复的，我宣抚班让自治委员会将警备队的残余剩饭甚至用备粮等来施予救济；其数量每日以数十人逐渐地增加。

（二）自治委员会指导工作

1.十二月中状况

在当地，本宣抚班执任以前，所设定的嘉定治安维持会规定了“维持会章程”及干事等。该维持会系山田部队在当地驻屯时所成立，该部队移驻后是在内野警备队的指导下。本班到达任职地同时，要求内野部队长说明维持会现状，另一方面又与维持会主席孙云笙（按：宝山人）会见，同样听取情况。嘉定治安维持会

1939年4月，上海特务机关嘉定班全体成员合影，中间者为时任嘉定宣抚班班长的宫岛保志（伪嘉定县公署《嘉定县政概况》）

过去的工作状况，是数名干事对每天回归民众未做任何身份调查，仅收取5元银钱发放“良民证”，而另外对回归者不控制出售米及其他用品，只不过对其他无人居住的房子贴上封条。该办事员中可靠之人并不多，品德才能不可信之人混进来甚多。

本班到任后立即在该委员会附设“良民审查所”，且另设立“采购合作社”等，并着手维持会的指导工作。

2.一月中状况

过去维持会临时在娄塘镇、徐家行开设分会，且准备在南翔、外冈镇设分会。

本班如上述一边对原有的维持会做指导改良，一边从事宣抚工作，与此同时开始着手维持会的改组，这其间暗查民众阴谋策划或者谍情等多个事情同时展开。种种准备工作之后，到1月31日要看到嘉定“自治委员会筹备委员会”的设立完成。委员九名：吴鸿生、李品言、许南、刘中和、印亦生、盛义昌、孙云笙、时兴吾、张之谦。

于是嘉定自治委员会筹备委员会的成立实现了。来宣抚班回归者主要是中等以下，与下层阶级相反，本委员会成立后上层阶级或者所谓服兵役的逐渐回归。纵然如此，现委员会还不能说像战前的嘉定一样很有势力，况且会内好像还有暗斗，稍不留神动辄会引发党派纠纷,因此今后各委员的言行必须多加注意和监视。

3.二月中状况

（1）一般概况

现存自治委员会名称：嘉定自治委员会筹备处。

现行专业内容：

总务组：和军队以及宣抚班的联络及面向军队的各种斡旋工作；各种布告的拟定；全县自治组织推进准备。

民事组：良民证发放；户籍制作准备工作；帮扶提供；其他。

交通组：上海—嘉定间的船运开始，为了运回在上海避难的嘉定人，作为紧急处理当前是每三天开一班船。

抚恤组：当前宣抚班援助，向小林部队野战医院所实行的贫民治疗所派委员会职员一名，发放就诊券以资助军医治疗；返回他地的难民路过本地时，收容所施舍米水；在所在县管辖区内，对于因战火受害严重无家可归、没有食物的难民，要通过各委员会施舍粮米。

财政组：研究将来的税制。

保安组：当前募集到约三十名巡警，制作统一服装。经严格训练后，就任地方治安工作。武器是按本部命令文件临时性持有。

教育组：小学教育开始，正进行准备工作。教员虽有二三名，但城内校舍大多用于警备队安营，建校即遇到困难。

产业组：委员会产业组负责经济复兴全部计划拟定及实施。宣抚班指定商人在入嘉前，负责临时性采购产业组所需的应急物资。同时，乡村棉花收购为当前急办要事，委员会指定特定人员实施收购。

现行收支预算内容：无，编制中。

资金筹集方法及其筹集工作：当前委员会资金尽管是依靠上海嘉定有实力人物捐助，但其资金额仅有数千元，难以保证将来的可持续性。没有大量的捐助行为来源，委员会则需向当前交通船运征收货运税，前述交通组收缴回归者上海到嘉定间乘车船税（成人1元，儿童半价），用于一部分开销。当班发行的通行证每人征收10钱，作为委员会资金。

复兴资金不足：当地城内战争受灾相当厉害，房屋倒塌损毁严重，而当前完全没有资金用于重建。委员会正式办公处设置及其他道路修缮人工费等迫切需要资金。

将来对策：今后若没有有势力人物捐助，资金依然缺乏时，在征税制度出台前暂时考虑以下方法。1.实行摊贩注册，缴收注册费；2.进出嘉定县内物资，全部都要通过委员会方可运作，征收其间适当金额的佣金，计入委员会资金收入的同时，统一县内物价；3.军野战医院开设的贫民治疗所发放极其低廉的就诊券；4.敌产处置，其中适宜部分转让给委员会。

侵华日军嘉定宣抚班旧址：位于嘉定城中东大街的高春荣住宅

（2）指导日志

2月2日，宣抚班工作上重点事宜是关系到驻军以及平民和宣抚班之间所牵连的联络问题。晚间在当班调节下，在嘉定自治委员会筹备处会议室召开联席联谊会。

2月3日，委员会自本日开始办公。下午召集委员到宣抚班公馆，关于办公程序召开指导会议。

2月13日，几天来关于委员会委员分工事项的决议，与联队本部反复商量，劳烦联队副官，举行了委员分担决议任命仪式并对委员作训旨。委员会内容是按本部命令分民事、总务、保安、产业、救助、通讯、财政、教育八组，并且规定各担当委员要提交业务日志。下午举行委员会会议。

2月14日，旧维持会改组后新名挂牌“嘉定自治委员会筹备处民事部”。

2月19日，治委会筹备所自今日开始提交业务日报，命盖宣抚班章验讫。严命委员会对县政府重要文件作整理保存（秘密物件扣押带走）。

2月20日，制作《自治委员会委员职员一览表》并规定出席签到制度。

2月22日，召集徐行、娄塘分会长，和嘉定委员会委员一起商议今后“嘉定自治委员会”（按：1938年5月，伪南京“维新政府”任命冯诚求为嘉定县知事，至6月下旬冯诚求到任后，“嘉定自治委员会”撤销。）组织强化策略。商议结果决定最近将正式举行嘉定县自治委员会会议。

2月23日，为筹划请嘉定县原第一任区长出马，熊谷班长与委员李、孙一起去劝服。

2月24日，严令委员会以下各要事：1.委员会工作日志报告要领；2.实施射击逃匿者通缉；3.卫生问题的应急治疗措施；4.提出资金筹集方案；5.产业组设立采购合作社。

2月26日，清算旧治安维持会资金，新自治委员会接任。

2月27日，举行嘉定全县自治委员会分会长会议。出席者：嘉定自治委员会委员，宣抚班全员，娄塘镇分会三名，徐行分会二名，外冈镇分会二名，戬浜桥分会一名，方泰分会二名，安亭分会三名，南翔分会（缺）。会议主席：总务部长李品贤因病，孙云笙为主席。会场：嘉定自治委员会筹备所会议室。

议题：一、关于嘉定县行政划分。决议：同战前全县划分五个区，如下述设立各区分会（原委员会、维持会改为第□分会）。第一区嘉定分会、第二区南翔分会、第三区徐行分会、第四区外冈分会、第五区娄塘分会，在嘉定自治委员会（总会）的命令指导下处理所有事务，总会则受宣抚班的命令指导。注：南翔战争灾害深重，眼下对重建束手无策，尝试正式成立委员会。最近成立分会正四处奔走张罗着，我方派遣安放于南翔分会的委员，至今未从上海回来，陷于困境。二、委员会资金筹措事宜。决议：除依赖有势者的捐助，还要收取适当的佣金（依照税金），特别是物资流出流入由委员会统一征收中间适当的金额。注：上述方法当前也没有什么头绪，就嘉定县委员会资金问题来看前景不容乐观。三、自卫团设立事宜。决议：根据嘉定总会的指示，可以设立的地方要迅速开展设立，全县统一服装、薪资。武器的持有人员需通过嘉定总会向宣抚班申报，详细则遵照宣抚班的指导。四、小学教育开始事宜。决议：可以开始小学教育的分会应迅速开始上课。当前使用印刷教材每天

伪嘉定县第二区自治委员会南翔分会成立留影

1938年5月，伪南京“维新政府”任命冯诚求为嘉定县知事。6月25日，冯诚求到任摄影。图中前排右四为冯诚求，右三为时任侵华日军嘉定宣抚班班长的古川新

上课二三小时，上课内容规定总会贯彻宣抚班的指导。教科书、笔墨将来由宣抚班负责筹措安排。五、关于卫生问题事宜。决议：大战后会有瘟疫，特别要注意卫生问题。各分会应立即发布布告，严禁一切不卫生行为。消毒药品将来由宣抚班方面考虑配发。尽可能快速整理乡村人马尸体的同时，其成绩要向总会以及宣抚班汇报，宣抚班对成绩优良的分会给予赏金。六、关于农业复兴事宜。决议：棉花收购、肥料购入等紧急事项，由各分会内设有的合作组执行，详情按照宣抚班的指导通过嘉定自治委员会实行。七、关于地方治安事宜。决议：地方治安问题由总会迅速向宣抚班汇报。八、关于保甲制度事宜。决议：嘉定城内其他的回归者，少的地方则另当别论；回归者人数多的，各地方分会一旦成立，立即实行保甲制度，成立自卫团。九、其他。决议：规定今后全县统一通报信息，在嘉定自治委员会总会每月召开两次分会长会议。

4.三月中状况

3月1日，就将来委员会发展策略与孙委员商议。关于吴委员的不法行为，经班员会议决定给予除名处理。争取在南翔自治委员会设立委员，商议南翔委员会问题，决定近期到南翔办理所有事宜。严命嘉定委员会即日设立保甲组及合作科。

3月2日，对损坏自治委员会及宣抚班名誉的吴鸿生委员提交委员罢免报告。召集全体委员，遵照上述事件教训，要求各委员今后自重自诫。

3月3日，最近委员会资金缺乏，职员工资分文难付，加之委员中有人行为有些不检之处，已知委员会成员出现动摇的兆头。因此本班应立即召开委员会会议，对委员加以训诫，并且宣布《告职员书》，努力让大部分职员安心办事。实行自治委员会帐目检查。

3月5日，熊谷班长、行先班员指导南翔分会成立，偕同嘉定自治委员会委员清晨前往南翔。达到目的返回嘉定。方泰分会长来宣抚班，报告最近嘉定县境内安亭、黄渡方面，出现非组织性委员会的地方不良分子乱课税，造成一般民众心存不安。不仅如此，其中还不断假以部队翻译名义在宣抚工作方面做些不检之事。时至今日全县内自治委员五个分会的统管工作暂且结束，作为今后第二期工作则主要充实各项内容。

3月6日，熊谷班长，古川、堀尾班员为安亭自治会作指导，偕同嘉定自治委员会委员驱车前往该地。对安亭自治会内容作根本性改进，而后作为重点注意事项实行账目检查。视察完地方情况后返回。

3月8日，关于嘉定自治委员会内容充实，作深层思考。将现委员会作为第一区分会，另配设总联合会，以各分会提名选拔委员及委员长。

3月16日，就嘉定自治委员会会长及资金问题，熊谷班长与留沪嘉定同乡会头面人物接洽，偕同堀尾、山中两班员前往上海。

3月13日，举行嘉定自治委员会会长会议。出席者：嘉定自治委员会全员，宣抚班全体成员，方泰分会三名，徐行分会三名，娄塘分会三名，外冈分会三名，南翔分会（缺），外支会三名。会场：嘉定自治委员会筹备所会议室。

议题：一、关于不久将来新政府成立的准备问题事宜。决议：国旗及其他庆祝用品委托宣抚班导入。旗帜各区二十面，新政府贺电及决议由嘉定总会拟定，通过宣抚班发出电文。二、春耕时期农民救济迫不及待，分会要协同一致，耕牛、肥料及其他急需用品快速调查清楚后向宣抚班汇报，以求前后处理措施事宜。决议：各分会全配有救济委员会，需组织农业救济委员会，委员会联络宣抚班后全部统一安排。委员会产业组统管棉花收购，卖给日商东洋棉花，严禁个人收购。立即公告上述旨意。三、对茶馆、赌博、鸦片馆予以取缔事宜。决议：鸦片暂时有相当可观的税收额，外红丸要予以禁止。大规模的赌博需派巡捕实施抓捕、拘留。四、关于苏州河航运事宜。决议：苏州河的航运，将来除江浙轮船公司持有的船只外，逐渐禁止其他船航运。该公司当前船只不足，在嘉定县内无配航船。将来上海—嘉定间的交通在上述公司未执行期间，同过去由嘉定自治委员会交通组拥有的船只负责难民及其他上海—嘉定间的交通输送。五、关于税金征收事宜。决议：过去的赋税税金和今后民众回归一样逐一与宣抚班商议征收，其他的征税暂免除。六、关于屠宰税、茶馆税及其他货物税，今后拟定全县统一规定。决议：屠宰税，猪每头六十分银钱、羊三十分银钱；茶馆税每月收取一次税率保留；其他货物税，暂时每元抽取五分；烟酒税，酒每石二元四角、一罐一角；香烟，每元抽取一角。七、关于教育经费筹集事宜。决议：教育机关，可以开始工作的地方立即实施，其经费尽可能由分会负担，分会负担有困难的，其宗旨向总会提出申请。八、关于路道、桥梁修筑事宜。决议：各分会负责各区城内道路桥梁的维修，并迅速执行。桥梁修建时做标示。道路桥梁修筑费原则上以公益税及黄包车税充当。九、关于警察事宜。决议：嘉定总会实行全县统一警察制度，详细遵照宣抚班指示。十、关于保甲制度实施事宜。决议：同以前实施一市三三乡制，用于保甲制度，便于土地登记、民事纠纷调解，立即先行选举乡长、副乡长。十一、关于新闻事业开始事宜。决议：经费一有眉目立即开始。十二、关于上海建国熟大学学生派遣事宜。决议：从嘉定县推荐二十五岁以下中学毕业的有为青年，通过宣抚班送到上海建国熟大学上学，自治委员会做预先协办。

3月19日，因最近与嘉定县境内有关的各种纠纷较多，经调查后，委托宣抚班本部来妥善处理。

3月21日，命新任临时委员长孙云笙，迅速处理下述事宜。(1) 委员会改组，拟定人事革新方案。(2) 委员会总会组织规定的拟定。(3) 委员会分会规定的拟定。(4) 委员会委员小组任务规定拟定。(5) 乡村保甲组织规定。(6) 其他必要规章拟定。

3月28日，举行新政府成立庆祝大会盛况礼。

5.四月中状况

“嘉定县自治委员会”内容随后慢慢地有了进展，拓展与县内各分会、支会的联络告一段落，有待将来有用之人回归，期盼着再有发展。本月中旬（四月）随着城外治安急剧恶化，与各地方分会、支会的联络都令人不满意，特别是外冈镇、娄塘镇的两分会分别遭到败兵威胁、袭击，方泰分会最近也都处于工作停止状态。因此嘉定总会各委员内心动摇严重，尽管宣抚班给予鼓励，工作还是不称心。

虽说如此，委员会内各种事务渐渐看到进展，保安科内警员数达到30名，不断进行各种严格训练的同时，还要集中精力执行勤务。准备建两所小学，学生200余名；日语讲习班一所，学生60余名。

保甲制度的实施也在加紧准备中，制度印制已完成。为普及保甲制度常识，利用各种印刷物实行大肆宣传。预定自四月中旬先在第五区娄塘区准备实行，但因前记治安没有平息，制度实施中止。

（三）治安维持工作

1.十二月中状况

起草《嘉定治安维持会宣言》，在市内张贴，撤除市内抗日传单。城内各处张贴本部带来的布告传单。

12月16日，为了清除城内外不良分子，试用一名密探，就此与警备队当局商议。补充说明：当前城内外好像有若干名抗日分子，撕毁当班张贴的布告传单等有若干。

12月24日，有多人来宣抚班委托逮捕盗贼。关于监管盗窃、赌博、纵火的布告作成后各处张贴。还有对于回归者每日实施“良民证”发放、户籍调查，班员们每天还要轮班实施布告、传单的张贴，市内巡视。

12月27日，早上，详细调查盗窃犯人。

2.一月中状况

1月4日，最近市郊有小土匪组织出没，与警备队联络商议对策。

1月5日，昨夜，有四名土匪抢劫嘉定西门外毛家村王永林（57岁）家，强逼交出3000元，结果只掠走360元。该四人持有枪支，还自称“我等是中国兵”。因此将前述事情立即报告给内野警备队长，由该警备队实地检证。

1月10日，担心今后日本军队和民众间发生意外冲突事故，军对民的一切工作决定由宣抚班居中斡旋，以防产生误解。详情与第一大队长磋商。

1月12日，逮捕城内五名盗贼并进行处分。同时维持会制订简单的罚则。

1月24日，据密探报，当前嘉定县好像没有多少败兵，有时会有五六名多则十名左右持有武器弹药的土匪欺负良民，经常在乡村横行霸道，最近在娄塘、徐行附近就发生数起事件。估计在乡村藏有不少武器。照此，要马上向胁坂警备队报告，立即往现地做派兵准备。

1月29日，与胁坂队长商议，为搜索嘉定郊外败兵以及无赖、武器，决定实施相关活动。立即出动三个小分队，按照当班密探报告前往徐家行方向，班员川濑、自治委员一名、翻译一名随行参与活动，逮回败兵无赖汉三名。有关附近民家藏兵器问题，与武田大队长商议。连夜审讯被捕的抗日无赖分子。

1月30日，继续审讯前记三名抗日人员。这一带总是有欺负败兵以及良民的土匪，为调查有无武器等，悄悄利用民众深入乡村搜查。

3.二月中状况

二月上旬一般治安状况：本班指使密探搜集情报同时，又和胁坂警备队密切联络，随时采取适当的对应措施。1月29日，胁坂警备队派出三个小队，与班员协力逮捕来自大石皮方面的无赖汉、土匪三名可疑人，详细审讯。估计乡村藏有不少武器，目前当班命令乡民主动交出，如在发出通令若干日后警备队出动搜出隐藏武器者，将严加惩处。城内与近郊的治安，除有少数小偷外，状态完全良好。为修缮破损的房屋，截断电线杆，损害公共设施。本班让自治委员筹备处发公告，同时派人不断巡视。

2月8日，向大队本部斡旋一名密探。当班再雇佣一名密探，给大队本部提供密报。

2月9日，受理军民纠纷一件。

2月10日，关于陆军军官违法行为，逮捕四名作虚假陈述的支那船夫。

2月14日，受理军民纠纷一件。自治委员会各处张帖武器回收通告。

2月15日，命委员会担当道路清扫，布告、报刊张贴之事，成绩完成优良。

2月16日，受理军民纠纷一件。

2月17日，搜查顾维钧父母家。今后宣抚工作方面与警备队联络的事项，规定全部需事先与小川大尉（宣抚援助委员）商议。敌产的处理由宣抚班执行为宗旨，需与联队本部当局磋商。委员会担任发布夜间禁航通告。

2月18日，顾维钧宅查封。再次让委员会通告民船夜间禁航。下命委员会担任县内支那人尸体清除工作。

一般治安状况，2月20日。(1)据确凿可靠消息，在嘉定城外各处，当前开办多个滩簧剧场（一种戏场），日夜数百名男男女女来看戏，也有相当多的不良分子混在其中。上述场面或许有二三名潜入分子，行为举止上应该让人觉察不出什么异常。说不定今后发生险恶行动的危险性极大。(2)当班发布告并严令后，其效果是徐行自治委员会分会主动缴上下述武器明细：手榴弹48枚，钢盔22顶，刺刀40把，步枪子弹多数。(3)嘉定自治委员会主动回收武器，组织尸体埋葬整理队，于2月21日分四组出动。

2月19日，从嘉定南门外到东门外，清除排日标语文字，张贴亲日海报。

2月20日，嘉定自治委员会自发组织回收分散在县内的武器以及尸体整理队。明天开始出动，严加戒备行动期间的不法行为，特发行动证。下午视察钱门塘及望仙桥各分会，同时接收在钱门塘保管的武器（轻机枪及其他），途中村民实行宣抚后，返回宣抚班。

2月21日，夜间，抓捕在盗窃嘉定—南翔间军用电线的盗贼，该班负责审讯犯人，关入牢狱。警备队出动到北门外进行讨伐，当班给予援助。

2月22日，有关当地警备队按以下实施山炮实弹射击的安排，当班让委员会准备警戒区域的住民临时撤离。发射演习地点：旧维持会后方约100米。目标：西方约800米的土丘。时间：2月25日上午九时至十二时。审讯盗窃军用通信电线犯人。

2月25日，嘉定城中央以及北门外的治安状况巡视。依情报说最近在城中心及北门外茶馆，在夜间屡有住民聚集商议。当地宣抚班一行夜里十点多去巡查。

2月26日，对城内外治安实施夜间视察。据传闻最近无正当职业的无赖之徒，夜间聚集在茶馆喧哗说闹。刚得到具有危险气氛的情报，待到夜里十点班员到城内主要的茶馆以及城外集会所突袭巡察，自治委员会雇人将酗酒的二三名不良之徒带走调查。

4.三月中状况

（1）三月中一般治安状况

败兵及土匪：嘉定县内，当前败兵及土匪虽已不多，但夜间每晚都能听到枪声。据密报败兵每八到十名一伙，分散在多处，还没有明显的活动迹象。土匪是当地无赖汉，大多都持有枪支，数十名组为一伙，总是到处洗劫各村庄，所劫数目并不多。其武器数量，综合密报信息，县内败兵及土匪所持武器大约有步枪1000把、手榴弹若干。

有关粮草有无及可持续性：虽然粮草缺乏，但今后若有势力便衣队入境并给予指导，就会不断地持续扩大。

思想：怀有抗日思想，一般土匪没有什么远大的思想背景。

行动：时至现在，只不过是抢劫富足农户，掠夺财宝而已。

共产党、国民党及其他不法分子行动：县内的共产党员、国民党员大多逃至外地避难。当前余党只有少数几人，表面性活动还是没有中断。不法分子在各处好像数量也不少，只是现下处于沉默状态。

（2）一般犯罪状态

A.由于生活困难，各种偷盗、趁火打劫性行为、威喝抢夺金钱财物等。对策意见：治安逐渐恢复，即使成绩有所提高，但今后的收效并不大，除非实施保甲制度。当前第一要在适当的时候实施武器回收，第二尤为必要的是恰到好处地实施游击警备。第一，武器回收方法，可以出大价格回购。第二，频频实施游击警备，向民众显示皇军真实姿态，渐渐地一般民众对日本军的信任度会有所增加。而对不法分子则不同，不留可活动的余地。当前乡下多数一般民众对地方土匪及不法分子的蛮横行为，不愿向自治委员会、宣抚班或者警备队报告，其原因是害怕报告后，不法分子再变本加厉报复。对日本军进村极度恐慌，因此应该不是农民将旧武器作为自卫行动所用。

B.战场上，特别是沟渠内的尸体搜索。关于题目之事，接到本部发出紧急处理命令，本班立即着手准备。组织嘉定县内尸体整理队，分成三组全面执行搜索。全队于3月23日返回嘉定。据报告尸体整理总计达4670多具。前述是连续两次实施搜索，当下因尚存不足之处，第三次工作队正准备出发。当班以收揽一般民众人心为出发点，斟酌今后待合适时机计划合葬，现已在谋划中。

3月1日，向委员会勒令禁止一切集会，并监督巡视茶馆。释放偷窃军用电线犯人，当作苦役使用。向小川队呈报下记收集来的武器：钢盔20顶，军刀44把，步枪6把。夜间，胁坂部队小柳准尉带回精神异常的日本妇女，记述所有事情，护送到上海领事馆。

3月6日，当班以及委员会派去的县内尸体整理队暂先回嘉定，汇报工作。预定过不久增加人员再次任命出动任务。

3月9日，由于明天3月10日的陆军纪念日，胁坂部队通知实施纪念演习。立即着手准备张贴“军事演习稳定民心”的布告。

3月12日，备置自卫团服装，计30套。

3月17日，警察局内部发现步枪子弹及机关枪子弹385发，立即呈报联队总部。补充说明：这是自治委员会主动呈报上来的。

3月21日，听取保安组组长汇报嘉定乡村治安状态，希望立刻开始巡察训练活动。警备队长就防空问题有发通牒。所有委员会要唤起一般民众的注意，同时发布告期待全面了解。

3月22日，夜间对灯火严格管制，班员城内外巡逻。结果大体状况良好。

3月23日，就自治委员会保安队训练实施程序，以及和保安队、友军的联络协调手段，与安保宣抚援助委员商议。

3月25日，熊谷班长，古川、山中班员执勤，协助保安组活动，力求抓捕犯人。

5.四月中状况

自本月上旬开始，随着农作物的生长及树木枝繁叶茂，城外不法之徒的骚动也逐渐猖狂起来，夜夜枪声激烈，加上当地驻屯警备队不时变动，其乘混乱之机恣意专横霸道，近来县内频频有关于败兵行动的信息，治安状态有突然恶化的苗头。当班则与警备队、宪兵队密切联络，对各地形势十分警惕，同时当班的熊谷班长下面的全体人员，每晚轮换通宵值勤，严加警戒。

四月中治安日志如下文：

4月1日，规定自治委员会保安组组员执行训练程序。从明天开始的训练计划全部都要与保安局长商量。戬浜桥支会上缴步枪5把。

4月2日，今天保安组开始巡逻训练（安保、宣抚援助委员担任）。预定历时一个月结束训练。

4月4日，命令保安组愈组长负责鸦片馆登记，张贴严禁平民放烟花爆竹的布告。然而关于军用线切断之事，通信队有所警惕，让委员会发布告。下午熊谷班长和谷口勤务兵一同前往昨晚遭盗匪袭击的毛家村（北门外三里地）现场，调查详细情况的同时，检查毛家村内自卫枪支武器。

4月5日，进入四月以来，正值连夜枪声异常之时，宣抚班特派密探得到如下情报：（1）距朱家桥二里远的南保莲、北保莲两个祠堂设根据地，最近五六名便衣队正在活动。他们趁深夜在上述祠堂里集合，持长短枪到左邻右舍要挟农民，特别是在娄塘镇、朱家桥附近等处前后敲诈数百元现金。（2）距朱家桥南二里远的王家弄的戏馆，每晚都有五六百名民众混杂在里面。约有十五六名盗匪以上述戏馆为根据地，在此地活动。他们约四点左右，待戏剧结束后回到南保莲祠堂，在此处宿营。他们每晚都持枪威胁农民掠夺财物，已成常犯，此间也常有着日军服装的匪徒。因此立即通报警备队，商议六日天不亮趁其熟睡闯进祠堂进行扫荡。

4月6日，按计划六日凌晨一点秘密出发。行动人员有宣抚班班员二名、警备队一个小队、翻译一名、领路一名。恐途中遇民家看门狗引起民众骚动，从外冈镇绕远潜入，四点到达南保莲祠堂，将其包围。经严密搜索，结果搜出火药若干及逮捕可疑人员四名，另一主力包围毗邻村庄，对方开火抵抗。据调查该村村民有游手好闲之人，作恶多端。再次严密搜索，结果缴获步枪7支、手枪1支、机枪1挺、日本工兵用斧2柄、步枪实弹24发，逮捕可疑人员4名。

搜剿告一段落后，召集数十名附近村民，由宣抚班班员说明皇军的意图，呼吁要相信帝国乃至日本人，给报信者若干赏金。上午十点多带8名嫌疑犯回嘉定。马上开始详细审讯，大概如下文述。

姓名与年龄：（1）刘文秀，二十四岁，河南省郑州人。（2）胡坤，二十四岁，湖北省武昌人。（3）王财，十八岁，广东省海州人。（4）马鸿荣，二十岁，河南省郑州人。（5）严金龙，三十二岁，湖南省宝庆人。（6）汤保义，十七岁，安徽省滁州人。（7）李清云，二十岁，湖南省长州人。（8）黄昌书，十五岁，贵州省人。

据交待，他们都是受强迫甚至是被欺瞒，由原籍招到支那军队里，送至前线做勤杂工并任由驱使。主要是因为极苦难忍而逃出来，在各地流浪，以乞讨为生，时至今日如果不做坏事就难以为继。

4月7日，继续审讯土匪嫌疑犯。数名被害者作为证人被带来，证实他们亲眼目睹嫌犯所做之事，除黄昌书外，其余七人在附近搞破坏施盗，甚至有往他人身上泼汽油纵火，造成严重烧伤的惨虐行为。以上罪证确凿，以妨碍治安为名，施以适当严处。将该八名犯人引渡给当地宪兵分遣队。

县内各地便衣队骚动状况：（1）黄渡镇，二三名物品采购来此地。（2）安亭，人数不详，每隔数日来此地。（3）方泰，无。（4）朱家角，无。（5）泗泾，无。（6）纪王庙，常来镇上。

4月20日，在八字桥有十二三名盗匪来袭。该匪团平日常在各地流窜，与败兵、无赖住民联合。

4月22日，距南翔西南约七里地的纪王庙（一名大王庙）有个叫赵季堂的人，受游击队所托到处收购武器。然而赵近日来，隐瞒纪王庙自设自治会，假以自治会名义，利用农民将枪支弹药等军用武器强行送至游击队司令部（青浦县淀山湖）。

4月22日，在方泰有名叫张阿巧、刘小振、杨阿祥的三名人员与游击队有联络，在附近肆意搞破坏。综合诸情报，看样子纪王庙、黄渡镇、方泰方面好像有相当多的游击队潜入。

4月22日，在钱门塘附近，最近约有一百二十名便衣自昆山县方面潜入。

4月22日，娄塘镇有约四十名败兵入侵，地方无赖男女有五十名结伙袭击娄塘镇自治委员会分会，除索要千元外，还掠夺民宅，威胁该地分会长不许向嘉定警备队报告，住民大多惶恐不安。还有败兵好像是来自太仓县境内。

4月22日，据报，分别在北门外六家村有三名、同地钱家村有八名、西门外萧家庙附近有四名败兵潜入。

4月22日，关于停靠在纪王庙附近的江浙轮船公司日籍船员石川晋的遇难，特密派密探侦查。由于现场附近还有多数败兵，仍存在危险，分别从南翔、纪王庙、黄渡镇三地收集到下述情报：

4月20日下午六点左右，靠近双庙，江浙轮船公司的轮船被约十名便衣败兵劫船停行，迫使日本人用预先准备好的民船牵引，让石川开船走远，在旁边的麦田将其枪杀。然支那船业商人对败兵们的行为同样感到痛快，还将日本人的种种独占性行为巧妙地散布，收揽民心。

4月26日，距方泰镇西面三四里处的护塘桥附近好像有土匪，正好被乘船航行此处的皇军击毙一名。

4月26日，嘉定自治员会外冈分会长最近被从昆山县境内方面来此地的败兵绑架，被勒索600元才得以放回来。

4月26日，宝山县罗店附近的乡民应败兵所托，收购数十支民间枪械，正运往川河方面，由于是以高价交易所以能成功收购到。

4月26日，数名方泰镇游民在距马陆镇西面四里地的四仓口自封自卫团后，方泰镇设立分团，其自卫武器主要是从附近的良民那里敲诈钱财物品换来的。

总之，近来除败兵及便衣队外，其他活动很活跃，一般民众的不安情绪不断被激化。将逮捕回来的败兵的供认及各情报综合起来看，大多是从昆山县内侵入而来，因为对当地情况不熟悉，结伙各地方无赖实行策动。

（四）经济工作

1.十二月状况

在本班来嘉定以前，治安维持会对回归民众是不控制大米及其他物资出售的。因此本班一到任马上在维持会内附设购买合作社，主要希望对经济等诸工作有指导。同时，本班负责本部配发的各种布告传单在城内各处的张贴，为本班宣传服务。

12月15日一早，聚集在维持会门前要求发米的难民约有1000人。本班马上要求维持会暂时每户限售一斗，售价四角钱。一会儿工夫150袋全都卖光。但经实情考察，好像特困户比较少，发现多半是边远乡村村民，装扮成特困户，事实上他们都多少有备粮的。然而在嘉定城内设有的义仓约存有三四千担粮。购买合作社在管理上存在极大不便利，预料不到的情况很多，其推进方法与内野警备队长协商。照实际情况，让可充分掌握宣抚精神且可靠的日本人专门对应这件事。于是，关于货物供应收购原则决定之前，在该班严格监视下，先让松本万二氏试试看。松本是居住上海的纯商人，在这次事变爆发同时，作为山田部队的翻译随军行动。在当地治安维持会成立之际做出极大的努力，随后辞去山田部队翻译一职，专门推动嘉定的战后工作，不谋私利为国家效劳，在当地支那人中间取得很大的信任，且巧言善辩。特别是与维持会孙主席交情较深，加之对办理物资很有经验，对物价等也很精通，非常适合主持合作社工作。

嘉定一般民众需求的是一般日用品，如煤油、砂糖、香烟、袜子、衣衫、盐等，而他们最渴望能卖掉的是蔬菜、鱼类、豆类等物产。

嘉定物价调查（12月24日）。

12月28日，在华日本纺织同业会有竹内、草地、入江、川口四家，为嘉定附近棉花做调查并准备收购而来嘉定。与当班会谈内容如下：

（1）历年嘉定的棉花年出产量约三十万担，本年因战争约削减一半，当前尚在农民手中。

（2）现在嘉定纺织工厂，燃料补充已尽，且没有办法往上海其他市场输送，因不可以外卖，接下来急需考虑援助方法。

（3）嘉定产的棉花为粗纤维，适合上海本地纺织用，最适合做被褥用的布料。

（4）战前当地棉花价格每担17元至20元，眼下农民虽然极其缺钱，也不肯廉价卖掉，希望等着涨价再出手的甚多。

当天，徐行分会顾问也来嘉定，就向本地供应大米及杂货来商洽。

12月30日，向徐行分会供应救济大米（一担一元五角）。第二合作社的货物从上海运到。嘉定城内及郊区的店铺老板及商人虽然大部分都已回归，但因房屋坍塌且与上海的交通未通，除三四家饮食店、理发店暂时能够开业外，都处于不能营业的状况，暂住在熟人、亲戚家里。

2.一月中状况

1月5日，清晨为新任胁坂部队设营队，忙于安排搬运工。

1月7日，嘉定、南翔间的道路破坏严重，鉴于交通极不方便，断定有必要加紧实施修复，开始动工。

1月9日，规定维持会合作组货物法定市价。为临时实施，于西门外设置合作科零售处。

1月13日，应胁坂部队经理部的恳请，决定为该部队供应蔬菜，在当地鼎力斡旋物资的征收。当班指派松本担任。

3.二月中状况

2月3日，通告今后不准擅自购买商品，对去往上海采购的不予发放通行证。解除当班指派松本万二的委托（合作科主管）。

2月4日，目前日用必需品、食品的现有总量：

当前民众都在积极返回，嘉定城内的回归者虽然不多，可是全县有一半以上民众已返回。农民虽然开始忙于耕种，但因与上海间的交通不便，一般日用品全都缺乏，时至今日就连日本商人的交货（维持会合作组）也勉勉强强能够满足需求量。缺乏的日用品有砂糖、香烟、煤油、火柴、蜡烛、盐、酒、衣裳等，随着回归者的巨增，相信会越来越供应不足，造成严重告急。

关于此情，支那人希望亲自去上海购买必需品的人虽然相继频出，但当班的意向是只要能够通过自治委员会筹备所，便准许支那商人去上海采购。

这里是重建工作上尤为必要的：

嘉定县农产品：本县农产品战前如下述种类，是以棉花为主的大宗农作物，大体上棉花占七成，稻米占三成。精白米，223395斗；裸麦，58407斗；大麦，87611斗；小麦，280353斗；芋艿，2336担；萝卜，4672担；山药，584担；韭芽，350担；□菜，701担；辣椒，356担；大蒜，2334担；蚕豆，175221担；甜瓜，3504担；南瓜，4672担；西瓜，7448担；塌菜，4672担；油菜，28034担；青菜，7008担；棉花，243265担；竹笋，527担；大豆，70088担。稻米本县需求虽不足，但不足部分预计可从邻县融通筹到。

贩卖物资：本县贩卖物资主要是以棉花、大豆为主，其他有少量鱼类。本年棉花可贩卖量预计十万担左右，接下来希望很快卖到上海方面。不久前日本在华纺纱联合会派调查员来嘉定时虽已商洽，其后杳无音讯，因此正在计划利用适宜的商人实施收购（通过委员会）。

贩卖方法：日用品的供应和土产品收购，一样都是通过自治委员会筹备所选定适宜的商人（日本、支那）来操办此事。

2月7日，关于嘉定商人从上海购入物资的处理会议，原则上不准许大量买进。在重建、回归方面，不得已情形则暂且允许放行。实行来嘉商品检查。

嘉定物资价格（二月上旬，单位：10克）：牛，6.27元，极少；鸡，6.27元，几乎无；鸭，6.75元，几乎无；鸡蛋一个，3钱，一天约五六百个；青菜，0.57元，可自足；萝卜，0.57元，可自足；胡萝卜，0.58元，少；地瓜，1.14元，少；甘薯，0.57元，少；豆腐一箱，30钱，一天可做数百箱；油炸豆腐一只，6钱，多，制作中；白菜，1.33元，少；甘蓝，无；河鱼，6.65元，多；白米，1.00元，当前可自足。

当前因交通不便物价高涨。

2月8日，督促委员会实施南翔—嘉定间道路维修。

2月10日，召集委员商议物资购入问题，严令履行本部方针。

2月15日，嘉定—南翔间道路修复通行。向警备队交涉提供抽水泵，方便供水。对委员会严令，从城内往城外携带物品的，必须要宣抚班的准允。

2月17日，嘉定—南翔间道路维修（工程兵）所需的苦力工约五十名，让委员会斡旋筹办。

2月18日，与前日同样筹办苦力工五十名。为警备队筹办稻草。

2月23日，为大队本部搬运粮草筹备六艘船，与此同时本班又派出机动车援助。

2月24日，命委员会为第一大队筹办民船八艘及船夫十六名。应京藤队所托，委员会大量收购筹办马粮马草，有助于委员会资金筹措。

4.三月中状况

3月2日，让赵翻译安排卖掉安保队不要的数头马匹。

3月4日，特务部特许的商人，上海三友贸易公司永井□□来嘉定。严令其为特急商品供货方。

3月7日，特务部准许的棉花代办商东洋棉花三木经理及同行一名来嘉定。棉花作为嘉定重点要事办理，本班立即召集委员，在联队副官的列席下商洽所有事项，其结论决定火速展开下述环节棉花收购：（1）本年可收购量不明，预计约二万担。（2）经由自治委员会产业组棉花收购所实施收购。（3）收购价格，嘉定委员会交货价约三十美金（每担）。（4）东棉按每担一元向委员会缴纳援助费，将此作为委员会主要收入资金。

3月8日，上海商人小桥英夫来宣抚班。获悉一切，皆由本部商洽。

3月10日，在民事部挂牌“嘉定自治委员会产业组购买合作组棉花收购所”，开始县内棉花收购。

3月15日，自治委员会产业组调查商店登记薄，登记数量已达169件之多。嘉定自治委员会交通船（嘉定—上海间）航行许可证明书制作，发放给来访的东洋棉花采办员。自本日起，东棉使用的两名中国人在嘉定棉花收购所二楼起居。近日内，嘉定班在留日本人来嘉定。

3月18日，东洋棉花驻嘉定人员黑田来宣抚班寒暄。下午由熊谷班长、古川班员带领东洋棉花的香川及一名随从，前往外冈镇分会及葛隆镇支会进行指导，且同时商议关于棉花收购事宜。通知嘉定自治委员会张委员设立公营市场。

3月19日，江浙轮船公司船舶在嘉定方面没有船只调度。在调到船只前的权宜之计，则是对自治委员会交通部交通船继续援助支持，对其发放证件，然后再给各地警备队长书面通知。

3月22日，上海德珍洋行老板、江商公司上海分店的浅野及两名工作人员，就各自的棉花问题来宣抚班，就当地状况进行说明。与警备队交涉民船四艘，船夫八名。准备建造警备队马棚用材。

3月23日，娄塘分会李会长来宣抚班。关于棉花出售手续作商议的同时，下令今后严禁私运。对来嘉定卖棉花的农民说明宣抚班的棉花收购立场后，命令今后绝不可向支那商人秘密出售，当发现有私运时将严加处置。据委员会报告，最近同会交通船与（伪）上海大道政府之间的交通运输不仅不受阻碍，而且还不强迫收缴税金，对此正在调查真相。

3月25日，受委员会张委员所托预购煤炭。通过东棉已作安排。

3月26日，向大队本部交涉，调配民船三艘，船夫六名。

5.四月中状况

县内一般农民都各自忙于春耕，诸耕种虽有序推进，但耕牛不足及肥料购入不如意成为农民最大的困难点。对本县重要物产棉花的收购，当前在宣抚班的调配下，东洋棉花以每担三十五元的价格收购付给嘉定。然而在本月中旬之前，东棉因本部指定商洽合作问题及途中水运的危险性，运载几乎处于停止状态。豆类、韭菜的收购，当前正准备选择稳实可靠的商人来做，民用食品暂无需担忧。城内外商民逐渐开门营业，但因进货手续、交通不便仍未显兴旺。

当前自治委员会在实业科内特设购买合作科嘉定公营市场。该市场于本月中旬结束基本准备工作，预定到货同时开业。开设后，对商品的廉价供应、统一物价有帮助，与此同时有利于委员会资金筹措。

（五）免费治疗工作

1.十二月中状况

战前嘉定城内外医疗诊所50余家（几乎为中医），战前这些医生都到远方避难。战后已过数月，时至今日他们皆未回归，对患者就医有诸多不便。期待医疗机关早日设立。

我宣抚班于12月12日到任嘉定，即刻应民众要望，至12月25日的两周间，处理免费医治：外科65件、内科8件、眼科15件，共计108件。特别是自12月21日，在治安维持会以及本班事务所前挂起“贫民治疗所”牌板后，患者来宣抚班人数极多，远的有从十几里外远道而来。出发来嘉定时所带的医药箱中，部分药品（酒精、过氧化氢、脱脂棉、沃度丁几等）已不足。

因是支那人的缘故，各个方面的治疗效果都比预想的明显。相当严重的外科患者，只治疗数日便有意想不到的疗效，接受治疗的难民、贫民个个都由衷地感谢。宣抚工作方面取得好的成效。

12月20日在当地警备队就任的间部军医少尉，自到任以来与其取得密切的联络。特别是对病情危笃、当班难以处理的患者，交由前述军医治疗。补充说明，当班主要负责治疗的是有经验的古川班员。

2.一月中状况

1月4日，贫民治疗工作繁忙，决定采用华人助手。

1月5日，因炸弹至重伤者，来班治疗。伤情危笃的送至上海福民医院，则需办理手续。

1月6日，农民为感谢当班的救治，送来两只鸡。

1月11日，早晨与野战医院（胁坂部队）当局会面商量。对方所希望的是，今后本地平民治疗完全交付给该医院。就此事作讨论。当班将“大日本嘉定施疗所”选设在西门外维持会附近。从明天12日开始，完成其准备工作。

1月16日，带上医药品、布告、传单、报纸等乘民船去西门外的严家屯、范家屯、金家屯做宣抚工作。最初一部分平民带有疑虑而推辞，后发觉行为动作别无他意，少女们则纷纷自出家门和善地围观而来。医治十几件大获其效。

1月28日，下午乘民船去张家村，对农家挨家挨户实施宣抚（兼治疗），成效颇佳。

3.二月中状况

嘉定宣抚班就贫民治疗状况，于1月11日同野战医院（小林部队）当局会面商议。对方所希望的，是以后平民的治疗全部交付给该医院。就此事作讨论。当班将“大日本嘉定施疗所”定于西门外大街路南附近，1月12日开始工作。另一方面宣抚班将皇军对待民众的意图及想法传达给一般居民，同时激励他地自治委员会筹备处。除该处派翻译与军队协力外，该班再利用民船到郊区农家挨户进行宣抚，同时利用所带急救治疗品免费治病。因此施疗所前，呈现非常拥挤的场景，深受民众的感谢。

4.三月中状况

继前月军部医疗机关协助，为难民施予免费治疗。因进入瘟疫流行期，要采取防疫准备工作。命令自治委员会组织嘉定县内的尸体整理队，处理本县内人畜尸体。

5.四月中状况

就免费治疗，在城外西门街道旁设“嘉定施疗所”。现在因完全靠军部医疗机构进行难民医治，在当班、自治委员会的协力下，截至4月29日医治患者总计人数达1901名，每日实施治疗人数40至80人。宣抚工作取得巨大成效。其他宣抚班也准备急救箱去农村宣抚，为轻症患者开药医治。

（六）宣传、教化工作

1.十二月中状况

12月24日，决定教当地民众日语，其主要方法则与维持会当局会面讨论。

12月31日，日语教学的预先准备，希望参与者招募（20名）。

2.一月中状况

1月4日，日语教学预先准备，实行试招生，应招者竟有20名。

1月12日，按计划本日开始日语授课。《新申报》由本部定量按次分发。

3.二月中状况

日语学校状况：教师由宣抚班班员担任，现在每天有一至两小时的教学余力。将来各小学开班，日语教师将出现不足，必须另想办法以补足。

教学方法：现在城内没有一所小学校，从破损程度及器具条件来看，尽可能快速在启良小学开课，日语作为该小学科目每天上课一小时。预定另外开设日语讲习学校，对一般民众的上课时间约一小时到两小时。教科书采用本部制定本，否则也可在《简易日本语读本》（满洲文化普及会编）、《日用大众日语》（满洲文化普及会编）、《民用日本语课本》（北京大亚印□局编）中慎重选择应用。

关于日语学习，支那方面的反响：通过短期尝试，对所取得的成绩基本都产生兴趣，出席者逐渐有增加趋势。然而班员人手不足和其他工作任务极为繁忙，不得已中止，直到现在。

4.三月中状况

以前的宣传，除利用《新申报》外，计划当地宣抚班及委员会机关出版发行新闻报刊。与各委员作数次洽谈，虽资金不足决心必须实现。

5.四月中状况

教化：嘉定宣抚班关于开办小学及其他，动员自治委员会教育科现正专心研究中。此次决定姑且在嘉定城内开设下述学校，已选定六名中国教员。下述学校先开课：

（1）嘉定复兴小学校

听课学生：约60余名（男女老幼）。教师：宣抚班员。时间：下午五点至六点半。教材：本部带来的日语教科书及当班发行的“油印稿”。

上述学校本宣抚班特设日语讲习班。

宣传：宣传主要是依本部要旨，利用报纸、传单、图画来实施。现在所利用的是《新申报》。嘉定之前原本计划出版发行报刊，因自治委员会资金匮乏之现状，尚未出版印发。

建校：4月11日。场所：城内东门邑庙西原启良初级小学校。儿童数：60余名。

（2）嘉定城西小学

建校：4月28日。场所：城外西门街道。儿童数：30余名。

教科书暂时由我宣抚班严选，使用印刷教材。每天上一小时日语课，班员轮班授课。按前述，当前可容纳200余名儿童，仅西门外希望上课的儿童数就约有400余名，假设全部招收开班，根本没那么多的地方。小学校舍几乎全部被当前警备队使用，其对策正在深入确究中。

（3）嘉定日语讲习班

建校：4月18日。场所：嘉定复兴小学校内。

（下缺）

让影像留住"血染的记忆"

——上海翥云艺术博物馆藏抗战时期影像介绍

周 嘉

位于嘉定区安亭镇新源路1375号的上海翥云艺术博物馆是一家以收藏与展示嘉定历史人文艺术为特色的私人博物馆。该馆的收藏是清一色的嘉定历史文物资料，以名人书画、嘉定竹刻、文献著作为主，对于反映嘉定历史变迁、重大事件的历史老照片，近几年也多有关注与收藏。

1932年3月，嘉定城外十九路军的战士遗体

1932年3月，嘉定沦陷时期，日军机关枪队在嘉定城边加紧练习

1932年"一•二八"淞沪战役与1937年"八•一三"战役，嘉定都是主要战场之一。在翥云艺术博物馆收藏的历史影像中，抗战主题占有相当比重。主要有《日军攻占上海嘉定及在大连、满洲等地纪事相册（1932—1933）》、《淞沪抗战相册（1937）》及《嘉定县署、自卫团及庆祝抗战胜利老照片一组（1938—1945）》，另外还有文献《从军：昭和七年满洲事变上海派遣军记念写真帖（1932）》等。

一、《日军攻占上海嘉定及在大连、满洲等地纪事相册（1932—1933）》

1932年1月28日第一次淞沪战役爆发，到3月3日日军侵占嘉定城后宣布停战，前后经历了36天。3月3日至5月5日《淞沪停战协定》签订，为嘉定沦陷时期。《停战协定》签订后的几天内，日军从各处撤军。这组相册为2册，总计93张照片，为2014年11月28日中国书店举办的"2014年秋季书刊资料文物拍卖会"之"近现代书刊资料及影像专场"上竞拍所得。

这批照片的主人是当年的侵华日军，每张照片边上基本都有文字说明，反映的是其所在部队驻扎嘉定、大连、满洲等地的活动情况。其中在嘉定活动的照片有29张。

这29张照片，时间跨度为1932年3月至5月，包括有：嘉定城外十九路军的遗体、嘉定城内搜出的我军藏在民宅中的武器、日军在嘉定城边进行机关枪队练习、过河练习、南翔镇轰炸后的废墟、日军在嘉定城外的加农炮、日军在嘉定城外举行天皇谕旨下达五十周年纪念

我军战士扫射日军飞机

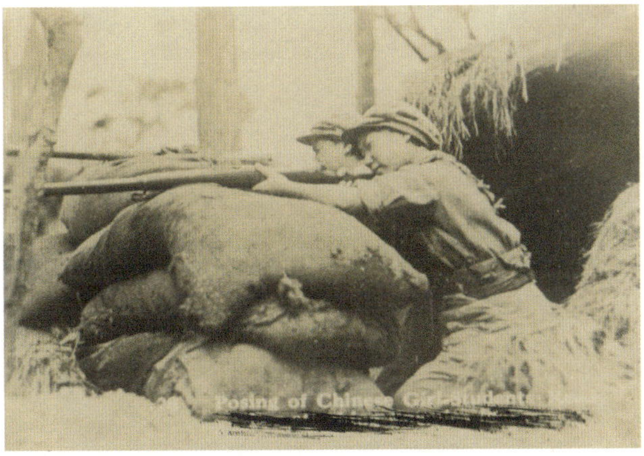

前沿阵地中向日军射击的我军战士

被日军炸毁的火车及灾民惨状

仪式、日军在驻地的留影，及嘉定附近农村风貌及农民劳作景象等。

二、《淞沪抗战相册（1937）》

1937年8月13日第二次淞沪会战爆发，中国军队和日本侵略军在上海展开激战，同年11月12日上海沦陷。当年上海兆芳照相馆为淞沪会战中的上海特别制作过108张和200张两个版本的小相册。我们博物馆征集到的是108张的版本，为2015年5月在北京泰和嘉成拍卖有限公司举办的“2015春季艺术品拍卖会”之“含英咀华——影像及名人墨迹专场”竞拍所得。

相册不仅展示了抗战前线战斗的惨烈场面，也反映了战争给普通市民造成的伤害。照片中不仅有中日双方备战、交战的场景，还有尸横遍野的阵地、满目疮痍的城市、伤亡惨重的百姓、冒着滚滚浓烟的外滩、上海北站被轰炸后惨状、灾民惨景等，真实地反映了淞沪会战的惨烈。相册最后部分的24张照片，以红色作为基底特别印制，反映的是战火中浦东、闸北的景象，充分衬托了“血色上海”的主题。

每张照片下基本都标注有英文说明，记载了照片拍摄的时间、地点和内容等信息。据考证，其中的部分影像还从未在公开媒体中见到，是极其珍贵的抗日史料，对于研究淞沪抗战历史有着较为重要的价值。

三、《嘉定县署、自卫团及庆祝抗战胜利老照片一组（1938—1945）》

这组照片计15张，时间跨度为1938年至1945年，对了解敌伪时期嘉定政治、治安等情况具有很高的参考

战火中的上海之一

战火中的上海之二

嘉定县各界庆祝抗战胜利大会

日伪在嘉定城隍庙举行“东亚新秩序建设运动周”

嘉定附近民居墙上的抗日标语

通过嘉定城门的日军步兵第十五联队

价值，为2013年8月于北京华夏藏珍国际拍卖有限公司“2013夏季文物拍卖会”之“名人墨迹、文献、影像专场”竞拍所得。

照片内容包括：1938年6月伪嘉定县知事冯成求就职留影、“东亚新秩序建设运动周”、伪嘉定县公署全体职员留影、伪嘉定县自卫团出兵、训练演习、伪嘉定县警察所全体职员合影等，其中抗战胜利后嘉定县各界庆祝胜利大会、嘉定县各界抗战胜利表彰大会的照片更是珍贵。这批照片中的部分，见于民国二十八年（1939年）4月伪嘉定县公署编辑发行的《嘉定县政概况》。此为当时原版照片，可谓弥足珍贵。

四、《从军：昭和七年满洲事变上海派遣军记念写真帖（1932）》

此书由日本陆军恤兵部于昭和七年（1932）十二月二十日发行，主要反映了“一·二八”上海事变日军的侵华实况。其中直接反映日军在嘉定境内作战与活动情况的照片计20余张，包括了娄塘、嘉定县城、南翔等地的战斗实况，及日军占领嘉定后的活动情况。此书为研究考察“一·二八”时期嘉定的历史与社会风貌提供了第一手资料，相当珍贵。

2015年是中国人民抗日战争暨世界反法西斯战争胜利70周年，9月3日又是首个中国人民抗日战争胜利纪念日。为此，我国举办了隆重的纪念活动，主题是“铭记历史、缅怀先烈、珍爱和平、开创未来”，各地也举办了各种形式的纪念活动。7月至9月，嘉定区组织开展了“勿忘·前行——嘉定区纪念中国人民抗日战争胜利70周年主题系列活动”，我馆也分享所藏，为这一活动的圆满开展贡献了微薄之力。

细致潇洒 淡雅天真 形神兼备

——清《张徽五精绘动植各物》册页简介

顾建清

上海翥云艺术博物馆购藏的《张徽五精绘动植各物》册页，共八页，另前有题页，后有识页，每页横38厘米，竖29厘米。所绘内容，第一页紫藤金鱼，紫藤一枝，叶花下，金鱼双尾，怡然水草间。左边上方，白“张陈典”一印，朱“毅庭”一印；右下角，朱“燕翼堂”一印。第二页菖兰花猫，兰叶几片，花两朵，旁卧白多黑少一猫，双目凝视。左边下方，白“张陈典”一印，朱“毅庭”一印；右下角，朱“燕翼堂”一印。第三页南瓜刺猬，藤叶间嫩青南瓜两个，一刺猬匍匐其侧，几茎叶草披离其间。右边上方，白“张陈典”一印，朱“毅庭”一印；左边下方，朱“燕翼堂”一印。第四页杨柳燕子，柳枝几条，细叶密密，双燕斜飞其旁，若呢喃状。右边上方，白“张陈典”一印，朱“毅庭”一印；左下角，朱“燕翼堂”一印。第五页桃花寿带，艳丽花间，一寿带鸟昂首上视，潇洒自如。左边下方，白“张陈典”一印，朱“毅庭”一印；右边下方，朱“燕翼堂”一印。第六页柿蒜鲈鱼，柿子几只，叶蒜两颗，一尾鲈鱼口衔藤叶，若生。右边下方，白“张陈典”一印，朱“毅庭”一印；左边下方，朱“燕翼堂”一印。第七页蕙兰吐芳，一丛蕙兰，疏叶翠，馨花黄。左边下方，白“张陈典”一印，朱“毅庭”一印；右下角，朱“燕翼堂”一印。第八页梅花麻雀，一干虬壮，几枝斜出，枝头梅花绽放，两雀枝干上，顾盼生姿。左边下方，白“张陈典”一印，朱“毅庭”一印。左侧下方，款曰：“乾隆壬寅清和月上浣，临宋人设色本，嘉定毅庭张陈典。”款下，白“张陈典”一印。首页，题“张徽五精绘动植各物”，下印朱文“炳烛斋”。尾页识文书曰：“张陈典，字徽五，嘉定人，本姓陈，育于外祖，承其姓。乾隆进士，知铜仁县，有治绩。工诗文，善书画，有《燕翼堂集》、《闲窗偶吟》、《陆舟賸稿》、《韩昌黎编年诗集诠释》。中华民国十八年二月，王引才录。《中华人名大辞典》。”印二，朱文“炳烛学人”、朱文“王引才”。

由款、印、识，知绘者为张陈典。张陈典（1680—1742），字徽五，号毅庭，斋号燕翼堂，嘉定南翔人，国纪四世孙，本姓陈，外祖张用之立为后，因传医业。乾隆元年（1736）进士，官任铜仁知县，为官清廉，奖罚分明，有惠政，因得染积劳呕血病症，乾隆七年五月二十五日卒于官署。儿岁能文，及长，工诗，精行草，善

画写意人物，亦善刻竹。所制笔筒，镂空深刻，极为工巧。著有《燕翼堂集》、《闲窗偶吟》、《毅庭诗稿（附词）》、《陆舟賸稿》、《韩昌黎编年诗集诠释》等。与玉亭程国栋等同修乾隆《嘉定县志》。

张陈典诗词雅正蕴藉，情真意切。如《舟中晏眠》诗云："百事无关意自闲，荔枝新酿半酡颜。黑甜一觉黄粱梦，错过船头数叠山。"《老人峰》诗云："蒜发飘萧五十翁，间关登涉笑吴侬。欲输此老长安坐，袖手闲看四百峰。"《哭马荩臣同子旭韵》二首，其一云："一别旋闻讣，重来欲见难。秋风侵繐帐，夜火照桐棺。子女终何托，亲朋岂忍安。嗟君中道弃，遗事复谁看。"其二："自古谁无死，如君独可怜。弯弓霜月下，策骑晓关前。磊落多英气，风流正少年。一棺长夜閟，赍志向重泉。"《恭颂马忠勤公诗》云："欃枪灼烁侵斗枢，蚩尤弄兵惊海隅。从闽趋浙所过屠，永嘉岌岌声势孤。临冲四绕震鼓枹，灭此朝食将长驱。中有杰令关西儒，婴城死守完郭郛。束薪如桂米似珠，析骸易子难支吾。登陴一恸不可图，挺刀巷战犹大呼。平生报国拌头颅，男儿死耳何畏乎。血花溅刃僵不殂，王师扫除拉朽枯。监军奏闻惊且吁，赠卹建祠恩不殊。忠臣有后来分符，十年泣血怀区区。叩首请谥帝曰俞，鼎钟千载受不诬。邑令易名近代无，教忠教孝为楷模。呜呼！承平多说圣贤徒，临难谁人不爱躯？马前拜贼青史污，捐躯县尹真丈夫。"《临江仙·悼亡》词云："依旧蔷薇香压架，背人清泪偷弹。合欢床在凤衾单。酒醒思往事，一倍五更寒。徒倚小屏风近底，梦中真见眉山。花阴重觅珮珊珊。荀香怜老尽，潘鬓为伊残。"

张陈典与名流雅士往来甚多，然与同邑南华张鹏翀为至交，过往、交谈、斟酌、吟诗、作画、郊游，莫不呼应。同里文蔚汪士彪《秋日招张南华、毅庭、范桐乡小饮》："老绿焜黄秋色新，一年好景在斯晨。田家初熟獐牙稻，乡味难忘雉尾莼。最喜到门如夜月，拼教把

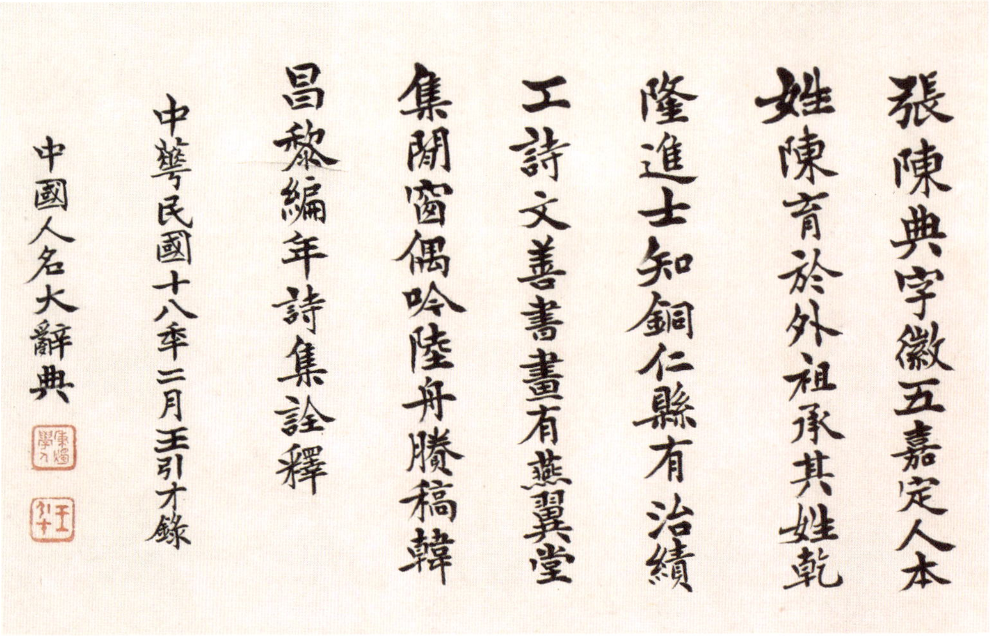

洒漉残巾。醉吟都是先生乐，肯令风流输与人。”从中，可见张陈典、张鹏翀之风雅，亦可窥三槎文人墨客之风流。

张陈典此册页，所绘植物紫藤、菖兰、南瓜、杨柳、桃花、柿蒜、蕙兰、梅花，皆文人墨客吟咏之什；所绘金鱼、花猫、刺猬、燕子、寿带、鲈鱼、麻雀，皆艺人逸士抒写之物。见赏此类传统花鸟诸种，点乱自在，勾画细腻，景物清新，格调素雅，寓义诙谐，寄意和祥。梅、兰、桃、柳，禀赋不一；藤、瓜、柿、蒜，朴拙趣同。猫猬，闲情奇趣；鱼鸟，寓意深远。如紫藤金鱼，意蕴金玉满堂，绕转缠绵；菖兰花猫，意蕴高雅、长寿、康宁；南瓜刺猬，意蕴万物有灵，多子多孙，福运绵长；桃花寿带，意蕴红颜逝惋，长寿安宁；柿蒜鲈鱼，意蕴事事如算。凡此种种，不一而足。此所绘，可谓细致潇洒，淡雅天真，形神兼备。

由题、识页，知原藏家为王引才。王引才（？—1933），名纳善，以字行，斋名炳烛斋，自号炳烛学人。生于嘉定南翔，廪生。早年与弟守善、宰善皆留学日本。1896年，任上海育材书塾、南洋中学国文教师，凡三十余载，未曾一日旷课。善书，所藏汉魏宋元碑帖甚富，尝于大幅书“成大功者不断之勤劳”以自警、警人。后任南翔义务小学校董及高等部主任、上海救火联合会副会长，荐任吴县县长，有政绩。1933年6月12日病故于南翔。

王家乃嘉定望族。迁居嘉定一世王文瑞于南翔东市走马塘建第宅而居。二世王庆勋居东宅诒安堂，王庆昌居西宅日新堂。三世王惟泰，创办开明书店、南洋中学。王引才为四世，传承经艺，倡导文教，书画典籍，累世庋藏。嗜好典籍书画，与张陈典同里，此册页为其收藏，情理之中。

综观册页，虽为小画，亦成隽品。2015年5月，册页归藏于翥云艺术博物馆，实属不易。

画册精美，然一处存疑，存之以备考究。光绪《嘉定县志·人物志·文学》：“张陈典……壬戌卒官，年六十二。”乾隆壬戌，即指其于乾隆七年（壬戌，1742）死于任上。而画款“乾隆壬寅清和月上浣”，即此画册作于乾隆四十七年（1782）四月上旬。作画时间与卒年差整四十载。款识凿凿，岂伪托乎？志载书录，岂差池乎？诚若是，则此册又可匡时证史焉。

风采独具 世人宝爱

——上海翥云艺术博物馆藏嘉定竹刻介绍（二）

杨柳有叶

竹刻艺术是我国工艺美术百花园中的一朵奇葩，由于其富有的深厚文化底蕴和独特审美价值，历来广受社会精英阶层的欢迎，有关“学士家供之以为玩物，好事者袭之而如奇珍”、“好古士大夫家所藏……重如拱璧”（《竹人录》）之风雅轶事，俱载史籍。嘉定竹刻因其流传有序，自成体系，而在竹刻艺术界独领风骚，并因其明显的地域性和可贵的原创性，最终成为中国竹刻史上同时也是中国雅玩史上最大的流派。竹刻艺术是我们嘉定的骄傲。

翥云艺术博物馆一直关注嘉定古代艺术的收集，经多年努力，收藏了一定数量的嘉定竹刻传世作品。我们将分期介绍馆藏，与关心嘉定人文历史与竹刻艺术的朋友们分享。

清 无款竹雕《二乔读书图》笔筒，高15.4厘米

一、清无款竹雕《二乔读书图》笔筒

古代社会，女子能识字读书而能知文章大意，便被人目为才女，从前所谓的大家闺秀中，便常有此等人物。历史上为姐妹而能名闻天下的闺秀，首推三国时期的“二乔”。

清 无款竹雕《二乔读书图》笔筒（展开图）

清 吴之璠
无款竹雕《二乔并读图》笔筒
（拓片），上海博物馆藏

以“二乔”为题材的竹刻作品，传世中最为著名的当为上海博物馆珍藏的清吴之璠竹雕《二乔并读图》笔筒。吴氏作品在表现主题、刻划人物方面均相当成功，有其特殊的表现语言，让人知道经典作品之所以成为经典之魅力所在。

以“二乔读书图”为题材的作品，我馆藏有两件，都为笔筒，其中一件无题字。两件作品均属于后人学习吴氏作品的习作。然虽是习作，学习者在故事情节与构图的处理上，都有着自己的思考。

此件作品中，“二乔”紧靠在一起欣赏文中微义的情态，虽无吴氏作品的从容与委婉，然画面气氛别有风采。于所刻人物的一侧，题词：“兰兮蕙兮，双双凭几。同披坟典，收放参微。”与吴氏作品所刻诗文作阳文处理不同，此作诗文则作阴文处理，不仅内容出新，且与人物情景更显吻合了。

二、清无款竹雕虬松杯

松四季常青，岁寒不凋，其树龄又长久，常至数百年而依然生命力强盛，因此，在中国传统文化意象中，常以之比喻人的坚贞之品格，亦以之祝人长寿。

在传世竹刻经典中，以松为题材或作背景衬托的作品众多，不论笔筒、香薰或臂搁，常可见之，可见民间对此题材的喜爱。

此件作品借用主根肉厚的特点，巧用自然形态而有取舍。采用深浮雕兼施透雕的技法，形象地于杯之四周

清 无款竹雕虬松杯，高9.6厘米

刻画出了坚实而苍翠多姿的虬松，情态从容。作品给人一种充满生机又富有闲情逸致的祥和之美。

三、清少溪款竹雕《菊花图》笔筒

梅兰竹菊，古人称为四君子，旧时文人墨客每以之入诗入画。“三径就荒，松菊犹存”，此陶渊明《归去来辞》中句子，山野情趣，自然风光，每使人流连忘返。

此笔筒以阴刻兼用陷地浅刻法创作而成。筒身以菊花为饰，所写菊花枝叶生发郁勃，身姿妩媚婀娜，顾盼有致。数茎兰草，穿插合理，倒曳自然，令画面更富层次感。阴刻行楷题款：“霜华满菊枝。戊申春日，少溪。”少溪，清代嘉庆、道光时期嘉定重要竹人；戊申，道光二十八年（1848）。

清 少溪款竹雕《菊花图》笔筒，高11.9厘米

清 少溪款竹雕《菊花图》笔筒（展开图）

关于王圻的几点辨正

王梦湘

明代嘉靖乙丑（1565）进士王圻，字元瀚，号洪洲，历官云南道监察御史、提督湖广学政、陕西布政司右参议等。王圻在任时为官清正，不畏权贵，辞官归故里后潜心著述，惠及乡邦，可谓上海名人。关于王圻的籍贯、故里、生卒年等，众说纷纭。现据有关资料，对此作一辨正，以祈方家指正。

一、王圻的籍贯

一是上海说。张撝之等主编的《中国历代人名大辞典》记载为“明松江府上海人”；郑天挺、谭其骧等编纂的《中国历史大辞典》记载为“明上海人”；《嘉庆松江府志》记载为“上海人”；1993年出版的《上海县志》记载为“上海县江桥（今属嘉定）人”。二是嘉定说。王荣华主编的《上海大辞典》记载为“苏州府嘉定江桥（今属上海）人”。三是青浦说。1990年出版的《青浦县志》记载为“诸翟（旧属青浦县）人”；1992年出版的《嘉定县志》记载为“祖籍江桥（时属青浦县）”；2014年出版的《明万历青浦县志》点校者赵文友在“整理说明”中说“本志主纂王圻，……祖籍江桥（时属青浦）”，沿用了《嘉定县志》的说法。

以上三种说法哪一种是正确的呢？据明代顾秉谦撰写的《明故朝列大夫陕西布政司使司右参议洪洲王公（圻）暨诰封宜人陈氏合葬墓志铭》（以下简称《墓志铭》）载：“其先，苏之嘉定人，胜国时有士衡者避难于上海，遂为上海人。”[1]清《嘉庆嘉定县志》也记载：“其（圻）先本姓陈，为嘉定富室，洪武时徙云南，留少子育于王姓，因姓王，由上海籍中嘉靖乙丑进士。”[2]士衡为王圻五世祖，[3]以下依次为“高祖璇，曾祖鉃，祖

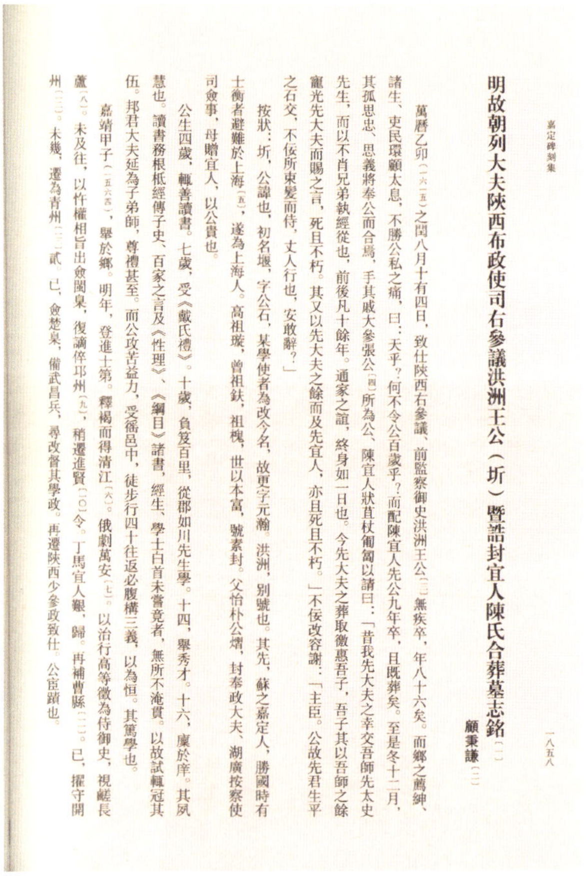
嘉定碑刻集

一八五八

明故朝列大夫陜西布政使司右參議洪洲王公（圻）暨誥封宜人陳氏合葬墓志銘（一）

顧秉謙（二）

萬曆乙卯（一六一五）之閏八月十有四日，致仕陜西右參議、前監察御史洪洲王公（三）無疾卒，年八十六矣。而鄉之薦紳、諸生、吏民環顧太息，不勝公私之痛，曰：「天乎？何不令公百歲乎？」而配陳宜人先公九年卒，且既葬矣。至是冬十二月，其孤思忠、思義將奉公而合焉，手其戚大參張公（四）所為公、陳宜人狀苴杖匍匐以請曰：「昔我先大夫之幸交吾師先太史先生，而以不肖兄弟執經從也，前後凡十餘年。通家之誼，終身如一日也。今先大夫之葬取徹惠吾子，吾子其以吾師之餘寵光先大夫而賜之言，死且不朽。其又以先大夫之餘而及先宜人，亦且死且不朽。」不佞改容謝：「主臣。公故先君生平之石交，不佞所束髮而侍，丈人行也，安敢辭？」

按狀：圻，公諱也，初名堰，字公石，某學使者為改今名，故更字元瀚。洪洲，別號也。其先，蘇之嘉定人，勝國時有士衡者避難於上海（五），遂為上海人。高祖璇，曾祖鉃，祖槐，世以本富，號素封。父怡朴公熷，封奉政大夫、湖廣按察使司僉事，母贈宜人，以公貴也。

公生四歲，輒善讀書。七歲，受《戴氏禮》。十歲，負笈百里，從郡如川先生學。十四，舉秀才。十六，廩於庠。其夙慧也。讀書務根柢經傳子史、百家之言及《性理》、《綱目》諸書，經生、學士白首未嘗竟者，無所不淹貫。以故試輒冠其伍。邦君大夫延為子弟師，尊禮甚至。而公攻苦益力，受徭邑中，徒步行四十往返必腹構三義，以為恒。其篤學也。

嘉靖甲子（一五六四），舉於鄉。明年，登進士第。釋褐而得清江（六）。俄劇萬安（七）。以治行高等徵為侍御史，視鹺長蘆（八）。未及往，以忤權相旨出僉閩臬，復謫倅邛州（九），稍遷進賢（一〇）令。丁馬宜人艱，歸。再補曹縣（一一）。已，擢守開州（一二）。未幾，遷為青州（一三）貳。已，僉楚臬，備武昌兵，尋改督其學政。再遷陜西少參政致仕。公宦蹟也。

《明故朝列大夫陕西布政司使司右参议洪洲王公（圻）暨诰封宜人陈氏合葬墓志铭》书影

---

[1] 张建华等编辑《嘉定碑刻集》，上海古籍出版社2012年版。

[2]（清）吴桓修，王初桐纂《嘉庆嘉定县志》卷十四《人物考三》，上海古籍出版社2012年版。

[3]（清）宋如林等修《嘉庆松江府志》卷七十八《名迹志五·第宅》“上海县”条记载：“参议王圻宅，在梅源市。圻五世祖士衡构读书楼，圻复葺之。”上海古籍出版社2011年版。

[4] 同[1]。

槐，……父怡朴公熠。”[4]由此可知，王圻祖上本姓陈，为嘉定富室，在元末或明初时因避难离邑（避难原因不明；元末还是明初，也无从考证，但从时间推算，元末明初到王圻出生约一百六七十年，五世祖的记载是可信的），留少子由上海人抚养，遂改姓王。这个少子，应该就是其五世祖士衡。故从王圻的天祖开始即落籍上海，王圻中乙丑进士，便是以上海籍的身份。故其卒后，也入“祀上海乡贤祠”。[5]至此，王圻的籍贯为松江府上海县应无疑义，其祖籍则是苏州府嘉定县，与青浦县无关。有意思的是，王圻始终认为自己是上海人，他在68岁时应邀主纂明《万历青浦县志》，序中最后署名为“赐进士、朝列大夫、陕西布政司右参议、前云南道监察御史、奉勅提督湖广学政、上海王圻撰”。在姓名前冠以籍贯地，这是古人常用的署名方式，王圻也不例外，表明自己的“上海”身份。

当然，青浦说也并非纯属杜撰，应是空穴来风。尽管王圻主纂的明《万历青浦县志》在《科目表·进士》、《人物传》卷中未有记载自己的片言只语，到了清《康熙青浦县志》中，虽然《园庐》、《科目表》等卷中仍未列王圻的信息，但在卷之七《人物中》中介绍了王圻，罗列王圻生平后，特地在最后写上“青浦之有邑志，自圻始”一句话，原来是念王圻主纂邑志有功，才给他记上一笔。此后的清《乾隆青浦县志》在《科目·进士》卷及《第宅园林》卷中，均提到了王圻和他的梅花源。清《光绪青浦县志》在《选举》卷及《名迹·古迹·园第附》卷中，也沿袭乾隆志，提到了王圻和他的梅花源。

[5]（清）汪祖绶等修，熊其英等纂《光绪青浦县志》卷十九《人物三·文苑传》记载：“卒年八十一，祀上海乡贤祠。”上海古籍出版社2014年版。

[6] 同[2]。

[7] 张裕明主编《嘉定地名志》第一编《行政区域地名》，上海社会科学院出版社2002年版；吴云溥主编《上海辞典·地理》，上海社会科学院出版社1989年版。

[8]（清）杨卓修，王昶纂《乾隆青浦县志》卷十八《第宅园林》，上海古籍出版社2014年版。

[9]（清）汪祖绶等修，熊其英等纂《光绪青浦县志》卷十二《名迹·古迹·园第附》记载：“桃花源，在诸翟镇，王圻别业。后沈白居之。”上海古籍出版社2014年版。

[10]（清）金惟鳌编撰《盘龙镇志·科目》、《盘龙镇志·人物下》，上海社会科学院出版社2005年版。

二、王圻的故里

王圻的籍贯既明，其故里在上海县，应该没有问题。据志书记载：“（王圻）年未五十，遂请归养。居王庵，在嘉（定）城南三十里，为上海三十堡。……其居前后种梅万树，因号‘梅花源’。”[6] 王庵即今江桥镇大宅村。据《嘉定地名志》记载：“（江桥镇）大宅村，唐代已成村落，王姓始居。明代称王庵市，后改称梅源市，清代称梅花村，民国时期始称大宅里。”陈征琳等主编的《上海地名志》记载：“大宅里位于（嘉定）区境东南部江桥镇。明嘉靖进士、著名学者王圻弃官后，居此著书立说，植梅万株，故称梅源市。因建有王家祠堂，又名王庵、王家庵。清中叶后衰落，称梅花村。民国以来称今名。”明代江桥境分属上海、嘉定两县，[7]王庵属上海县辖，这与清《嘉庆松江府志》卷七十八《名迹·第宅》“上海县”条下“参议王圻在梅源市”的记载相契合，也与秦荣光于1903年撰写的《上海县竹枝词》“王氏梅源数里花”诗后注释“梅花源，在三十堡。王圻植梅数千”的记载相一致，也印证了“留少子育于王姓”的记载，收育少子的王姓当在王庵，则王圻自五世祖起即定居于上海江桥的王庵，其故里为王庵无疑。因此，1993年出版的《上海县志》、1990年出版的《青浦县志》中“居诸翟”、“诸翟人”的说法，是毫无根据的（王圻是否在诸翟居住过，容后文再作详辨）。江桥镇至今还有一个大宅村、一条大宅路、一个叫大宅农苑的住宅小区，依稀让人追忆起当年的王庵来。

三、王圻与诸翟

清《乾隆青浦县志》有“梅花源，在诸翟镇，王圻别业”的记载。[8]清《光绪青浦县志》亦采用此说。[9]《盘龙镇志》也有“诸翟人”、“筑室于诸翟镇畔，植梅万本，曰梅花源”的记载。[10]此外，1990年出版的《青浦县志》、1992年出版的《嘉定县志》、1993年出版的《上海县志》，以及王荣华主编的《上海大辞典》分别有“诸翟人”、“幼年就读于诸翟”、“居诸翟（镇）”的记载。王圻是否在诸翟有居所，为诸翟人，或曾居住过、就读过呢？答案是否定的。理由如下：

一是清康熙末年秦立编纂的《淞南志》（淞南属今纪王、诸翟镇一带）中，在园宅、进士、文学乃至流寓等章节里，均无跟王圻相关的记录。

二是汪永安于清康熙五十七年（1718）辑成的《紫隄小志》、《紫隄村小志》，及成书于清咸丰六年（1856）的《紫隄村志》（汪永安原辑，侯承庆续修，沈葵增修）三部村志中，在人物、流寓、里绅（进士）、古迹、园宅、乡塾等章节里，也无有关王圻的点滴记载。

紫隄即诸翟，本名白鹤村，又称蟠龙塘。对于小小的村落而言，倘若出了王圻这样的达官贵人，是绝不会漏记的，况且在村志凡例中明确“随所见闻，不嫌琐屑”，则村里所发生的事无论大小，都会详录于志。如侯峒曾家族都有记录，连侯峒曾六岁时读书的上谷家塾也不曾遗漏。[11]而王圻为侯峒曾曾祖父侯尧封写的《铁庵稿序》（铁庵为侯尧封别号）及为本村依照嘉定惯例改折漕粮的事均记录在案。[12]《盘龙镇志》编成于清光绪初，较《淞南志》、《紫堤小志》晚出150多年，其所述王圻为诸翟人及梅花源在诸翟镇畔的观点不可采信。由此可见，王圻在诸翟有居所、居住过、读过书乃至流寓过，均无史料依据。退而言之，即便王圻在诸翟居住或有别业，也不能认定其为青浦人。因为，当时诸翟地处两郡三邑，为分属松江、苏州两府的上海、嘉定、青浦三县交界，上海占十分之五，嘉定占十分之四，青浦只占十分之一，[13]其青浦籍概率也非常之小。

那么，王圻是怎么跟诸翟扯上关系的呢？清金惟鳌在纂辑《盘龙镇志》自序中说过“吾邑有志，创于王学使洪洲”的话；也是因为帮青浦修了首部县志的缘故，《镇志》在《科目·进士》栏中写上了王圻，并在《人物下》中为其列传。这与王圻籍贯青浦说的情况差不多。

四、王圻的生卒年

关于王圻的生卒年，见诸志书与辞书，有不详未列的，有称享年八十一、八十五及九十五的，说法不一，且差别很大。《中国历代人名大辞典》、《中国历史大辞典》、《上海辞典》[14]及1990年出版的《青浦县志》、1992年出版的《嘉定县志》均未列其生卒年。《清光绪青浦县志》、《盘龙镇志》记载为“卒年八十一”。[15]清《康熙青浦县志》、清《嘉庆松江府志》、1993年出版的《上海县志》及《上海大辞典》均记载为“年八十五卒”或标示“（1530—1615）”。清《康熙嘉定县志》记载为“年九十五卒”，清《嘉庆嘉定县志》因袭康熙志，也记载为“年九十五卒”。

据《墓志铭》记载：“万历乙卯之闰八月十有四日，……王公（圻）无疾卒，年八十六矣”，“卒之日，距其生嘉靖庚寅正月之二十有一日，享年八十有六。”可知王圻生于嘉靖庚寅（1530），卒于万历乙卯（1615），享年八十六岁。卒年八十五说举其实岁，亦无错。

至此，王圻的籍贯、故里及生卒年大致清晰起来，试以辨正结论作人物简介如下：

王圻（1530—1650），字元瀚（有作元翰的，据《墓志铭》应为瀚，非翰），号洪洲，明上海人（祖籍嘉定，五世祖于明初定居上海三十堡江桥王庵，遂落籍上海）。嘉靖四十四年（1565）进士。仕途起伏，官至陕西布政司右参议。辞官后归故里，在王庵辟地植梅万枝，称梅花源。家富藏书，日以写作为事，至老不辍，著述宏丰。主纂青浦首部县志。

---

[11]（清）汪永安原辑，侯承庆续修，沈葵增修《紫隄村志》卷三《乡塾》“上谷家塾”条：“在参政宅之西耳房。按：侯玄瀞撰父峒曾年谱曰：万历丙申，府君六岁，读书龙江家塾。”上海社会科学院出版社2006年版。

[12]（清）汪永安辑撰《紫隄村志》卷之中《文集》及卷之后《江村杂言》。改折事亦见于（清）赵昕修，苏渊纂《康熙嘉定县志》卷十五《人物》。

[13]（清）汪永安辑撰《紫隄小志》卷上《各邑疆界》有“总计属嘉定者十四，属上海者十五，属青浦者十一，此紫隄村境之大略也”的记载，上海社会科学院出版社2006年版。

[14]吴云溥主编《上海辞典·人物》，上海社会科学院出版社1989年版。

[15]（清）汪祖绶等修，熊其英等纂《光绪青浦县志》卷十九《人物三·文苑传》：“卒，年八十一。祀上海乡贤祠。”上海古籍出版社2014年版。（清）金惟鳌编撰《盘龙镇志·人物下》：“卒年八十一，崇祀乡贤。”上海社会科学院出版社2005年版。

追忆先父范祥善

范 珣

范祥善，1885年8月生于嘉定，1940年1月20日卒于上海

陈霭真，1887年生于嘉定，1980年卒于上海，范珣母亲

嘉定县东北六华里徐行镇，镇东五华里范家桥，[1]世居范氏家族。据范姓父老相传，范姓祖先兄弟两人从苏州迁至嘉定，定居范桥和曹王两地，传宗接代至今。我在童年时也曾看到墨笔书写的手抄家谱，谱上有范仲淹字样。[2]

我家老宅在范桥东一华里的范家角。我1942年至1945年间在老宅住过三年多。在几次战乱后残存的老家具，如桌椅、春凳、风车[3]、药船[4]等物品上，写有范周士、范如金等名讳。据同族老人和年长的亲戚告知：我的曾祖父范周士娶范桥西北张家（弄堂）之女，是为我曾祖母。张氏侄孙中有一位名为张文禄（字天百）[5]，20世纪二三十年代在上海与我父亲过往较密。范周士生有一子范如金（字星庚，我祖父）及两个女儿（我姑奶），她们分别嫁给了钱少兰[6]和季善愈[7]。

1988年10月9日，范桥故居院中景象

1988年10月5日，范珣夫妇在范桥故居大厅内留影

先祖父范如金约生于1862年（清同治元年），长在耕读之家。他在1889年（清光绪十五年）参加己丑岁

[1] 范家桥，曾叫樊家桥，1911年民国后改名范家桥。

[2] 《范氏家谱》1966年收藏在我兄范珶家中，“文革”破四旧被抄走。同时被抄其他物品已发还，但《家谱》已丢失，未归还。

[3] 风车，一种农具。手摇风叶产生风，扇去粮食中糠秕杂质。

[4] 药船，粉碎中药药材的用具。

[5] 张文禄，字天百，20世纪二三十年代在上海与我父亲交往较密。范桥西北张家弄堂人，是父之表弟。毕业于上海中国体操学校、上海法政大学，曾任嘉定县立师范教师，后在上海虹口创办乐华中小学。另一职业为律师。娶妻葛成虹（嘉定人）。张家在抗战期间去重庆与我兄范珶相遇，凭张的口才说服哥未婚妻方家，免除嫁妆聘金。张著有《民众党义课本》，范祥善校订，由上海世界书局于1929年1月出版。

[6] 钱少兰，娶妻范氏（我祖父的姊妹），育有二子：钱万青、钱铭旦。钱万青育有三子：钱聘伊、钱聘三、钱志高。钱聘伊曾任上海电力公司工程师。钱万青长女嫁卢氏，生子卢章炯（字元石），抗战时期参加革命，改名卢正，为离休干部。

[7] 季善愈娶妻范氏（祖父的另一姊妹），育三子：季志中、季仲豪、季辅庭。

试，[8]由此可知，祖父曾取得生员资格。早在同治年间，他与同乡徐懋勋、梁锡荣师从庄桂清[9]学习医术，擅外科，积极医治乡人，参加施医局义务诊疗，为里人称道，在族人中辈分较高，因此热心排解闾里纠纷，参加公益活动，如修桥补路。清政府在光绪三十一年（1905）废科举，初兴新学。祖父积极提倡办新学，光绪三十四年季朝祯在季家宅创办练北小学，我祖父任校长；宣统元年（1909）支持儿子范祥善任嘉定县第九区的劝学员等。父亲在祖父大力支持下办新学、编教科书、出版文库等，都得到祖父的鼓励和指导。

祖父娶三任妻子。元配陈氏是徐行西北一华里陈家弄堂陈拜恩之姐，光绪十一年（1885）八月生一子范祥善（字云六），即为我父亲。七年后陈氏病故，续娶杨氏，徐行东南杨家宅人，育二女，长女范祥灿，次女范祥新，在产后病故。再续娶彭氏，嘉定戬浜东广福人（今属宝山），未育子女。祖父出生后，历经三次战乱。同治元年（1862）十一月清军防太平军再袭嘉定之四乡，在徐

1988年10月5日，范珣、范珧与卢正在范桥小学校门前合影

行一带由总兵况文榜、副将梁安邦率兵驻防，附近民众大受驻兵抢掠（见《疁东志》第76页）。1924年又遭遇江浙之战，军阀的将和兵无恶不作，嘉定平民深受祸害，东躲西藏流离失所10万人，死难4000多人，毁房屋2082间，死大牲畜1335头。当时父亲母亲（陈霭真）全家六口（我未出生）已在上海闸北定居，躲过一劫。1932年1月28日，日侵略军发起淞沪之战，祖父被接到上海父亲家中，和父亲在沪全家七口（我已五岁），从虹口避难到英租界山东路的惠中旅社，洗脸由茶房（服务员）供给面汤（洗脸热水）和毛巾，很多人感染了红眼病（急性眼结膜炎），我家多人未能幸免，每日用硼砂水冲洗数次，才痊愈。祖父又一次受到惊吓和打击，挂念在范桥守家的祖母和乡亲的安危，担心房舍家具的损失，身在沪心在乡。其实祖父早就患有高血压动脉硬化、气管炎等多种疾病，几次折腾，多病并发，终于在上海华德路慧源里家中去世，年69岁。父亲极为悲痛，祖父大殓之日，父亲力阻盖上棺盖，几次要跳进棺内和祖父同去，经至亲好友阻拦，要以全家在世的人着想等语劝导才完成出殡大礼。当时父亲任上海世界书局编辑所所长（《疁东志》第54页），交游较广，加上淞沪战事已经调停结束，所以丧礼较隆重，灵堂内外挂满挽幛挽联，当时我仅六岁，对此犹印象深刻。在我五六岁时，由父母带领去范家角故居拜见祖父祖母（彭氏）。他们是两位慈祥的老人，都有抽水烟的嗜好，闪闪发光的水烟壶，一吹就燃烧的“纸吹”，都使我感到好玩。祖父还有药柜，柜上有很多小抽屉，祖母从甏中取出收藏较长时间的炒米花糖给我吃，还有长生果（花生）等小食品，但我因怕生而未吃，引起祖母的不解。当他们叫我父亲小名“阿桂”（父亲农历八月桂花盛开时出生）时，就轮到我感到新奇和不懂了。

---

[8] 岁试，也称岁考，清朝各省学政巡回所属府、州、县举行的考试。凡府州县的生员（秀才）、增生、廪生皆须应岁考。清初定为六等黜陟法，一二等及三等前者有赏，四等以下者有罚或黜革。道光以后稍宽，列四等者甚少。

[9] 庄桂清，字馥庭，补癸亥科试，住徐行北的东庄家宅。范如金、徐懋勋、梁锡荣均为向他学医的弟子。范如金擅外科医术。（《疁东志》）

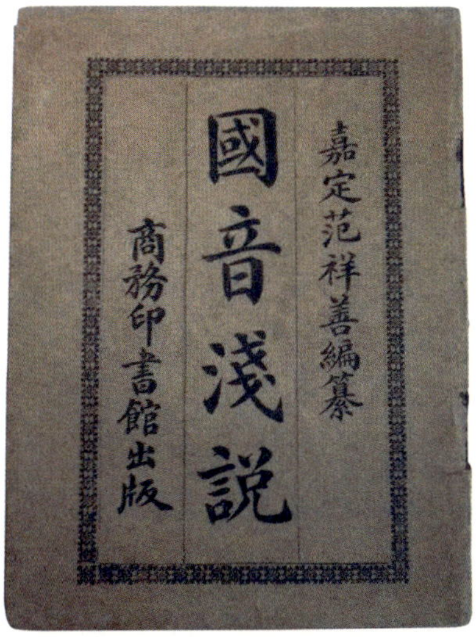

范祥善《国音浅说》

《新学制国语教科书》总六册，范祥善、吴研因、周予同编辑，胡适、王云五、朱经农校订，商务印书馆发行。1923年2月初版，至1929年8月已出第47版

父亲范祥善出生数年后生母陈氏病故，继母杨氏、彭氏对父亲还是很照顾的。父亲幼时即随祖父学方块字及启蒙读物，如《三字经》、《千字文》、《百家姓》等，为应科举考试，攻读四书五经，充分接受了儒学教育。清光绪三十一年（1905），父亲二十岁时参加乙巳科试，[10]录取为"佾生"[11]，儒学思想已在父亲脑海中留下不可磨灭的印痕，所以他为人处世以仁义为主旨，待人接物以温良恭俭让为指导方针。光绪三十二年清政府停止科举兴办新学，父亲明大局，识时务，较快地接受新事物，就从范桥去上海就读于龙门师范讲习所（龙门师范的前身）。学成于光绪三十三年夏，回乡后，与季朝祯[12]等为推广新式教育，邀同李成福[13]、张世雄等创办启东两等小学堂，即为后来的范桥小学的前身。

宣统元年（1909），父亲被选为嘉定第九区[14]劝学所的劝学员。二年，各地开始设立小学以替代原有的私塾，但学校如何办、怎样教等都莫衷一是。嘉定县教育会开办"单级教授练习所"，父亲与周曰庠、张世雄等劝导有志青年入学，父亲借龙门师范所学，主办了练习所，培养出新学人才39人，分布全县各乡村，开设单级小学，替代原有的私塾，"邑之乡村教育自此开其端"（《瞑东志》[15]）。

父亲在家乡推行新学略有成就，小有名气，被聘为苏州市的江苏省立第一师范、第二师范附属小学教师，[16]在实践中研究教学方法，倡用新教材，并积累了更高的学问和知识，得到更广的交流和经验。这期间，商务印书馆聘他为兼职编辑，编著新学制的小学教科书和教师用的"教授案"（教育法）。在民国初期的教育，公立或私人办的书塾和书院被新学制的小学、中学及西式学校迅速替代，但是新的教材非常紧缺，新文化运动后白话文兴起，亟需新教材和新教育法。不久，他从兼职编著教科书而由商务印书馆的编译所聘为专职的编辑。约在民国五年（1916）北洋政府在北京试办"注音字母传习所"，他去参加学习并以名列前茅结业，回到上海仍悉心研究注音字母，民国七年编著了《国音浅说》一书，翌年初版，到民国十二年再版十九次。后又与刘儒、杨世恩共同编著初版《国音新浅说》。同一时期编著国文、常识、修身（公民）等教科书四五十种，校订教科书三四十种。

大约民国十三年（1924），商务印书馆编译同事沈知方等会同父亲等人创立世界书局，建立编辑所、印刷

---

[10] 科试，清政府在每届三年一次的乡试（考取者为举人）前，各省学政巡回所属，举行的考试。科考合格的生员才能应本省乡试。

[11] 佾生，亦称佾舞生，是清代孔庙中担任祭祀乐舞的人员，通常由学政在未录取入学的童生中选取。文舞生执羽旌舞蹈，武舞生执干戚舞蹈。同届参加科试被录为佾生的李成福（字庆来），范家桥李家宅人。

[12] 季朝祯，字辅庭，范桥东北季家宅人，他是父亲的姑表弟。

[13] 李成福，第九区议员。

[14] 嘉定县第九区包括范桥、曹王、徐行、吴巷、新庙。劝学所是中国近代地方教育行政机关。1906年（光绪三十二年）全国各府、州、县皆设劝学所。1915年（民国四年），各县设劝学所，所长一人，劝学员2至4人，佐县知事办理行政事宜。1923年改为教育局。

[15] 《瞑东志》全名《嘉定瞑东志》，是嘉定东乡的吕舜祥、武嘏纯两人编写，填补了嘉定东乡无地方志的空白，内容丰富，记叙颇详，于1948年9月油印出版。本文很多内容摘自此书。

[16] 苏州市是当时江苏省省会，全省政治、经济、文化、教育中心。嘉定是江苏所辖一个县。

厂于虹口大连湾路，设发行所，地处福州路，也出版教科书等书籍。父亲任编辑所所长。父亲在世界书局编写和校订的书籍，仅从现在出售古旧书的网站查到的有书名、出版数据和年份的书，就有一百多本，既有小学生和中学生用的，也有供教师和教育工作者使用的，学科广泛，有国语（国文）、常识、历史、地理、自然、算术、卫生、公民（修身）和会话等。教科书供不应求，出版商获利甚多，父亲收入最高时每月达二三百元，按当时物价一石（156市斤）大米约十元，二百元相当于现在的九千元。父亲把辛苦积攒的工资交给祖父，修缮了祖上传下的小四合院，把木板的门、蛎壳窗更换成玻璃门窗，天井的泥土地面改为三合土（水泥、沙子、小石子）地面，房间和书室铺设地板，购置祖父喜爱的古今图书充实在书房内。另外在住屋的西侧10米，建造了五间房的范氏宗祠，祠堂内供奉范氏列祖列宗的木制牌位。祠堂内平时空无一人，阴气沉沉，我在五六岁时由大人领着进去谒拜。因为平时无人居住，为黄蜂留下一个安静的住所，门廊下有足球大小的一个黄蜂窝，随即被处理掉了。故居离蒲华塘二里，在“八•一三”战事中是中国军抵御日本侵略军的主要防线之一，因此附近的民房大半被拆毁，把门窗木板等作为战壕或掩体内的物品。范氏祠堂无人居住，全部被拆掉，牌位和书房内的书籍，充作燃料，付之一炬。

父亲在世界书局任编辑所长，辛苦写作，并不如意，总有寄人篱下的感受。约在1934年间辞去所长职务，创办“文光工艺社”，一个小企业马上有二三位“助手”帮忙创办，几经商议，决定先生产复写纸，以后再扩展到其他文化用品。于是聘请一位技工，购置一台电动机械，利用早就租赁的两套石库门房屋中的一套，从范桥招收五六名学徒，又买原料，又开货仓，又装电话，订购包装纸盒和商标等，倒也忙得不亦乐乎。但是对市场前景没有调查，对产品质量也是外行，好不容易做出产品，却一份也没有销售出去，父亲目瞪口呆。“助手”说得花好稻好，并无真才实学，也就一哄而散，投入的资金，血本无归。1936年父亲把剩下不多的积蓄投资于新中国书局，这是一家出版儿童课外读物的小书局，由计志中创办，在上海福州路有一处小发行所，是销售出版的书籍和洽谈生意的场所，而编写、校订书籍及书库设在房租较低的界路（界路是位于租界辖区和中国辖区间的道路，常为租界抢占中国领土的据点）。“八•一三”淞沪战役中，日本侵略军对界路上的建筑物炮轰枪击，新中国书局的办公室和存书库全部被毁，书局的资产损失十分之九。更大的打击是父亲当时选择的居住地点在虹口区，虹口是日本侵略军的一个据点，在“八•一三”前夕虹口的中国居民纷纷逃离，进入英租界和法租界躲避战火及日本侵略军的屠杀。父亲直到八月十日后才在法租界一条偏僻而且紧邻南市（中国辖区）的路上，租到10平米的一间客堂，一家七口原有两套石库门房屋的住家，被塞进一间小屋，逃出虹口只带了夏季随身衣服和碗筷、煤油炉等食具炊具，其他衣服、书籍和家具全部遗弃在虹口，其后果是全部损失。日军入侵不仅造成中国人民物质上的损失，更多的是精神上的损害。祖母彭氏在“八•一三”战事中为避战火坐船逃向青浦、昆山，失去联系。父亲的长子范璓、二女儿范珧、三女儿范玟三人相继离开上海，离开家庭奔向大后方，去了重庆、广东和湖南。父亲常和仅十岁的我，漫无目的地在马路上游荡。为了节约房租费用，从1937年到1940年的三年中，我家在租界内搬了四次家，最后住在新闸路和乐里的三层阁楼上，不收房费，因为二房东是嘉定同乡、世交，他们也是逃避战祸，租到一处房屋，在二层楼的基础上，搭出一个阁楼，所以不收房费。

父亲在物质上、精神上屡屡受到挫折。而从乡间传来确切消息，祖母彭氏在逃难路上，饮用了不清洁的河水，患痢疾身亡。父亲得知噩耗后，除了唉声叹息没有其他办法。乡下事，由母亲回乡处置。父亲坚决不进入敌占区，因敌伪要胁持有些名望的人，强迫他们投入汉奸行列，父亲宁可蜷屈斗室而身亡，绝不卖身投靠敌伪。父亲早就百疾缠身，为不惊扰家人绝口不谈身患疾病，终于在1940年1月20日零时突发脑溢血猝死，临死前最后一句话是：“奈，不收工了。”那是嘉定地方方言，“奈”是语气助词，“不收工了”是不可收拾了。父亲最后的动作是深情地摸了下我的头，好像告诉我：

"十岁的孩子好自为之吧。"不久他就停止呼吸，不管我和大姐范瑶在他身旁呼叫哭喊。战争时期租界深夜戒严实施宵禁，不得外出，所以邻居也爱莫能助，无法请医生或送医院，这样我和父亲遗体同睡一床到天亮。亲友邻居帮忙安排后事。我身穿孝服跪在灵台右侧，向到灵台前行礼告别的吊唁亲友还礼。至今还有恍如昨日的感觉。

父亲一生对朋友与人为善，助人为乐。他为人温和、善良、恭敬，自身节俭，对人礼让，朋友遇到各种困难的情况，总是尽力相助。虹口两套石库门房子中，其中一套常给从外地来沪的乡亲居住，不收任何费用。对教育事业总是尽力支持资助，担任多个中小学校的校董。他对自己很节俭，在家中饭菜很简单，吃得也很快，省下时间用于工作。他的善良也得好评，挚友称他为"双羊兄"，因为名字中"祥善"都有"羊"字，加上善良的本性，所以送给他这个雅号。

父亲对我有老来得子的乐趣，因为我有三个姐姐，长兄比我大十四岁，我在父亲四十二岁时才出世，他对我不是一味宠爱，而是寓教于乐。在我五岁时，就教我下象棋，开发我的思维能力和智力。对我从未责怪，对我讲的故事总是勤奋智慧的内容，如司马光砸缸、孔融让梨、悬梁刺股、凿壁偷光等勤学的成语故事。抗战时期，父亲失业，家中积蓄殆尽，无钱交学费，我就读于振华义务小学五年级。父亲教我作对联，如"鱼腹藏剑"对"牛角挂书"，"无锡锡山山无锡"对"平湖湖水水平湖"；也有趣味性对联，如"三星白兰地"（洋酒名）对"五月黄梅天"；又有对联故事，如"开门推出窗前月，投石冲破水中天"等，使我对文学有了更大的兴趣。但是最后因国家建设之需，我学习了理工专业，对国家人民有所贡献，也可告慰父亲了。

父亲突然去世时亲友始料未及，纷纷前来灵堂吊唁，大家都处境相似，所以书写挽联或挽幛以表心意。日本投降后才把寄放在上海某道观中的父亲棺木运回家乡安葬。但在"文革"期间不法分子挖墓开棺谋取财物，一无所获。我等子女不得已在1990年5月，把父母坟墓迁葬到苏州横泾公墓，临近宋范文正公忠烈庙，遥望太湖风光，愿父母安息于斯地。

范珣写于2015年3月5日，是年89岁

2014年7月3日，苏州横泾公墓，范珣在父母坟前留影

画坛闯将沈逸千

宋岚

沈逸千画外滩

20世纪30至40年代画坛上曾有一位冲劲十足的闯将，他纵横南北，所向披靡，无往不胜，硕果累累，为中国绘画走向现实主义之路铺平了道路。于是，其名字留在了中国美术史上，他就是嘉定籍画家沈逸千。

童年早慧露头角

沈逸千1908年1月17日生于疁城嘉定，据其大姐回忆：“他小时候抓周，手里抓了一支笔，后来成为画家，在家人看来似乎是命中注定的。”[1]看来，其人生的第一道选择题是选对了。

而据沈逸千后来自述：“图画的领域是最广泛不过的，凡耳目视听所及者，都能写成图画，它不光能纪录当时的事物，还能追述历史陈迹，也能配合理想，创造未来的新世界，所以我从小就立愿要学画。”[2]

另据沈逸千的小学同学、作家秦瘦鸥在晚年时撰文回忆：“逸千从小爱好美术，几乎无师自通，十岁以后就不需临摹，能脱手画出各种人物、鸟兽等，嘉定县第一高小的墙壁上，经常有他的习作出现，同学们往往围观不散。”[3]如此绘画天才，童话中的神笔马良亦不过如此。而这位天才少年后来并没有江郎才尽，成年后的他如独行侠一般闯荡天下，其未来似乎越来越精彩。

画坛怪杰沈逸千

上海美专插班生

沈逸千曾于20世纪20年代后期在上海邂逅日本画师细川立三，后者发现了他的绘画天赋，遂教他学习西洋画，从而为其打下了扎实的素描基础。

1931年初，沈逸千报考上海美专西画系，因成绩优异而被录取。同年2月，他被破格插入三年级上课，至翌年7月，因递交的毕业创作和毕业论文得以通过，故准予毕业，其学业可谓一帆风顺。他“在校期间，开始尝试将西洋画素描写生技法和中国画笔墨相结合”[4]。

[1] 沈原一：《祖父沈逸千的爱国情怀》，《新民晚报》2014年1月19日。
[2] 沈逸千：《笔征》，《广西日报》1942年3月13日。
[3] 秦瘦鸥：《沈逸千印象》，《解放日报》1984年1月29日。
[4] 马海平：《上海美专名人传略》，第416页，南京大学出版社2012年版。

然而，也是在校期间，作为满腔热血的青年学子，沈逸千先耳闻沈阳“九·一八”事变，再目睹上海“一·二八”淞沪抗战，强烈地感觉到日本军国主义者的铁蹄正在蹂躏着自己的祖国。恰如所谓“愤怒出诗人”那样，义愤填膺的沈逸千初生牛犊不怕虎，挥笔画出了第一幅抗日宣传画，从此以后，他便自觉地投入抗日救亡运动。国难当头之际，艺术就这样被迫走上了十字街头，其早期领衔制作的抗日宣传画“以巨幅、迅速、泼辣、粗犷见长，着重强烈的宣传效果，以激起同胞们同仇敌忾和抗战必胜之心”[5]。

西部题材领头羊

1932年夏天，各路贤达云集古城西安，参加由陇海铁路局组织的“陕西实业考察团”。沈逸千跃跃欲试，终获批准。就这样，他走出象牙塔，前脚跨出上海美专的大门，后脚便进入了该考察团。作为全团中独一无二的画家，沈逸千热情高涨，沿途进行写生，一举成为20世纪中国西部题材绘画的先行者，其部分写生作品被收入由陇海铁路局1933年编印的《陕西实业考察》一书，现如今则成为其率先进行“西行写生”的有力证据。

沈逸千还与蒙古草原有着不解之缘，曾于1933、1934、1936、1940年四度出塞，画有大量有关当地风土人情的画作，部分作品不仅在《大公报》天津版、上海版连载，并由大公报馆结集出版了《察绥西蒙写生集》，而且获得美国《亚细亚》杂志发表，于1937年上半年在南京、上海、杭州三地巡回展览，风靡一时，驰名遐迩。

2001年，沈逸千的遗作《鄂尔多斯游牧记》入选由文化部艺术司、中国美术家协会、中国美术馆、中国画研究院联合主办的《百年中国画展》，在北京中国美术馆展出；而上海翥云艺术博物馆收藏的沈逸千国画《蒙边雪野》，则于2014年参加了嘉定区文联在陆俨少艺术院举办的“画侠忠魂——沈逸千艺术作品、文献特展”，得以在展厅中用其传世作品最为真切地告诉观众上述这段历史。

至于沈逸千的历史贡献无可否认，不仅在于“他扩大了中国画的题材，把它从长期以来梅兰竹菊、小桥流水的因袭中，带进大漠风沙、波澜壮阔的意境”[6]，而且在今人已认识到“20世纪40年代早期兴起的‘西行写生’，在中国美术界几成一波艺术运动，现在一些研究者评价它，是一个‘新现实主义的契机’”[7]的基础上，将所谓“西行写生”的起始时间实实在在地推至20世纪30年代早期。迄今为止，沈逸千作为中国20世纪西部题材绘画领头羊的地位不可动摇。

沈逸千《蒙边雪野》，1943年

[5] 朱金楼：《纪念杰出的爱国主义画家沈逸千》，《美术》1983年第3期。
[6] 曾焱：《画家孙宗慰：孤独的西行者》，《三联生活周刊》2012年第35期。
[7] 沈其昭：《爱国画家沈逸千》，《江苏画刊》1984年第1期。

延安“鲁艺”教师参观“战地写生队写生画展”

战地写生急先锋

由于对国统区文化艺术的长期忽视甚至否定，文史研究者一度对之避而不谈。近年来，随着抗战文艺研究工作的深化与客观化，一段段尘封已久的历史陆续浮出水面。

事实上，20世纪30年代，国防文学、国防戏剧、国防电影应运而生，各领风骚。而在国防美术，特别是国防绘画方面，沈逸千的战地写生成绩尤为突出。

若追溯沈逸千进行国防绘画的历史，则可定格于1932年的“淞沪抗战”、1933年的“长城抗战”、1936年的“绥蒙抗战”等局部抗战之役乃至1937年“七七事变”之后全面抗战的重大战役。他还随中国远征军到过缅甸战场。例如，在当时的国防最前线，他曾为令日本侵略军闻风丧胆的国民革命军第二十九军大刀队将士（冯玉祥将军旧部）画像，并予以发表，以此鼓舞国人抗战的信心，堪称国防绘画急先锋；又如，他于1940年访问延安时，曾为毛泽东、朱德、林伯渠等中共军政领导人画像。难能可贵的是，沈逸千用自己手中的画笔记录了国共合作抗战的真实历史，成为历史的可靠见证。

在国统区功成名就的沈逸千，率自己组织的战地写生队在延安“鲁艺”举办“战地写生画展”时，同样受到追捧。当时，马克思主义理论家艾思奇大笔一挥，洋洋洒洒地写出如下观感：“有真实的内容、适当的形式，就有成功的艺术作品。就中国的美术运动来说，任务就在于反映抗战中的现实斗争，创造美术上的民族形式。战地写生队诸先生的大作，正表现着这样的方向。”[8]艾思奇的充分肯定，发自肺腑，相当到位。该评论也具有一定的代表性，即属于当时解放区方面的观点。

十年之功铸一剑

从时间上来看，沈逸千自1931年加入上海美专至1944年在重庆失踪这十余年间，他埋头苦干，呕心沥血，勇往直前，全身心地进行着中国现实主义绘画之路的开拓。其艺术全盛期恰与抗日战争同步，“沈逸千的业绩有目共睹，怪不得在抗日战争期间，其同行、画家徐悲鸿就写有‘沈逸千君极为努力，抗战期中最有成绩之人’（语见北京瀚海拍卖有限公司2009年春季拍卖会拍出的徐悲鸿信札）之评语”[9]。还有人误认为：“黄胄将速写融入国画人物，开启了全新的人物画笔墨范式，拓展了中国画的艺术语言。”[10]然而，事实胜于雄辩，其实是沈逸千“将西洋画素描写生和中国画笔墨技巧相结合，以速写的笔调创作反映现实题材的国画作品。拓展了中国画的表现技法和内容”[11]。

而正是“以沈逸千为代表的文艺进步分子强烈的进步感、爱国心和不甘屈服的民族精神，构成了大后方抗战文化的灵魂”。十年磨一剑，笔墨随时代，沈逸千做到了，他不愧为抗战时期文艺工作者的先进代表，走在时代的前列，高瞻远瞩，身体力行，劳苦功高，终得以彪炳史册。

[8] 程海铭：《不朽的画魂——论二十世纪三四十年代“画坛怪杰”沈逸千之客观存在》，《文艺生活·艺术中国》2010年第2期。

[9] 朱浩云：《速写融入创作　画坛独树一帜——黄胄的绘画艺术及作品收藏价值》，《中国书画报》2014年2月15日。

[10] 大辞海编辑委员会：《大辞海》美术卷，第95页，上海辞书出版社2012年版。

[11] 黄建军：《抗战时期的进步文化论析——以战地画家沈逸千为例》，《艺术评论》2011年第11期。

谭正璧年谱

谭 箎

晚年谭正璧在书房

1901年11月26日（农历十月十六日）　一岁

生于上海外里马路生义码头街外祖父谭明钧的亮泰西烟号内。母亲谭吟善（生年不详），其父程景濂（约生于1875年）即为店中伙计，据说是自浙江来上海学生意的。从母姓。其兄谭正华（生于1898年）。

1902年　二岁

7月19日（农历六月十五日），母亲谭吟善病故。

是年，父亲程景濂娶后妻钱氏并入住钱家，谭正璧兄弟俩遂由外祖母抚养。

1905年　五岁

10月12日（农历九月十四日），外祖父谭明钧病故。

是年，异母妹程三福诞生。

1908年　八岁

2月16日（农历正月廿五日），父亲程景濂病故。

是年，入私塾，随塾师周颂梅读书。

1909年　九岁

上半年入私立同化小学。下半年入公立东区小学读书。

1910年　十岁

是年，又改入私塾，随塾师瞿凤飞读书。

1911年　十一岁

1月1日（农历十一月十五日），蒋慧频诞生于黄渡。

1912年　十二岁

是年，祖业败落，与外祖母回故乡黄渡居住。

1913年　十三岁

是年，入黄渡小学三年级读书，校长蒋夔云。

1914年　十四岁

是年，到苏州义源西烟行当学徒，几个月后逃回家。

1915年　十五岁

是年，除在黄渡镇小学补习班学习外，专心自修。

1917年　十七岁

是年，入昆山县立第二高小三年级住读。

1918年　十八岁

是年，自昆山县立第二高小毕业。

1919年　十九岁

是年，考入江苏省立第二师范（龙门师范）就读。

是年，异母妹程三福病故。

1920年　二十岁

6月6日，所作第一篇创作《农民的血泪》在《民国日报》副刊《觉悟》上发表。另有随笔、诗歌、小说等数十篇先后在《觉悟》上发表。

夏日，应学友陆廷抡相邀，第一次游杭州，作《汗漫》。

下半年，因仗义执言，被校方借故开除。

1922年　二十二岁

是年，在黄渡金翰林家任家庭教师，蒋慧频随读。借住蒋慧频家，由此得识后来成为其妻的蒋慧频及其母。

1923年　二十三岁

年初，由邵力子介绍入读上海大学中文系一年级。

与时任上海大学教师的朱枕薪等人成立“新中国丛书社”并筹划出版著作，谭正璧创作的中篇小说《芭蕉底心》即为丛书之一，由民智书局出版，因而得识时在民智书局任职、后为光明书局老板的王子澄。

8月，任神州女校国文教师（至1924年7月），住上海宝山路宝通路顺秦里。

是年，由上海大学周颂西教授介绍加入中国国民党。

是年，送蒋慧频赴昆山入读女子学校高小一年级。

是年，开始编写《中国文学史大纲》。

1924年　二十四岁

8月，任南翔李德富家家庭教师。不久因江浙战事起而中断，并避居上海。

下半年，蒋慧频入读松江的七县女子师范学校。

1925年　二十五岁

江浙战事结束回黄渡。李德富自日本回来，再被邀任其家庭教师。

是年，兄谭正华病故，不久嫂嫂亦病故。遗子云龙，由外祖母抚养。

是年，由夏采曦联络参加反封建斗争。

是年，与吴步文、盛俊才、盛慕莱等发起组织“淞社”，主编以反封建反土豪劣绅反迷信为宗旨的刊物《怒潮》（后改名《黄花》）。

是年，第一部文学史著作《中国文学史大纲》由泰东书局出版。

1926年　二十六岁

1月，李德富子病故。

2月，在中村任吴步文子及侄的家庭教师。

是年，与蒋慧频订婚。

是年，《邂逅》由光华书局出版。

1927年　二十七岁

是年，结识滕固。

是年，蒋慧频自女子师范毕业，任黄渡小学教师。

10月，与陈启人等发起组织黄渡中医协会。

是年，《人生底悲哀》由北新书局出版。

1928年　二十八岁

是年，与蒋慧频完婚。

8月，在上海中学乡村师范部（黄渡师范）任教（至1933年1月）。

是年，由蒋慧频作序的《诗歌中的性欲描写》由淞社出版。

1929年　二十九岁

是年，被国民党处以“久不到会，接近反动，因予撤职”。

是年，《中国文学进化史》由光明书局出版。

11月30日，长子谭中诞生。

1930年　三十岁

五月初八（6月4日），外祖母病逝，享年八十二岁。继任抚养侄子云龙（至出去学生意）。

是年，《中国女性的文学生活》由光明书局出版。

1931年　三十一岁

春，与盛俊才游无锡、苏州。

8月，入私立正风文学院三年级学习。

是年，乡村师范部脱离上海中学，更名江苏省黄渡乡村师范学校。

冬，与余震吴游南京，拜访邵力子。

1932年　三十二岁

任教黄渡师范。

1933年　三十三岁

1月，离开黄渡乡师。

2月，受聘民立女中任教。

2月26日，次子谭庸诞生。

7月，自正风文学院毕业，得称文学士。

是年，开始编写《中国文学家大辞典》。

是年，《中国女性文学史》（修订版）、《国学概论讲话》由光明书局出版。

1934年　三十四岁

是年，民立女中人事变动，遂离开。

下半年，受聘北新书局任国文编辑，得识编辑主任赵景深，成莫逆之交。

是年，《中国文学家大辞典》、《文学概论讲话》由光明书局出版，《女性词话》由中央书店出版。

是年，携妻、子游杭州。

1935年　三十五岁

是年，受聘民立中学，教授高中语文课（至1937年7月）。

5月11日，女儿谭寻诞生。

下半年，全家迁居上海蓬莱路福安坊5号。后结识《女子月刊》编辑白冰（莫耶）。

是年，《中国小说发达史》、《新编中国文学史》、《古今尺牍选注》（古代、近代、当代三种）由光明书局出版。

1936年　三十六岁

春，应盛俊才邀约游邓尉、穹窿探梅。

2月至12月，任量才补习学校（夜校）特班国文教师（校长李公朴），后七君子被捕，遂离开。

是年，《国学概论新编》、《初中国文复习指导》、《高中国文复习指导》（与赵景深合编）由光明书局出版，《文人传记选》由北新书局出版。

1937年　三十七岁

春，应中华书局约编外国名人传记十一种。

“八·一三”淞沪战役爆发后，被迫逃难，由黄渡而无锡。后应务本女中（后改名怀久女中）校长邀请任教兼任秘书。后迁居上海，住汕头路82号。

12月13日，儿谭常诞生。

1938年　三十八岁

是年，《国文入门必读》九种十二册《由国语到国文》、《字体明辨》、《诗词入门》、《论说文范》、《记事文范》、《叙述文范》、《文言尺牍入门》、《师范应用文》、《虚字使用法》由中华书局出版，《外国名人传》十一种（中华文库本）《华盛顿》、《林肯》、《大彼得》、《拿破仑》、《凯末尔》、《甘地》、《释迦牟尼》、《耶稣基督》、《马可波罗》、《哥伦布》、《富兰克林》由中华书局出版。

1939年　三十九岁

冬，学校更换校长，遂离开。

是年，《写作正误》（中华文库本）由中华书局出版。

1940年　四十岁

3月21日，儿谭余诞生。后因妻病，遂送远亲陆惠侬、李锦云抚养。

下半年，任震旦大学国文课教师。

1941年　四十一岁

5月，滕固病故。

是年，先后在上海美术专科学校、新中国医学院、华光戏剧专科学校任教。

太平洋战争爆发后，参加我党地下工作。

是年，所编历史剧《梅魂不死》发表于《正言文艺》上。《现代社交书信》、《现代处世尺牍》由光明书局出版，《中学国文补修读本》四册由商务印书馆出版。《国文研究丛刊》六种《文学源流》、《国学常识》《国语文法》、《文章体裁》、《应用文示范》、《文章法则》由世界书局出版。《历史演义丛书》十种《苏武牧羊》、《木兰从军》、《乱世佳人》、《精忠报国》、《梁红玉》、《秦良玉》、《绝代佳人》、《明末遗恨》、《海国英雄》、《忠王殉国》由北新书局出版。

是年，《中国小说发达史》的姐妹篇《中国戏曲发达史》完稿，计二十万余字。稿交联美出版社出版，惜毁于日寇炮火中。

1942年　四十二岁

1月10日至23日，《梅花梦》（即《梅魂不死》）由上海天风剧社始演于璇宫剧场（建国后的光华剧院）。

5月16日至6月2日，《梅花梦》由上海艺术剧团演于卡尔登大戏院（建国后的长江剧场）。

是年，受中国艺术学院聘，任文学系主任兼中国文学史教授（至1943年6月）。

租界被日寇占领后，拒绝担任任何伪职，生活愈加艰难。在《申报》与《新申报》（7月20日）上刊登声明，辟清不实之词："正璧除担任中国艺术学院职务及《中艺月刊》编辑委员之一外，仅在各刊物自由投稿，从未担任过其他团体或刊物之主办、主编、编剧等名义。近悉有人在外假名招摇，特此郑重声明如上。""正璧为一家衣食不能不腼颜卖文，但所撰纯为学术文艺作品，至目前止从未担任过任何方面刊物主编职务，此系事实，绝非畏事自饰，请诸亲友垂鉴。"

是年，在《万象》、《太平洋》、《小说月报》、《杂志》等刊物投稿约四十余篇。

1943年　四十三岁

1月女儿谭凡诞生，87天后夭折。

7月，创办新中国艺术学院（我党地下工作之一），任校长。未满二月，遭敌特破坏而停办。

又数年间在各杂志投稿数百篇，有长篇历史剧五种《梅花梦》、《洛神赋》、《长恨歌》、《金缕曲》、《浪淘沙》，独幕剧八种《於陵嫌》、《邯郸梦》、《赈灾行》、《断裾记》、《旗亭欢》、《女神哭》、《商女泪》、《文蠹心》汇成《蘖楼戏剧集》。

谭中、谭庸分别入中法学校中学、小学部学习。

1944年　四十四岁

春，应《什志》社邀，游苏州天平山、灵岩山、虎丘。

10月7日至11月12日，《梅花梦》由新艺剧团再度演于卡尔登大剧院。

11月，银星剧团盗演《梅花梦》于天津大明剧院（主演李红）。

11月，女儿谭婴诞生，为免遭夭折，送徐文祺夫妇抚养。

是年，《当代女作家小说选》由太平书局出版，《国文必读》第一辑六种《国文修辞》、《国文文法》、《国文作法》、《国文入门》、《国文阶梯》、《国文进修》由世界书局出版。

谭中、谭庸分别入中职校一、二年级学习。

1945年　四十五岁

5月19日至29日，《梅花梦》由新艺剧团再度演于金城戏院（建国后的黄浦剧场）。

6月，新中国艺术学院复校。后又因日寇破坏而停办。

9月，抗战胜利。10月任中国书报社编译所所长（至1946年1月），主编"新中国文库"。

是年，历史小说集《长恨歌》由杂志社出版，《日本所藏中国佚本小说述考》由知行社出版，《夜珠集》由太平书局出版，《国文必读》第二辑《古文笔法选》由日新出版社出版，《琵琶弦》、《血的历史》由中国书报社出版。

1946年　四十六岁

年初，因受特务威胁，回故乡黄渡居住。后又迁居安亭。

儿谭中入读黄渡乡师高一，谭庸由上海苏民中学转入震川中学读初二。

是年，长篇历史小说《梅花梦》、中篇小说《艺林风雨》由广益书局出版，中篇小说《凤箫相思》、《狐美人》由中央书局出版，《国文乙编》三种《文法大要》、《文章体例》、《国学常识》由大东书局出版。

是年，为广益书局精校注译《古文观止》。

1947年　四十七岁

3月12日，双生儿谭埙、谭篪诞生。

黄渡乡师有学生因反饥饿、反迫害学潮被开除，出面与嘉定县政府交涉。

是年，中华书局约编“学生国文读本”《老子读本》、《荀子读本》、《墨子读本》等六种。

是年，《初中作文示范》由光明书局出版，《现代学生尺牍》、《现代妇女尺牍》由联立出版社出版。

是年，《三都赋》结集历史小说数篇、通俗小说《楚汉春秋》和《太平天国》交广益书局，惜未曾出版。

1948年　四十八岁

2月，任震川中学图书馆主任，兼简易师范初三的国文课。

是年，《国文丙编》六册（“现代文选”）由大东书局出版。

是年，汇集数年间发表长篇小说数篇、短篇小说数十篇，成《蘖楼小说集》，交广益书局，惜未出版。

1949年　四十九岁

5月，解放前夕，黄渡乡师学生（有地下党员）来家中暂避。

8月，奉命参加接手由黄渡乡师和震川中学合并成的黄渡师范学校，任校务委员、师范部主任、图书馆主任。作为校方代表参加苏南区第一届教育工作者代表大会，并被推选为起草委员会委员。

10月，任嘉定县第一届各界人民代表。

1950年　五十岁

5月，上海解放一周年之际，作《纪念盛慕莱烈士》一文，发表于《新闻日报》上。

下半年，因病辞职。

是年，先后任嘉定县第二届各界人民代表、嘉定县教育工会筹备委员会委员兼宣传科长、苏南文联青年创作指导委员会委员。

是年，为抗美援朝作《生产捐献四字经》，由北新书局出版。

是年，历史传说《巧姻缘》、《嫦娥奔月》由广益书局出版，《大众实用书信》由北新书局出版，《农村应用文》由中华书局出版。

1951年　五十一岁

是年，受山东齐鲁大学聘请，赴济南任中文系中国文学史和语法修辞教授；兼任《齐鲁学报》编委、山东省文学工作者协会委员。

暑期，院校合并调整，受聘赴青岛山东大学任国文、语法修辞教授；任《文史哲》编委。

是年，“历史演义丛书”十种（修改版）之《苏武牧羊》等由北新书局出版。

自50年起，先后编写以抗美援朝为主题的《真实的故事》十四种：《英勇的战士》、《血战长津湖》、《无敌志愿军》、《百战百胜》、《活捉美国兵》、《朝鲜英雄》、《血溅运河桥》、《光荣的母亲》、《朝鲜姑娘》、《三夺红旗》、《白衣战士》、《血海深仇》、《阴谋毒计》、《日帝的血掌》，由北新书局出版。

1952年　五十二岁

2月，因病遵医嘱，南回昆山长子处边休养，边写作。

是年，《基本语法》、《修辞新例》、《习作初步》由上海棠棣出版社出版，《语言小丛书》八种《语法初步》、《修辞浅说》、《词类使用法》、《连接词使用法》、

《怎样做好句子》、《怎样诊疗句子》、《写什么和怎样写》、《写作正误》（中华文库本）由北新书局出版。

年底，受聘上海棠棣出版社任总编辑。

1953年　五十三岁

1月，举家迁至上海南京西路591弄140号居住。

是年，主持出版《中国古典文学研究丛书》。

年底，《基本语法》、《修辞新例》、《习作初步》遭封。

1954年　五十四岁

5月8日，妻蒋慧频突然病故。

国庆节，儿谭庸与赵淑君完婚。

是年，私营出版社合并成上海文艺联合出版社，被聘为社外编审委员。

是年，校订王古鲁所译青木正儿的《中国近世戏曲史》、俞平伯的《脂批红楼梦辑本》。

1955年　五十五岁

“胡风案”风波起，经竭力申诉终得道歉。

是年，《元曲六大家略传》由上海文艺联合出版社出版。

1956年　五十六岁

12月，加入中国作家协会。

是年，《话本与古剧》由古典文学出版社出版。

是年，被邀参加昆曲观摩演出大会的艺术研究委员会的剧本组，并观摩座谈。

1957年　五十七岁

4月17日，长孙女谭缨诞生。

是年，加入作家协会上海分会、戏剧家协会上海分会。

是年，应上海戏剧学院邀请作专题报告。

是年，《清平山堂话本》校注由古典文学出版社出版，戏剧故事《浣纱记》由文化出版社出版。

是年，为人民文学出版社校注《红拂记》。

1958年　五十八岁

4月，作北京游，会见文学界的一些朋友等。

9月，受华东师范大学中文系聘请，任古典小说戏曲研究生导师。

儿谭庸支内，全家到昆明炼钢厂（云南冶炼厂）工作。其子谭宁诞生。

是年，《庾信诗赋选》由古典文学出版社出版，《元代戏剧家关汉卿》由上海文化出版社出版。

是年，应华东师范大学邀请，作纪念关汉卿的专题报告。

是年，计划编写《明清说唱文学叙录》。

1959年　五十九岁

春节，全家游杭州。

是年，应约为新《辞海》撰写古典文学部分中914条内容。

是年，《三言两拍本事研究资料》初稿完成。

1960年　六十岁

是年，完成新《辞海》条目并交稿。

1961年　六十一岁

4月，作故乡黄渡游。

5月，受聘任中华书局上海编辑所特约编辑，为其校稿。

1962年　六十二岁

是年，任上海市第一次文学工作者代表大会的作协代表。

是年，日本横滨大学波多野太郎教授来沪，在和平饭店约见。

1963年　六十三岁

是年，突发肺气肿住院，大病一场。

是年，点校《荆钗记》、《白兔记》、《拜月亭》、《杀狗记》等。

1964年　六十四岁

劳动节，长子谭中与高美亭成婚。

是年，完成《弹词百种叙录稿》。

1965年　六十五岁

视力突变，左眼几近失明，为调养身心，彻底休息，先后赴杭州、无锡、南京、黄山游。

是年，幼子谭壎、谭箎毕业分配到工厂工作。

1966年　六十六岁

4月，作浙东行。

10月，中华书局上海编辑所来抄家。

11月起，被停发特约编辑津贴，断绝了生活来源。

1967年　六十七岁

2月，中华书局上海编辑所支部书记倪墨炎来张榜道歉。

5月，儿谭常与庄智慧完婚。

冬日，昆明武斗日盛，谭庸携全家来沪。

1968年　六十八岁

3到5月，大病一场。

8月1日，街道造反大队来冲击。2日，工农兵出版社（辞海出版社）与解放出版社（中华书局上海编辑所）来冲击批斗，张贴大字报，扣上“大汉奸、大特务”的莫须有罪名，家中藏书全部被封。

1970年　七十岁

“九·一三”事件后，藏书启封。写信给市革命委员会，要求给予平反。

1971年　七十一岁

春，再次写信给市革命委员会，要求给予平反。

5月18日，中华书局上海编辑所工宣队来家。至12月，得以取回大部分被抄信稿资料。

7月4日，里委通知作“一般政历问题”结论，恢复人身自由，但未彻底平反。

11月初，入新华医院作右眼白内障摘除手术。

1972年　七十二岁

3月，入新华医院作左眼白内障摘除手术。

1975年　七十五岁

是年，应老友钱长龄之约，游庐山，并到萍乡长子谭中家小住。

1976年　七十六岁

4月，赴安亭探亲访友。

4月28日，子谭箎与冯美玲完婚。

1977年　七十七岁

是年，卖去最后一批藏书。

1978年　七十八岁

是年，为《鲁迅回忆录》作《回忆我和鲁迅先生的一段往事》一文。

1979年　七十九岁

1月20日，子谭壎与杨耀丽完婚。

4月，赴苏州营兆，为亡妻蒋慧频骨灰下葬。

5月，受聘为上海文史研究馆馆员。

6月，应邀赴嘉定参加博物馆的座谈会。

11月，被邀为第四次全国文学工作者代表大会特邀代表。

是年，应邀加入中国社会科学院文学研究所鲁迅研究学会、中国民间文艺研究会。

1980年　八十岁

2月，又发肺气肿，大病一场。

谭正璧学术著作集

春，波多野太郎教授登门来访。

5月，应蒋宪基、孙云年邀，作无锡游。

11月，《三言两拍资料》由上海古籍出版社出版；

是年，任中国民间文艺研究会上海分会顾问，任华东师范大学中文系古典文学兼职教授

是年，《中国文学家大辞典》由香港天地图书公司出版。

1981年　八十一岁

是年，《弹词叙录》由上海古籍出版社出版，《中国文学家大辞典》由上海书店影印出版。

1982年　八十二岁

秋，与赵景深、穆尼创办民办业余艺校，赵景深任校长，谭正璧任副校长。

是年，《三言两拍资料》再版，《木鱼歌、潮州歌叙录》由北京书目文献出版社出版。

是年，受聘为《中国大百科全书》戏曲·曲艺卷编委会委员。

1983年　八十三岁

是年，《曲海蠡测》由浙江人民出版社出版。

1984年　八十四岁

是年，任上海市第三次文代会代表、中国作协第四次代表大会名誉代表。

是年，《古本稀见小说汇考》由浙江文艺出版社出版，《中国女性文学史话》（修订本）由天津百花文艺出版社出版。

1985年　八十五岁

是年，《评弹通考》由中国曲艺出版社出版。

1986年　八十六岁

是年，《话本与古剧》（修订本）由上海古籍出版社出版。

1987年　八十七岁

是年，《清平山堂话本》由上海古籍出版社重版。

1991年　九十一岁

是年，《中国女性文学史》由天津百花文艺出版社作为20世纪经典学术史精装本出版。

12月19日，在上海逝世。

2011年12月

《谭正璧学术著作集》由上海古籍出版社出版。精选谭正璧众多学术著作十五种，包括早期（解放前的）五种，其中《中国文学进化史》、《诗歌中的性欲描写》、《女性词话》、《中国小说发达史》四种为建国后第一次重版；建国后的十种，其中《评弹艺人录》、《螺斋曲谈》为未曾出版过的遗稿。

故乡情

——追忆于光远先生

陶继明

一夜秋风秋雨大作，落英遍地。清晨打开电脑一看，一行粗大的黑体字分外刺眼“经济学家于光远逝世”，不禁惊愕，定睛看了数遍，一声长叹：先生终于驾鹤西行了。慌乱中，翻开先生送给我的《文革中的我》，书中还夹着他写给我的几封信，信写得随意挥洒，娓娓道来，勾起了历历在目的往事。

认识于先生是因书结缘。“文革”前夕，我不知搭错了哪根筋，对政治经济学产生了兴趣，先是在旧书店购买了一册由姚耐主编的《政治经济学》（社会主义部分），看得一知半解，囫囵吞枣，犹感不足，后又买了于光远的《政治经济学》（资本主义部分）。政治经济学很深，不易学，又比较枯燥，没有老师指导难入堂奥，终于半途而废，但也使我对经济学家更加崇敬，从此也记住了先生的名字。

作者（左）与于光远先生合影

上世纪八十年代，在报章上经常可以看到于先生的名字，他在思想解放的春潮中奔走呼号，啼鹃滴血，影响了一代人。到了八十年代末，一番风雨后，他落落孤寂，回归书房，更加勤奋地写作。也许是人至晚境，便有了寻根的念头，想与故乡人联系，经他在京的同乡好友葛一虹先生介绍，与我取得了联系，没想到于先生竟是吾侃嘉定人！从此，我们开始了时断时续的通信联系。

先生耳背，无法打电话，写信成为我们交流唯一的途径。根据他的要求，我陆续为他寄去了一批嘉定地方文献。他也常惠赠新出版的书籍给我。在他的热情鼓励下，我鼓起勇气，将自己的部分散文随笔汇集成一册，取名《疁城漫笔》，准备付梓出版，他得知后十分高兴，横的、竖的，为我写了好几张题签。又在他的激励下，我重新拾起经济学的书，参加经济师的职称考试，圆了少年时代的梦；还是在他的指点下，我通读了《资本论》，这对锤炼我的思维和写作，有很大的帮助。

先生有浓厚的故乡情结，他曾来信要我查南翔郁家祠堂，说他本姓郁，于光远是参加革命后才取的名字，这是他的家祠，小时候冬春二祭，没少去过。郁氏是嘉定望族，后来又成为上海滩朱、郁、王、沈“四大沙船巨贾”之一，富甲一方，有“郁半城”之称。1937年“八•一三”淞沪战役爆发，他正在延安，曾看到日军占领郁家祠堂的电讯，侵略者亵渎郁氏故园，使他感到震惊和愤怒，如今不知郁家祠堂安在。为了回答他，我专程去南翔，在一位老人的指点下找到郁家祠堂旧址，就在南翔火车站一里处，一眼望去，只见千亩绿畴，郁家祠堂早就毁于日机轰炸，已经灰飞烟灭。我回信告知于先生后，他很失望，说今后有机会能看看遗址也好。

不久，机会来了，于先生的故里封浜镇编成了《封浜志》，想求他题签，镇政府托人找到我，要我介绍，

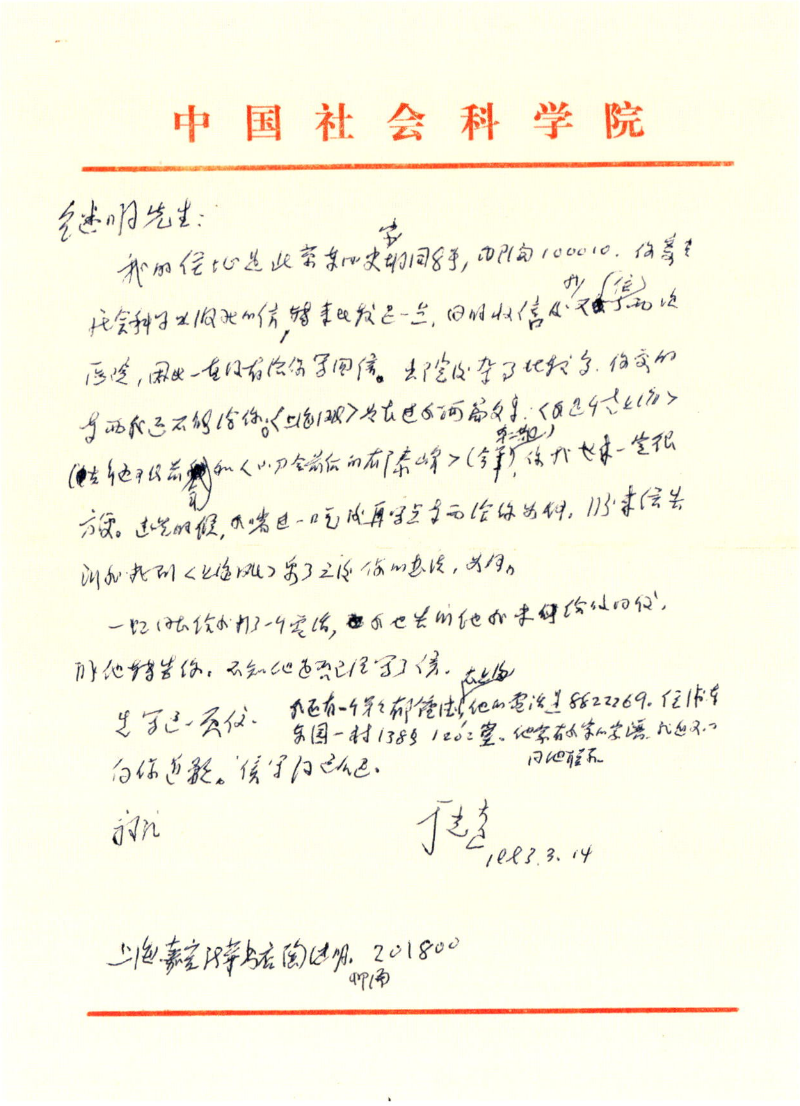

中国社会科学院

继明先生：

我的住址是北京东四史家胡同8号，邮编100010。

于光远

上海嘉定博物馆陶继明 201800 邮编

于光远写给作者的信

联系于先生。他很快就寄来了题签和弁言。在封浜镇政府的盛情邀请下，于先生终于了却了还乡的心愿。

进入2000年后，他的信来得少了，也写得短了，但每年岁末，总能收到他用电脑打印的“贺年信”，报告一年的身体状况和写作成果。近几年的来信中，他更加想念故乡，称嘉定是他的“血地”，爱用作家孙犁的两句诗“梦中每迷还乡路，愈知晚途念桑梓”。他关心乡邦文献的整理，常念叨他任首席顾问的“嘉定文化丛书”的出版进展。

我与于先生仅见过一面，记得是2009年初夏，先生已从史家胡同迁至广渠门外新居，我随嘉定区档案局领导拜访他。知道我到来，他十分高兴，早早起来坐在轮椅上等候我们。他精神矍铄，谈笑风生，喜称同行的沈越岭是“翻山越岭”，称陈启宇是“启迪宇宙”。临别时特意叮嘱我，如果编修《嘉定区志》，不要忘了一个重要人物戴中扆（黄葳），她也是嘉定人，又是于先生的清华同学、战友，女中豪杰，欧阳钦（曾任东北局第一书记）夫人。

先生走了，哲人其萎，云山苍苍，江水泱泱，先生之风，山高水长。

新见三位嘉定竹人

王光乾

清金元钰《竹人录》、葛起鹏《嘉定竹人续录》（亡佚），近人吕舜祥《嘉定的竹刻》，记嘉定竹人最多。民国褚德彝《竹人续录》亦间有涉及。暇日漫读，见有未载于以上存世文献者，辄摘录备考。今初作钩沉，芹献于同好，祈请不吝指谬。

清 黄宗起 竹刻《观泉图》臂搁

黄宗起

2012年，南京正大“竹韵禅语——历代竹雕拍卖会”上出现一枚臂搁。阴刻一高士置身幽谷，闲坐观泉，构图高简，意境淡远。观之，如有青青山色入眼，淙淙泉声入耳。右上方刻“观泉图”三字，落款为“盟树生写”，书法醇厚，颇为可观。包浆自然，黄中泛红。

盟树生何许人？嘉定黄宗起也。

民国《嘉定县续志》卷十一《文学传》载：

黄宗起，字韩钦，别字嬾霞，自号盟树生，晚号止盦、钩孙。同治癸酉（1873）举于乡。不屑以科名求仕进，而专务根柢之学。古文出入《史》、《汉》，古今体诗俯视宋元。精医理，兼善书画，而山水尤在大痴、石谷之间。其主讲震川书院垂三十年，评定课艺，士皆心服。其主讲沅州秀水书院，不期年而士风丕变。先后佐合肥张树声、仁和王文韶桂林、长沙幕，或劝其求官，则笑而谢之。……秉性耿介拔俗，崖岸高峻。人有过失，必尽情忠告。遇有闾阎疾苦、水旱偏灾，则不惮笔墨之劳为民请命，绝不阿附地方官吏。其负一邑重望如此。著有《知止盦诗文集》等若干卷。卒年六十七。

黄宗起出身于嘉定望族——练西黄氏。民国《练西黄氏宗谱》卷三中载有其子黄世祚所撰《先考止盦府君行状》，详细叙述了其诗文书画方面的造诣：

府君善古文词，为文直造桐城诸家之堂而哜其胾，诗笔尤深闳高旷，兼有少陵、东坡之胜。八法直追山谷，泼墨临池，至老愈笃。中年殚精绘事，深得大痴、石谷神髓。寸缣尺楮，得者珍若拱璧。

据《行状》，并参阅家谱卷二《世纪表》“黄宗起”条，可知黄宗起生于清道光十一年辛卯七月二十五日，卒于光绪二十三年丁酉七月二十七日，享年六十七岁，与县志所载相吻合。以西历纪，则为1831年9月1日生，1897年8月24日卒。

又，据程庭鹭《梦盦先生自编年谱》“道光七年丁亥”条、《练西黄氏宗谱》卷二《世纪表》“黄汝翼”条可知，黄宗起为程庭鹭外甥。程氏为艺林通才，尤精画印，生前身后均影响不凡。间以余力刻竹，擅用阴刀浅刻山水、草木、人物，清雅绝尘。传世作品有藏于嘉定博物馆的《松风琴趣图》臂搁等。可以推断，黄宗起钟爱绘画，兼涉刻竹，大概是因为舅父的带动和影响。

钱元涪

2005年，天津文物秋季拍卖会推出竹臂搁一枚。色泽红润，莹朗可人。上镌隶书“万古云霄壹羽毛”七字，落款“同治壬申三月，古疁钱元涪叔鲁题”。隶书略带篆意，朴茂雄浑，以刻印法行刀，沉着稳健。据款，可知作于同治十一年（1872）三月。

古疁为嘉定别称。钱元涪名载史传，民国《嘉定县续志》卷十一《文学传》记述较详：

钱元涪，字叔鲁，庆曾三子，诸生。与兄元湛、弟元湜、元汾并通小学，而元涪所造尤深。庆曾撰《隶通》一书，未卒业而卒。元涪博加考订，续成之。例选盐大使，署双穗场大使。官事余暇，辄怡情于翰墨。篆刻骎骎入古，见称于时。晚年自号印秋，盖取弈秋之义自评其所长焉。卒年五十余。

钱元涪为清代著名学者钱大昕玄孙，其父钱庆曾亦有文名，并参与竹刻创作。台湾收藏家黄玄龙翦淞阁中所藏《怪石图》竹笔筒，即为瞿树鼎、程庭鹭、钱庆曾三人合作完成。关于此筒，笔者曾撰《清〈怪石图〉竹笔筒作者、铭者及其创作关系考辨》一文，兹不赘述。

葛家永

葛家永作品未见存世，名亦不著，仅有小传载于民国《嘉定葛氏宗谱》卷之六《世系考》：

葛家永，字受申，号子久，绍莱公次子。工刻竹，不学而能。道光二十六年丙午十二月十六日子时生，光绪十五年己丑十一月初四卯时卒。年四十有四。

换算为西历，葛家永生于1847年2月1日，卒于1889年11月26日。

清 钱元涪 竹刻隶书臂搁

吴中第一的嘉定孔庙

江汉洪

嘉定孔庙，坐落于嘉定镇南大街今塔城路与沙霞路之间。古木参天，绿树掩映下，牌坊、泮池，大殿、堂庑，巍峨庄严，“教化嘉定”由此发源。

嘉定孔庙始创于嘉定首任知县高衍孙，兴工于南宋嘉定十二年（1219）春，历经二年余，至嘉定十四年（1221）仲冬落成，坐北朝南，左学右庙。时有殿宇屋舍四十楹，“面势轩豁，规摹显焕，士民翕然。殿堂门庑，高壮华丽。祭器、斋舍、庖湢，罔不备俱”。“教化嘉定”由此奠定厚实基础，诗书礼仪逐渐在嘉定形成风尚。同时，县境所辖五乡，也依照儒家伦理道德的仁、义、礼、智、信“五常”准则，分别更名为依仁（原名临江）、循义（原名平乐）、服礼（原名安亭）、乐智（原名醋塘）、守信（原名春申）。淳祐九年至十一年（1249—1251）又重修庙学，塑圣像、凿泮池、筑外垣、树兴贤坊、建当山楼和直舍二十八楹，规模进一步增扩。咸淳元年（1265），架泮池桥。至宋末的近60年间，嘉定孔庙平均约10年有一次修建工程。

元代，孔子被追封为“大成至圣文宣王”，统治者虽然为马背上的民族，但尊孔崇儒因袭不变。元贞二年（1296），嘉定因户口繁庶，以例由县升为州，嘉定孔庙（州学）也因之于泰定至至顺间（1324—1332），进行了历史上第一次全面的改扩建，提升规格，扩大规模，殿堂门庑斋舍等建筑达百六十楹，较宋始建时的四十楹，增加到了四倍，当时即称“为吴庠最”。尤其是泮池和泮池桥，其规模气势，在州、县级孔庙中，罕有其匹，即便在全国，也属鲜见。据碑记载：“泮池四岸叠石六层，通计肆拾肆丈肆尺（约138米），松桩计贰仟伍佰陆拾叁根。”嘉定孔庙“吴中第一”的地位，就此确立。在重建嘉定孔庙的同时，又“植柏六十本于庭”（“殿廷乔柏”

嘉定孔庙棂星门

为疁庠八景之一）。今天我们所见大成门前还活着的那棵桧柏，以及大成殿前已经枯萎的“龙凤柏”，就是当年所植。而大成门前的一棵，尽管也已一半枯萎，却是见证嘉定孔庙历史变迁、距今已逾680岁的老寿星。

元代大兴土木，重建嘉定孔庙，工程浩大，故“视廪帑莫供营缮”。资金困顿之时，嘉定乡贤名儒林畴、瞿懋、王子昭等纷纷慷慨襄助，捐出大量田产租银，使得重建工程顺利完成。后来，他们的子孙又继承先辈遗志，再次捐出可观田产，以资入学士子廪膳等。现存嘉定孔庙内的元至正九年（1349）时任教授的薛元德所撰《故宋东祁王先生归田兴学记》和《梅岩瞿先生作兴乡校记》两通高大碑刻，两面镌字，详细记述两位先贤及其后人捐田兴学、造福乡梓的义举及所捐田亩坐落详数。至正中，又先后新建兴贤坊、棂星门、儒林坊（育才坊）、燕居殿等。据统计，有元一代不足百年历史，但嘉定孔庙的修建活动，有近20次之多，平均不到5年就有一次。元代嘉定孔庙规模之大、修建之频繁，可以说，在其近800年的历史长河中，达于鼎盛。但与之形成强烈反差的现象是，嘉定的读书士子，都只止步于生员（秀才），而未见以科举求仕进者，从而形成嘉定科举史上近百年时段的空白。嘉定人民受外族统治所表现出的民族气节，由此可见一斑。

明代，嘉定复为县。洪武间，嘉定孔庙重建棂星门，新建神厨、库房、宰牲所，建会馔堂及号楼，重甃泮池暨筑三座石桥。宣德间，重建燕居殿并塑至圣燕居像。

明天顺间，再度大兴土木，重建大成殿、两庑及大成门，重修明伦堂和学仓，改筑教谕廨、文昌阁。尤其是增筑应奎山，更被认为是振兴嘉定科举的一项重要举措。因为天顺之前的近百年间，嘉定科名不振，考中进士者，寥寥无几。于是有人认为，是孔庙南面的一座佛寺——留光寺，逼凌孔庙，势压先师，破坏孔庙风水所致，故在孔庙前筑山（“应奎山”，疁庠八景之一）以为屏障。应奎山筑成之后，嘉定科举仕进果然出现前所未有的兴盛气象。

成化中，建尊经阁及东西号楼。正德间，又两度改筑应奎山，山巅树大场沈氏园夜光石为中峰（即疁庠八景之一“丈石凝晖”），缘山杂植桧、柏、松、桂千数百本，并建应奎坊（仰高坊）及其左右石栏，同时改留光寺为练川书院。

嘉靖间，遵制改称大成殿为先师庙，先改建学宫仪门为敬一亭置御碑，练川书院为启圣祠祀启圣公，后又改燕居殿为敬一亭置御碑，新建名宦、乡贤二祠及文昌阁。复移建启圣祠于学门左偏文昌阁址，再移建于尊经阁后，旧址辟为训导廨，筑辅文山于龙门（文昌阁）左。

万历间，再因嘉定科名不振，于是又开凿“汇龙潭”，并环山疏通水道，筑亭（魁星阁）于水口（潭、亭皆为疁庠八景之一）；又建土地祠，增建文昌阁于辅文山。

嘉定孔庙大成殿

嘉定孔庙仰高坊、棂星门

明代近三百年间，嘉定孔庙有明确记载的大小修建工程，初步统计近40次，平均7年左右一次。

清顺治二年（1645），先师庙额恢复大成殿额；十三年（1656），重建启圣祠。康熙六年（1667），重建两庑，时学宫基地为十九亩五分五厘。雍正元年（1723），重建明伦堂，改训导废署为兴文书院；二年，改启圣祠为崇圣祠，重建尊经阁，名宦、乡贤祠。乾隆二十年（1755），改建兴文书院为应奎书院；三十年（1765），再改应奎书院为当湖书院，以纪念奉祀康熙时嘉定知县、清官陆陇其，并作课士之所，庙学基地达“规方五十亩”；五十四年（1789）重建两庑。道光七年（1827），改建魁星亭为魁星阁。同治三年（1864），重建当湖书院；六年（1867），重建龙门（文昌阁）；十二年（1873），重建兴贤坊。光绪二年（1876），重建明伦堂；三年，重建大成殿、两庑及名宦、乡贤、土地等诸祠；五年（1879），重建崇圣祠、两庑、神厨、省牲所、致斋所、更衣所、儒学大门、礼门、东西号楼、膳夫房、教谕廨、仰高坊、育才坊，重甃泮池三桥及三坊左右石栏，补植松、柏、槐、榆、梓、桂、梅、杏、桃、李共八十余本；三十二年（1906），拟改大成门、大成殿覆瓦为黄瓦（琉璃瓦），并展拓月台，后因款绌未果。

清代二百六十余年间，嘉定孔庙大小修建工程与明代相当，平均不到7年有一次修建活动。而自宋代始建至清末，有史料记载的不同规模的修建工程，共约110次左右。现存古建筑，则大多为光绪间重建，但主体建筑大成殿、明伦堂，仍基本保持明代风格。至清末，嘉定孔庙基地，包括汇龙潭和应奎山，共有四十三亩余，庙学建筑120余间，虽然仅为旧时规模的十分之六七，但仍然是嘉定规模最大、保存最完整的古建筑群。其规模和完好程度，为全国少见。

清嘉庆十三年（1808），当湖书院开始设为当湖小学。光绪二十四年（1898）戊戌维新，又改书院为校士馆；二十八年（1892），再迁入疁城小学，更名为嘉定小学堂。光绪三十一年（1905）废除科举，次年改嘉定小学堂为嘉定高等小学堂，开启了嘉定现代教育的序幕。宣统三年（1911），又更名嘉定高等小学堂为嘉定县立第一高等小学校，并于明伦堂内设立嘉定县立第二初等小学校。光绪三十四年，嘉定县教育会成立于明伦堂。

据不完全统计，明清两代，嘉定孔庙（县学）共培养了约6000名左右的知识分子——生员（秀才），其中

嘉定孔庙泮池

贡生400余人，举人约450人，进士160余人（包括状元3名，榜眼、探花各1名）。

此外，还有与嘉定孔庙相关的碑刻约130余通，目前尚存的有60余通。在现存碑刻中，有宋代碑刻五通，包括记述嘉定孔庙始建情况的嘉定孔庙第一碑——宋绍定二年（1229）嘉定知县沈璞撰《嘉定县学之记》碑；元代碑刻九通，其中以元至正九年（1349）嘉定儒学教授薛元德撰《故宋东祁王先生归田兴学记》两面碑，体量最大，为赑屃底座，通高达290厘米，碑体高220厘米，宽110厘米。而更多的则是明清两代碑刻，分别为23通和27通。其中清乾隆三十一年（1766）刊立的一通禁革碑——《奉宪永行严禁》碑，志称“禁汇龙潭停泊粪船碑”，堪称嘉定孔庙历史进程中的里程碑。碑文称：汇龙潭有城外园丁入城收粪船，昼泊仰高坊下及左右两涯，大小粪担十百为群，相率下粪于此，百般狼藉。又有所谓狗粪船，夜泊潭间，鳞次相倚，动至十有余艇，出没难稽，秽污丛集。每值微风鼓荡，两种粪船臭恶之气，遍满学宫，直逼大成殿。又左右居民往往于仰高坊内摊晒粪草，纵放牲畜；潭左更有安置茅坑，摆列粪缸，肆行污点者。虽连年以来叠申告诫，然谕之不从，禁之不得，重为学宫之害。故非请大宪钧批，勒石永禁，否则将来任意作践，竟不知于何底止。可见嘉定孔庙面临的环境污染状况，已到不堪入目的地步。有鉴于此，新到任的儒学教谕陈从王，将之作为头等大事，坚持不懈地奔走呼号，历经嘉定知县、太仓知州逐级立案呈报，再经江苏省布政使转呈江苏巡抚批准，最终成为一道具有强制性的地方性行政法令，立碑明示禁止。令称：“学宫重地，理宜清肃，岂容无知愚民任意作践，肆行污秽，殊属不敬。仰苏州布政司转饬如详，勒石严行永禁，以昭诚敬。如敢抗违，即行详究。……并取碑摹，详呈各宪存案，永行禁止。倘有抗违，定即牒详究处。各宜禀遵。”此道政令，可以说是嘉定历史上最早的，甚至是绝无仅有的一部单项环保法规。就今天我们所面临的环境状况而言，不啻是一面镜子。

一座县级孔庙，有这么多相关的碑刻文献记述其事，恐怕不仅可称“吴中第一”，甚至也称得上“全国第一”。这些碑刻，不仅是研究嘉定孔庙——嘉定古代文化建设兴衰成败的第一手资料，也是研究嘉定古代社会经济发展状况的重要参考文献。同时，每通碑刻又都是一件极具艺术价值的书法作品。因此，这些碑刻，和孔庙建筑一样，都是前人留给我们的弥足珍贵的文化遗产。

嘉定孔庙集庙（以大成殿为主）、学（以明伦堂为主）、书院于一体的建制，全国少见。辛亥革命之际，孔庙一度成为嘉定民众聚会议事的场所。民国时期，嘉定孔庙辟建为嘉定县民众教育馆，明伦堂改为公共演讲厅，且曾有时髦青年在明伦堂举办新式婚礼，开嘉定现代文明风尚之先，一时传为佳话。之后，孔庙又与汇龙潭一起辟建为奎山公园，向民众开放。“八·一三”事变后，嘉定全境沦陷，孔庙被侵华日军占据，成为其军需物资仓储之所，损毁严重。抗战胜利后，浦泳等嘉定乡贤倡募修缮。

新中国成立后，嘉定孔庙于1960年代初全面修缮后，辟建为嘉定博物馆，并有县图书馆、文化馆、锡剧团迁入，还一度为县粮管所占用。“文革”结束后，仍为嘉定博物馆馆址，其他单位则陆续迁出。1980年代至今，孔庙古建筑先后多次修缮。2005年，嘉定孔庙由地方性综合博物馆辟建为上海中国科举博物馆，使800年历史的嘉定孔庙与1300年历史的科举文化专题陈列融为一体，相得益彰。开放至今，广受好评。

1962年9月7日，嘉定孔庙被上海市人民委员会公布为上海市文物保护单位；2013年3月5日，被国务院公布为第七批全国重点文物保护单位。

宋 绍定二年（1229）《嘉定县学之记》碑

清 乾隆三十一年（1766）《奉宪永行严禁》碑

嘉定县衙门

陈兆熊

练祁河岸从州桥到察院桥一段往北二百米左右就是历史上的嘉定县衙门。衙门的前门即南界在今清河路，其东界为北大街，西界在今察院弄附近。宋代初建衙时，这里并没有明确的像现在这样的直线道路，这一段察院弄是最近才形成的呢！县衙门的北界达到清镜塘（这一段清镜塘于20世纪70年代填平，成为福康弄）。据史料记载，首任知县高衍孙，于南宋嘉定十一年（1219）五月到任。高衍孙原是昆山县丞，嘉定原是昆山县的一部分，故而熟悉嘉定的情况。他一到嘉定，立即选定原来的军马司酒坊作为县署的所在地，第二年正月

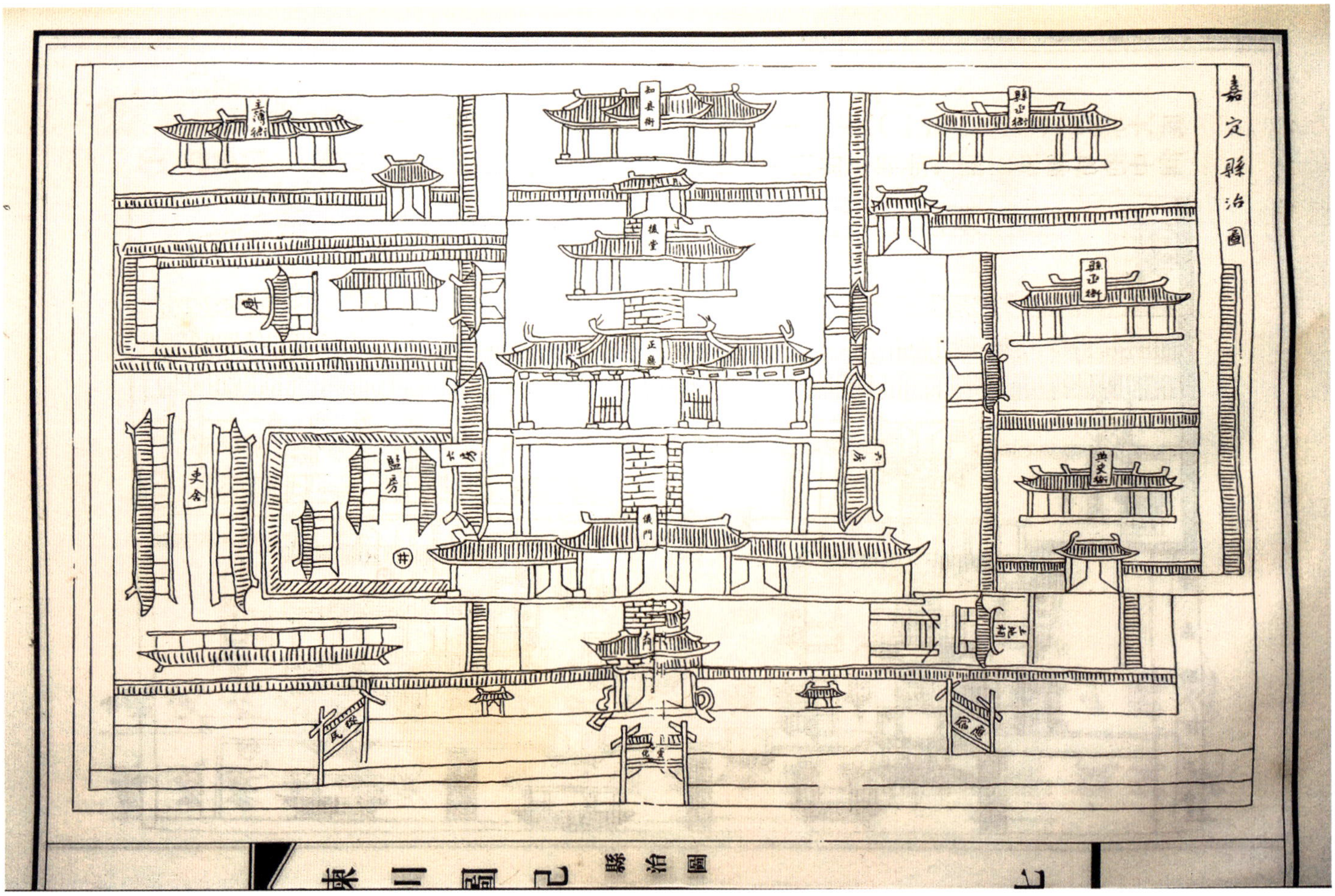

明《练川图记》所载《县治图》

即告完成。从当时的财政情况与技术条件来分析，当是尽量利用原有建筑，局部改造而已。上世纪八十年代在这里兴建六层高的工人俱乐部大楼，深挖地基，出土了不少韩瓶——宋代军中盛酒的陶罐兼作水壶，这里在南北宋之交是韩世忠的汛地，故民间习称“韩瓶”，证明此地原为军马司之酒坊的记载不谬。酒坊之地不敷应用，把相邻的法华庵也圈入征用，总共占地二十七亩四分二厘。法华庵建于北宋，庵中有一个八角形的陀罗尼石经幢，在原地一直保留到民国年间县衙撤销、围墙拆除才重入凡尘，被人们视为嘉定县的奠基石，但是年久断为三截，移到秋霞圃桃花潭畔，“文革”中扑倒，今仅残存一小截。

1950年代初，嘉定县人民政府于旧县衙遗址北侧建人民大礼堂，并将南侧空地辟为简易公园。此图为当年公园景象。

初创的县衙门总共一百多间房屋，中间是正堂；西部为丞廨，县丞的办公用房；后面是簿廨，管理一县钱粮的主簿办公用房；东南角为主管境内治安辑捕的尉廨，都是平房。在后边还有一个谯楼，是打更报时设施。当时县衙官职的设置，只有知县事一人，县丞一人，主簿一人，县尉一人，仅此四人。以后宋代的几任知县又在署内陆续建了熙春台、当山楼、读书林、嘉庆楼、水竹亭。在大门外左、右、中还建了宣诏亭、颁春亭和济川亭。到元代，县衙门升格为州衙门，又添建了架阁库——存放档案的地方，另外还增加了一些厅堂。

明代，嘉定复为县，衙门也屡有毁损修建，并且增设了监狱。明《练川图记》中有一幅县治图，为我们形象地描绘出了十六世纪初期嘉定县衙门的具体布局：由南往北中间是大门，大门进去不几步是仪门。仪门进去有一个较大的空间，正中是甬道，甬道一侧立有一块“廉石”，上面照例刻着“公生明偏生暗”之类的警言。甬道尽头即是正厅，也就是所谓的知县大堂，大堂前面左右两侧各有一排房子，相对而立，那是六房书吏办公的地方。大堂后面有一个天井，后面是后堂，这是平时处理行政杂务的地方。后堂之后还有一个称为知县衙的后院，是知县日常生活起居的场所。这是中间部分，四进深。左右还有两大院落，是县丞簿尉等辅佐吏役的办公用房及架阁库与监房。整个衙门周围有围墙，还有间隔墙分成几个小院落。大门之外两侧有两个小亭，申明亭与旌善亭，就是宋代的宣诏亭与颁春亭。大门之东还有榜廊，那是张贴告示的地方。衙门的大致格局，此后并没有太大的变化，随着人事更替、政事变革，有一些调整增补而已。如在明嘉靖年间添置了军器库，后又在仪门外东边造了一个土地祠。

到清康熙年间，有风水先生说城隍庙的大殿比衙门的大堂还高，以阴压阳，不吉，在被焚重建时增加高度达三分之一。原来的三堂，康熙时称“鸣琴堂”，乾隆时改称“怀陆堂”，以纪念陆陇其。乾隆时在县衙西北角建了一座“为山亭”，不久又改称“今我亭”，到咸丰五年（1855）重建今我亭时，听信风水先生的话，在亭前竖立高杆，每夜悬灯以禳灾。可是不出五年，太平军攻破嘉定城，把整个衙门烧毁了一大半。直到同治四年（1865）才大体恢复。在此之前，嘉定县衙早已有大盗王招劫狱，放火烧毁衙门，当时的知县只能借东门赵氏“岁有堂”办公、居住达七年之久。

1911年辛亥革命成功，嘉定县衙顿失辉煌，后毁于“八•一三”淞沪战役，逐渐淡出人们的视线。至今留在八九十岁老人们心目中的印象，只是断垣残壁而已。

上海嘉定《倪云林小像墓铭合刻》索隐

陶喻之

“元四家”之一倪瓒（1301—1374）[1]在世时，相传有多位画家如王蒙、王绎、赵元等为之写真传影，[2]有的经研究确凿可信，有的则存疑待考。王蒙（1301？—1385）[3]本并未传世，但相关史料则明白无误记录在案。[4]著录于《石渠宝笈续编》（宁寿宫）、今藏台北“故宫博物院”的元张雨题赞《倪瓒像》，可确认为元末肖像画名家王绎作，后世影响最大。此本并有明仇英等摹本，仇英本今藏上海博物馆。各摹本外，该本尚有明石刻本和明肖像画名家曾鲸再传弟子、清松江徐璋据此绘制《松江邦彦画像册》之一的《倪瓒像》及其晚清石刻本。由此反映出倪瓒画像曾于元明清三代在苏松地区广泛传播，是多种一脉所出的相关画本。而上述案

[1] 谈福兴《倪瓒生年之再认定》，王颋等《倪瓒生卒时间及晚年行踪考辨》，载《东南文化》总114、173期。

[2] 日本学者板仓圣哲《张雨题〈倪瓒像〉与元末江南文人圈》（载《区域与网络——近千年来中国美术史研究国际学术研讨会论文集》，台湾大学艺术史研究所2010年9月，第196—197页）根据明汪砢玉《珊瑚网名画题跋》卷十《云林子小像》记载，认为元明时期尚有倪瓒坐松石小像。

[3] 王蒙生年参看《中国历代人名大辞典》，上海古籍出版社1999年版，第143—144页。从倪瓒诗称王蒙“尔”、“少年”、“子”、“王郎”等遣词造句分析，倪瓒年龄可能大于王蒙。笔者倾向于王蒙生于1308年。

[4] 元倪瓒《清閟阁全集》卷十二载明何良俊（1506—1573）《阅云林画题》曰：“王叔明画《倪云林像》，上作层峦疏木，林木下一人趺坐，神意殊远，妙品也。上有顾谨中书赞四句，作钟鼎篆。”清康熙后期《佩文斋书画谱》卷九十八同。另见陶喻之《倪瓒画像流变再研究》考证，待刊。

元 张雨题赞《倪瓒像》，台北“故宫博物院”藏

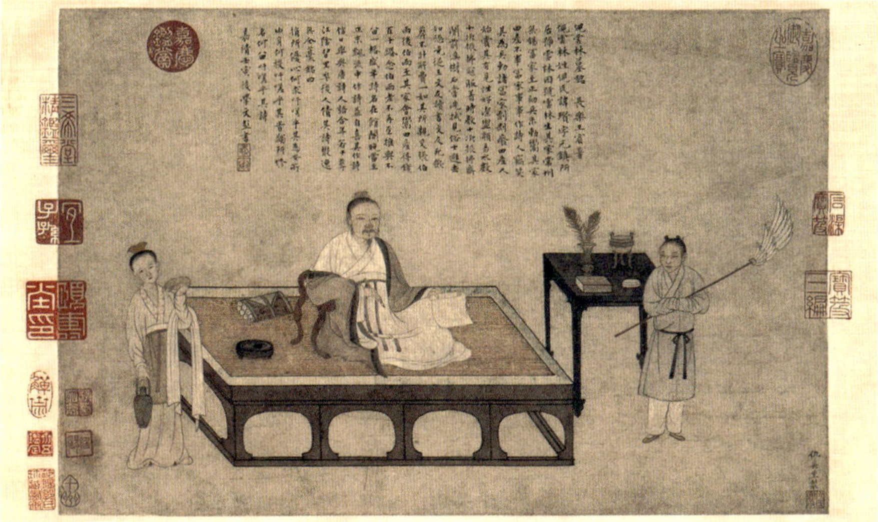
明 仇英《摹倪高士小像》，上海博物馆藏

例在有关倪瓒画像系统个案研究的多篇重要论文中，像日本学者新藤武弘《关于〈倪瓒像〉》[5]和板仓圣哲《张雨题〈倪瓒像〉与元末江南文人圈》[6]，似乎都未曾涉足钩沉或仅仅浅尝辄止。笔者有鉴于此，因增其所缺，详其所略，制作有《元明清倪瓒画像流变情况一览表》（见附表），以考察其演变历史与风貌。

传世至今的倪瓒画像中，根据笔者就今藏于嘉定博物馆（孔庙）碑廊《倪云林小像墓铭》石刻的谨慎思考，初步判断和保守估计得出的结论是：嘉定石刻本的时代介于元王绎本与明仇英本之间，虽系明代中晚期好事者刊刻，却有着较高的学术研究价值。

一、关于嘉定《倪云林小像墓铭合刻》的流传与归属情况

《倪云林小像墓铭合刻》，现存嘉定孔庙东庑碑廊，高48厘米，宽50厘米，石颇漫漶。原石无题，墓铭文字刻于画像上方。关于此石刻的文献信息，载清嘉庆十六年（1811）刊行之《嘉定县志》卷九《古迹考二•碑碣》，并附有清王述祖考证。王述祖，传记附清光绪《嘉定县志》卷十九《人物志四》“文学”之《王元勋传》下：“（子）述祖，字怀之，一字玉甫。国子生，例选兵马司吏目。能书，八分尤工。嘉庆己巳（十四年，1809），与修邑志。”考察嘉定地方志乘，可知王氏系嘉定望族，为簪缨之家，科名鼎盛，明清时期一门曾科考及第七名进士，为王泰际（1599—1675）、王畮（1646—1719）、王恪（1670—1739）、王敬铭（1668—1721）、王元令、王元勋（1728—1807）、王进祖，其中王敬铭为嘉定科举史上第一位状元。

关于《倪云林小像墓铭合刻》之内容，清《嘉庆嘉定县志》载：“无年月，王宾撰，石在周氏。”文曰：

倪云林姓倪氏，讳瓒，字符镇，所居号云林，因号云林生，其家常州无锡富家。至正初，兵未动，鬻其家田产，不事富家事，（惟）事作诗，人窃笑其为（憨）。兵动，富家剽剥废田产，人始赏其有见。性好洁，盥颒易水数十次；振拂冠服，着时数十次；振拂斋阁前溪树石，尝洗拭。见俗士避去，如恐浼。从王文友读书，文友死，敛葬不计所费，一如其所亲。交张伯雨，后伯雨至其家，会鬻田产得钱百千缗，念伯雨不再至，推与不留一缗。盛年诗名在馆阁，晚当至正末，飘流中作诗益自喜。其作诗信口率与唐诗人语合。年若干，葬（江）阴习里。卒后，人倩其诗，散

[5] 新藤武弘：《关于〈倪瓒像〉》，载《朵云》第62集《倪瓒研究》，上海书画出版社2005年1月。

[6] 板仓圣哲：《张雨题〈倪瓒像〉与元末江南文人圈》，载《区域与网络——近千年来中国美术史研究国际学术研讨会论文集》，第193 213页。

明洪武七年（1374）王宾《倪云林小像墓铭合刻》

逸无全。

□铭曰：□□□□何求？吁嗟乎！其为安所由身□□□□□□其时锢所修名何留，吁嗟乎□□□□□。长乐王宾著。

而王述祖考证为：

《云林小像》，侍女、童奴、茶尊、经卷，超然有避世意。上方刻《墓志》一首，为长乐王宾撰，文亦峻洁不群，小楷古劲，与《麻姑仙坛记》埒。二石（另一为《金粟道人小像》）旧藏于从祖如斋壁间，今归周氏。考《金粟像》，本拂水山庄故物，后归槜李项氏，从祖得之村舍。又三年而得《云林像》，龛供书斋，谓之合璧。一时名士如张朴邨、王樗园、张西又辈，皆有题咏。

考清光绪《嘉定县志》卷廿九《金石》下“倪云林小像墓铭合刻”条，于王述祖考证中“又三年而得《云林像》”后，别有“金氏柳云居故物也”之说明。

关于石刻归于王辅铭如斋（1672—1754，字翊思，号如斋）之时间，邑人程庭鹭（1796—1858）《涂松遗献录·古迹》载：

城东周氏祠有双石，一刻顾金粟像，一刻倪云林像。笔法极精，周得是宅于王氏，已嵌置壁间矣，莫详所自。顷阅王如斋先生辅铭《双石诗序》……云：“康熙丁酉（五十六年，1717）秋，客以古石见贻。上刻金粟小像，貌甚古，衣冠朴雅，蕉石萧闲，旁识楷字，云林笔也。向在拂水山庄（钱谦益宅），得自槜李项氏（项元汴家族），后失去。壬午（1702），见于邑之张氏村，未暇购也。又十余年，访石犹存，作《乞石诗》易归，龛置壁间。”又云：“邑之金氏（金兆登家族）柳云居旧藏倪高士石刻像，余少时见之，后于城西购得。石方广二尺许，莹润如玉，即柳云故物也。与金粟像合成两美，同人皆作《双石诗》见赠。

程庭鹭语与王述祖言互证，知《倪云林小像墓铭合刻》原藏明末嘉定名士金兆登家，为王辅铭所有时在康熙五十九年（1720），而王氏宅归于周氏之时间最晚不迟于嘉庆十四年（1809）。

考察嘉定方志文献可知，周氏宅至1950年代初仍属周氏所有。在周氏宅壁间之《倪云林小像墓铭合刻》最后移入孔庙碑廊的时间，据《嘉定文化志》之《大事记》“1959年”所载“是年，（上海）市文管会拨款大修孔庙，重修明伦堂，增建碑廊”，知在1959年。

二、嘉定《倪云林小像墓铭》索隐新探

值得关注的是，此嘉定石刻本《倪瓒像》（以下简称嘉定本）文字不同于元王绎本张雨题赞，为元王宾著倪瓒墓铭，可画像构图却与王绎本基本相似而大同小异。画像中主人公倪瓒和童、婢而外，屏风和案头器物一应俱全，别无二致，仅屏风规格压缩至跟卧榻一般大小而略显逼仄，以至于几案一半被置于卧榻与屏风之间。而就其与上海博物馆藏明仇英（1493—1560）《摹倪高士小像》相比较，嘉定本文字倒跟仇英本王宾著倪瓒墓铭一致，但画像背景则与仇英本存在较大差异。最明显的差别是仇英本已无屏风，几案间酒尊、砚山、香鼎等文房用品和案头清供也与嘉定本不尽相同。总之，就文字而言，嘉定本与仇英本同；而就整体画像而言，则嘉定本更接近王绎本。至于王绎本跟仇英本的同中有异，诚如日本学者板仓圣哲比对后感叹的那样：“其关系颇为复杂，并可以看到许多相异之处。”[7]

如何看待嘉定本出现的上述现象？似乎跟王绎本与仇英本递藏、流传影响及其摹本产生的社会效应存在一定关系。

现在我们业已了解：文彭（1498—1573）是既鉴赏过仇英本，也观摩过王绎本的唯一人士，且其观摩仇英本在先，以致在画幅倪瓒身后上方原王绎本屏风位置，楷书王宾著倪瓒墓铭，款署时间为：“嘉靖壬寅（二十一年，1542），后学文彭书。”观赏王绎本于后，题跋作：“云林像，尝见摹于王氏，上有细楷光庵（即明初苏州名医王宾，号光庵）墓铭。每欲命工摹以为供，竟尔不果。其庸俗亦可笑也。伯起藏此，忽尔再睹，令人腼颜。他日终当遂此愿。倘伯起能拓一幅以见惠，乐当何如！隆庆戊辰（二年，1568）仲春朔，文彭题。”两者题识前后相差二十多年之久。按照王绎本后一系列题跋记录可知，至迟嘉靖三十八年（1559）该本已纳入苏州收藏家张凤翼（1527—1613）囊中，故而有本年苏州藏书家袁褧、高士彭孔加等观款；稍后又有四十二年（1563）文徵明弟子、五湖道人陆师道（1511—1574）题款，四十四年则有主持明末文坛的娄东王世贞（1526—1590）、王世懋（1536—1588）兄弟款署，隆庆二年（1568）有文彭题跋；此外，还有张凤翼书录元末明初“吴中四杰”之一高启（1336—1374）《寄倪隐君元镇》诗；并且文彭仿佛还观赏过所谓“王氏”摹本。

如此屈指数来，至迟文彭所处明中期苏州地区藏家至少有王绎本、仇英摹本、王氏摹本约三种《倪瓒像》，还不包括上述明顾禄钟鼎文书赞王蒙本，和明末汪砢玉《汪氏珊瑚网名画题跋》卷十《云林子小像》，以及明吴门都穆（1459—1525）编《寓意编》、《汪氏珊瑚网名画题跋》卷二十三《濂溪坊周氏所藏画目》、清《佩文斋书画谱》卷九十八、清卞永誉撰《式古堂书画汇考》卷三十二相继记载周氏所藏倪瓒“坐床上凭几，左一童子捧朱拂，右侍姬提盥颒之器”小像，以及本文探讨嘉定本，乃至文彭题跋自述“每欲命工摹以为供，……他日终当遂此愿。倘伯起能拓一幅以见惠”者，等等。

这说明明代苏州地区曾有多种一脉所出之倪瓒画像，文人雅士摹绘倪瓒像作为书斋壁间顶礼膜拜的对象成为常态。因倪瓒从内心到外表洁身自好，特立独行的高雅隐逸形象，乃至寻常谈吐举止，在世时已极有气场，成为一时文人竞相模仿学习的榜样。兼以像元明间无名氏《录鬼簿续编》载“先生清眉秀目，丹口须髯，吴越人皆称为神仙中人”，几将其保持节操的孤高品性神圣化，这越发令后世文坛对他产生神秘感。即便感觉望尘莫及，也希望张悬、瞻仰其形象，对自己起到一种无形的鞭策激励作用。这种情况可以追溯到元末，往后

[7] 板仓圣哲：《张雨题〈倪瓒像〉与元末江南文人圈》，第209—210页。

一直延续到清中晚期倪瓒曾活动过的吴郡苏州、松江地区都始终存在。譬如明末肖像画“波臣派”名家曾鲸再传弟子、清中期松江肖像画家徐璋作《松江邦彦画像册》中《倪瓒像》及其晚清石刻本，就是对仇英本的再创作。

当然，后世各本取法、临摹的源头，显然都会归结到王绎以倪瓒本人为写生造像对象创作，并获得倪瓒本人认可和张雨题赞的那幅最接近其当年容貌面目和举手投足形象的《倪瓒像》，此亦诚如《清閟阁全集》卷十一“外纪”上《云林遗事五则·高逸》指出：

云林遗像在人间者甚多，大抵皆形似。上有张伯雨题赞，云林古衣冠，坐一连床，据梧几，握笔伸纸，搜吟于景象之外。几上设酒尊一，砚山、香鼎各一，床倚画屏，藉以锦茵，置诗卷盈束。一苍头持长柄尘拂立几侧；一女冠左持古铜洗，右持掬水器及巾帨之具。

不过，从传世王绎本《倪瓒像》各摹本不难发现，它们对王绎本临摹过程中，或多或少存在拷贝走样或不同程度的取舍，构图除连床上趺坐的主人翁倪瓒外，其他都较之王绎本有所递减、紧缩和简化。如仇英本舍去了原本倪瓒身后的屏风；而南京博物院藏徐璋《松江邦彦画像册》中《倪瓒像》则不光放弃屏风绘制，甚至连倪瓒身边童仆、奴婢和部分文房用品都一并割舍了。[8]但引人重视者，唯独嘉定本非但屏风、童婢一应俱全，且所有物品均可跟王绎本一一对证，不像仇英本略有改动，甚至屏风以上还刻有倪瓒墓铭，这一现象相当耐人寻味。另外，嘉定本和仇英本在针对连床上“锦茵”处理、描绘时，似乎特别强调凸显编织物的肌理纹饰效果，而这在王绎本原作处理表现上反而不很明显。

日本学者板仓圣哲曾表示：从王绎本到仇英本之间“有可能曾经存在着具有王宾所书墓铭的某一中介作品，也就是说两幅作品间已经隔了一手了”[9]。考虑到倪瓒跟曾经为官于嘉定的清官张德常过从甚密，两人的关系可从《清閟阁全集》卷二《次韵呈张德常》，卷三《题张德常良常草堂二首》、《雨霁呈德常》、《挽张德常》、《寄张德常》、《题良常草堂图》，卷五《送德常同知》[10]、《寄张德常》、《答德常别驾初夏见怀》、《张德常明公旧有良常草堂在金坛之华阳洞天揭曼硕张仲举诸学士尝赋诗纪胜其后德常宦游无定居政绩显著今为松江府判因潘以仁之便辄赋七言一首奉寄》、《呈良常安遇伯仲》，卷六《呈良常》，卷七《寄德常别驾二首》、《赠张德常二首》、《又寄》、《为德常写竹》，卷八《寄良常》、《寄德常别驾》、《良常张先生像赞》诸诗中，足见一斑。

加之元代至元以降，倪瓒事迹为同属苏松地区而互为比邻的昆山、嘉定、娄东文人雅士喜闻乐道，其互动交流，不满足于原作题款、题跋、书赞，遂于倪瓒故世后不久，将王绎本和王宾墓铭书法合成为底本，摹勒上石传拓，完全存在这种可能性。虽然目前缺乏直接证据印证这种摹刻拓印化身千万广而告之的意图，但这一刻石的动机和目的由石刻本本身显而易见，几不言自明。就此，想必有上述合情合理的审视和解释足矣，似乎已没有务必对号入座而过分解读求证的必要了吧。因为临摹或翻刻之举对于当初文人雅士而言，简直易如反掌，一如以上文彭题跋所说的欲摹、求摹，而且众多当年的摹本完全可能当下早都暂时或永远也找不到出处了。

而由以上王绎本、嘉定本和仇英本三者画面文字局部趋同性判断，几乎可以肯定嘉定本的底本，应该正是日本学者板仓圣哲指出的王绎本被后世辗转拷贝过程中的那个重要中介环节，而且时代早于或接近仇英本，是倪瓒明初洪武七年（1374）去世后形成的摹本中的善本。虽然作为嘉定本的该底本恐久已无存了，然而从刻石曾藏诸明代晚期嘉定名士金兆登家的递藏流传情况上溯，则嘉定本至迟为一方明代中晚期摹刻的石刻。

[8] 关于无锡籍倪瓒何以被入选以明代上海松江本地籍名流为主的《松江邦彦画像册》的原因，参看陶喻之《明末名人肖像画肤谈》，载澳门艺术博物馆《像应神全——明清人物肖像画学术研讨会论文集》，2011年9月，第69—71页。本文不再赘述。

[9] 板仓圣哲：《张雨题〈倪瓒像〉与元末江南文人圈》，第210页。

[10] 倪瓒诗略云：“闻道之官嘉定去，载书连舸泊江濆。城楼近瞰吴松月……”

附：元明清倪瓒画像流变情况一览表

时代	作者、品名及存佚情况	出处、著录	备注
元	王蒙《倪云林像》	1.元倪瓒《清閟阁全集》卷十二明何良俊《阅云林画题》："王叔明画《倪云林像》，上作层峦疏木，林木下一人趺坐，神意殊远，妙品也。上有顾谨中书赞四句，作钟鼎篆。" 2.清康熙《佩文斋书画谱》卷九十八载："王叔明画《倪云林像》，作层峦疏木，林木下一人趺坐，神意殊远，诚妙品也。其上有顾谨中书赞四句，作钟鼎篆。"	倪瓒（1306—1374） 王蒙（1308—1385） 何良俊（1506—1573） 顾谨中即明初顾禄。 倪瓒在世时画像。
元	倪王合作《松石望山图》	独坐古松下，萧条遗世心。青山列屏幛，流水奏鸣琴。安得忘机士，与我息烦襟。幽情寄豪楮，跫然闻足音。岁辛丑（至正二十一年，1361）四月五日，东海倪瓒画《松石望山图》，并赋五言，奉寄文伯友兄，且以督屡约屡失期云。 苍崖积空翠，怡我旷古心。飞泉落深谷，泠泠弦玉琴。尘销群翳豁，松雪洒闲襟。清谣天籁发，如聆旬始音。曩余为倪东海写此图，后倪自画以转惠他人，今归诸博广文斋中。又为略加点染，补其笔墨之未足者，复和东海生韵，题识画端，以正其事云。黄鹤山中樵者王蒙。	明汪砢玉撰《珊瑚网》卷三十四《名画题跋》十。 本图或即王蒙画倪瓒坐松石上山水人像图。 倪瓒在世时画像。
元	佚名《云林小像》	才之英，德之精，坐松石，俨像形。噫！安得斯人兮复生。天保赞。 产于荆蛮，寄于云林；青白其眼，金玉其音；十日画水五日石，而安排滴露；三步回头五步坐，而消磨寸阴。背漆园野马之尘埃，向姑射神人之冰雪；执玉拂弗挥，于以观其详雅；盥手不帨，曷足论其盛洁。意匠摩诘，神交海岳，达生傲睨，玩世谐谑，人将比之爱佩紫罗囊之谢安，吾独以为超出金马门之方朔也。句曲外史张雨赞。 骨如鹤，目如虎。即之而云凝，望之而霞举。不据槁梧而吟，乃箕踞长松之下。吾知其为马少游之徒，陶弘景之伍。然倜傥之气，足以糠秕一世；清远之怀，足以游览千古。戢其光芒，约之规矩，扬扬乎宴安之暇，循循乎问学之聚。如是而带经以鉏者，此一泰宇，彼一泰宇。京口陈方子贞赞。	明汪砢玉撰《珊瑚网》卷三十四《名画题跋》十。 本图画面不详。 天保、陈方二赞，或针对上述倪瓒坐松石上山水人像《松石望山图》而咏。 倪瓒在世时画像。
元	赵元《倪瓒像》	款署：至正十二年（1352）春三月上浣，天水后学赵元为云林先生写照。	本像出处不明，卷后有明吴宽等题跋，图式近乎王绎本，存疑待考。 赵元，生卒年不详。
元	王绎画张雨赞《倪瓒像》 台北"故宫博物院"藏	《倪云林像》，白纸卷，本身张伯雨题，小楷甚妙，旁侍一女，古而艳，犹《王济观马图》上者。云林，高尚士也，诗书画皆绝烟火气，其形容必清癯古雅；兹图中所见肥而且俗，殊未解也。子长（司马迁）论留侯（西汉谋臣张良）宜魁梧奇伟，而其状如妇人好女，不称其志气，予于云林亦云。 张雨云：产于荆蛮，寄于云林；青白其眼，金玉其音；十日画水五日石，而安排滴露；三步搔（回）头五步坐，而消磨寸阴。背漆园野马之尘埃，向姑射仙（神）人之冰雪；执玉拂（弗）挥，于以征（观）其详雅（盛洁详雅）；盥手不帨，曷足明（论）其盛洁。意匠摩诘，神交□（海）岳，达生傲倪（睨），玩世谐谑，人将比之爱佩紫罗囊之谢安（玄），吾独以为超出金马门之方朔也。（句曲外史张雨赞。）	清初顾复《平生壮观》卷九《王绎》。 括号内为张雨题《倪瓒像》卷上所见文字。载见张雨《贞居先生诗集补遗》卷下。 张雨（1283—1350） 王绎（1332、1333—？） 倪瓒在世时画像。
元	王绎画张雨题赞《倪瓒像》 台北故宫博物院藏	张雨题倪瓒像一卷 [本幅]素笺本，纵八寸八分，横一尺九寸一分。设色画像。趺坐榻上。左展卷，右执笔，重屏侧几，一童捆箒，一女童奉浣，无画人名款。幅末张雨题赞。 产于荆蛮，寄于云林；青白其眼，金玉其音；十日画水五日石，而安排滴露；三步回头五步坐，而消磨寸阴。背漆园野马之尘埃，向姑射神人之冰雪；执玉拂弗挥，于以观其详雅；盥手不帨，曷足论其盛洁。意匠摩诘，神交海岳，达生傲睨，玩世谐谑，人将比之爱佩紫罗囊之谢安，吾独以为超出金马门之方朔也。句曲外史张雨赞。钤印二：贞居、句曲外史。 [后幅] 前人题跋。 1.嘉靖己未（三十八年，1559）二月朔，同彭孔加、师子乔、家侄子建，过张伯起冷然阁，出《云林子像》，观于阁之北窗。袁褧。 2.嘉靖癸亥（四十二年，1563）二月十日，同舍弟安道观于张伯起处，师道。钤印一：五湖道人。 3.乙丑（嘉靖四十四年，1565）孟秋望后九日，琅琊王世贞同仲世懋观此，恍如坐清閟阁中，啖清泉白石也。钤印一：元美。 4.云林像，尝见摹于王氏，上有细楷光庵墓铭。每欲命工摹以为供，竟尔不果。其庸俗亦可笑也。伯起藏此，忽尔再睹，令人腼颜。他日终当遂此愿。倘伯起能榻一幅以见惠，乐当何如！隆庆戊辰（二年，1568）仲春朔。文彭题。 5.《寄倪隐君元镇》：名落人间四十年，绿蓑细雨自江天。寒池蕉雪诗人画，午榻茶烟病叟禅。四面荒山高阁外，两株疏柳旧庄前。相思不及鸥飞去，空恨风波滞酒船。高季迪。下钤：张凤翼印、悟往斋印。 [鉴藏宝玺] 八宝全。乐寿堂鉴藏宝。 [收传印记] 漫堂珍赏，子孙保之，绵津山人。牧庵宋荦私印，商丘宋氏家藏。 谨按是迹，见《珊瑚网》，张雨外尚有天保、陈方两赞，后失之。又为张凤翼伯起所藏。后幅七言律诗，标高季迪，而钤张凤翼印，盖凤翼爱启赠瓒诗，故录之卷尾。	清《石渠宝笈续编》（宁寿宫）。 倪瓒在世时画像。 本像与上述《平生壮观》著录为同一幅画像。

明	《倪云林小像墓铭合刻》 上海嘉定孔庙壁间	王述祖曰：《云林小像》，侍女、童奴、茶尊、经卷，超然有避世意。上方刻墓志一首，文亦峻洁不群，小楷古劲，与《麻姑仙坛记》埒。二石（另一指《金粟道人小像石刻》）旧藏予从祖如斋壁间，今归周氏。考金粟像，本拂水山庄故物，后归檇李项氏，从祖得之村舍。又三年而得云林像，金氏柳云居故物也。龛供书斋，谓之合璧。一时名士如张朴邨、王樗园、张西又辈，皆有题咏。	清嘉庆《嘉定县志》卷九《古迹考二·碑碣》。 本图屏风、几案间文房用具跟王绎本同。屏风上方楷书元王宾作倪瓒墓铭。 本像是否文彭题跋所及王氏摹本，待考。 此石原藏明末嘉定名士金兆登家，清康熙后期归嘉定王辅铭，他将此石嵌于书室“如斋”壁间，后随房产一起归于嘉定周氏。现存嘉定孔庙东庑碑廊，高48厘米，宽50厘米，石颇漫漶。 《嘉定碑刻集》（中） 第九编《墓志墓表编》。
明嘉靖	仇英摹《倪瓒像》卷 上海博物馆藏	本幅画面一角署：仇英谨制。画幅倪瓒身后上方原王绎本屏风位置，明文彭楷书元王宾著倪瓒墓铭，款署：嘉靖壬寅（二十一年，1542），后学文彭书。卷后有明文徵明行楷书张雨题赞、清乾隆三十五年（1770）夏王文治题跋多段。	本图无元王绎本倪瓒身后屏风，茶几间文房用品与王绎本亦不尽相同。 仇英（1493—1560） 本图无创作年款，因卷后有文彭嘉靖二十一年楷书元王宾著倪瓒墓铭，估计作于仇英在世嘉靖二十一年前。
明	王氏摹本《云林像》	隆庆二年（1568）文彭于王绎画张雨题赞《倪瓒像》后题跋道及“《云林像》，尝见摹于王氏”。	清《石渠宝笈续编》（宁寿宫）。
明	文彭拟欲摹《倪瓒像》	文彭跋王绎画倪瓒像曰：“每欲命工摹以为供，……他日终当遂此愿。倘伯起（张凤翼）能榻一幅以见惠。”	清《石渠宝笈续编》（宁寿宫）。
明	濂溪坊周氏所藏《倪瓒像》	倪瓒“坐床上凭几，左一童子捧朱拂，右侍姬提盥颒之器”小像。	都穆（1459—1525）编《寓意编》、《汪氏珊瑚网名画题跋》卷二十三《濂溪坊周氏所藏画目》、清《佩文斋书画谱》卷九十八、清卞永誉撰《式古堂书画汇考》卷三十二。
清乾隆	乾隆五至九年（1740—1744）徐璋《倪瓒像》 南京博物院藏	此系徐璋绘制《松江邦彦画像册》之一。	
清道光	道光七年（1827）十一月刻《倪瓒像并赞》 苏州沧浪亭公园壁间。	孔继尧绘、石韫玉正书赞、谭松坡镌《吴郡五百名贤像》刻石之一。	
清光绪	光绪十七年（1891）七月刻《倪瓒像并简介》 上海松江醉白池公园壁间	此系摹刻徐璋《松江邦彦画像》刻石之一。朱少渔刻，席云山镌。	

嘉定名石翥云峰的前世今生

周嘉

在嘉定孔庙旁的汇龙潭公园内，有一块高达丈余的巨石名“翥云峰”。此峰石造型天然，气象峻秀雄奇，堪称嘉定园林中的名石之冠。

翥云峰本身是一部历史，它不仅记载了明代嘉定人赵洪范在云南的活动，也叙述着它落户嘉定后的时代变迁与几大家族的兴衰。

翥云峰的发现者与第一个拥有者是赵洪范。赵洪范，字元锡，一字芝亭，嘉定东城人。明万历四十三年（1615）举人，天启二年（1622）进士，后任湖北麻城知县，有惠政。崇祯元年（1628）出任陕西道御史，同年巡按云南，时值云南土酋普名声图谋不轨，赵洪范与云南巡抚王伉商请朝廷早做准备。二年（1629），普名声叛乱，朝廷因准备不周失利，随后“巡抚王伉被劾，逮问并及洪范，下诏狱，寻释归”（清《光绪嘉定县志》[以下简称光绪志]卷十六“人物志一”《赵洪范传》）。入清后，赵洪范拒绝做官，隐居在乡，富有民族气节。据“光绪志”卷三十一《杂志上·寺观》“普济庵”条知，清康熙十五年（1676）重建普济庵，曾立碑记事，赵洪范为之题额，知是年赵洪范仍在世。另据“光绪志”卷九《学校志》知，赵洪范卒后入祀乡贤祠。

同北宋米芾一样，赵洪范也酷爱奇石。近人周承忠《秋霞小志》十二《附录》载有邑人周文禾（1807—1887）咏翥云峰诗，其序文有曰：“明崇祯中，赵侍御芝亭先生巡按云南，出冤囚于狱，囚思有以报之。适先生于道旁见是石，遂下米颠之拜。因乃阴具海舟达嘉定，毁城垣而入，立诸堂前。”赵氏之堂名岁有堂，位于嘉定城隍庙东须之彦（1552—1630）宅东侧，其从云南归后立翥云峰于堂前之时间在崇祯二年（1629）。（“光绪志”卷三十《名迹志·第宅园亭》“岁有堂”条。）

赵洪范携翥云峰归嘉定的情景，清程庭鹭《涂松遗

明 宋珏题“翥云峰”

王晦故居（《嘉定住宅志》）

翥云峰（伪嘉定县公署《名人书画风景及古迹》）

献录·轶事》有载：“石至东关，登陆重不能举，一时尽收合城之葱，铺地令滑，百人曳之，始得入宅。”巨石归来后，赵氏名之为“翥云峰”，并请其时寓居嘉定的名士福建莆田人宋珏（字比玉）以篆书题字，请人勒石其上。“翥”是鸟向上飞之意，“翥云峰”含有插入云霄的高峰之意，巨石以此命名也隐喻了赵洪范的凌云之志。

清初时，赵氏岁有堂经历了一场变故。据《乾隆嘉定县志》卷二《营建志·县治》载：“顺治三年（1646），大盗王招等劫狱焚烧堂廨府库，令居赵氏之岁有堂治事。十年，知县查逢盛先撤岁有堂，改建牧爱堂。”而岁有堂前之翥云峰，据《嘉庆嘉定县志》卷八《古迹考·第宅园亭》载，在堂拆后“辗转相售，归于（王）晦”。

翥云峰归于王晦的时间无考，当在赵洪范过世后赵家败落之时。王晦（1646—1713）字服尹，一字补亭。其祖父王泰际（1599—1675）是明崇祯十六年（1643）进士，父亲王楫汝为清顺治八年（1651）举人。王晦为康熙五十一年（1712）进士，其子王敬铭（1667—1721）为康熙五十二年状元，孙王元勋为乾隆四十三年（1778）进士，曾孙王进祖为乾隆五十八年（1793）进士，王氏家族人才辈出，在诗词、文章乃至医药等领域均颇有建树，是嘉定文化世家。

王晦之宅其位置即为赵氏岁有堂所在，因其时岁有堂已基本拆除，王氏在原址上新建家宅。在得到翥云峰后，王晦即以“翥云堂”命宅名。因爱是峰，王晦为作诗歌咏之，诗曰：

吾家翥云峰，巍如剑佩客。
兀立墙之南，丰骨妙于瘠。
其势等千寻，其身过十尺。
气润蒸烟霞，质细俨圭璧。
下者覆花茵，上者岸巾帻。
常恐风雷生，中有蛟龙坼。
秦人不能鞭，五丁不能戹。
可以醒平泉，可以醉彭泽。
宿昔游名园，幽奇性所癖。
赏心曾有几？此应推巨擘。
草堂恰相对，聊以安吾宅。

又诗曰：

兀立空亭一片云，惯看肤寸气氤氲。
丈人丰骨青如玉，雨后应添绣藓纹。

王晦擅长诗文，其诗文集名为《翥云堂集》。

国有兴替，家有盛衰。传至王晦之子王思渠时，王家财富缩减，门户中落。据清代大儒、乾嘉学派巨匠王鸣盛《敕赠文林郎徐州府教授晋升奉直大夫王思渠墓志铭》（载于清《石冈广福合志》卷四《坟墓》）载："庶常父子（王晦、王敬铭）通籍不数年，相继卒，门户中落。殿撰（王敬铭）无后嗣，兄先出，后它房，叔兄（王辅铭）亦无子，例应以君长子元嘉后殿撰，次子元金后叔兄。流俗为后，皆觊财产，非为宗祧计。殿撰没，室如悬磬；叔兄没，囊橐悉为人攫取，两子徒有出继名，但空舍二区，与三世未葬柩累累然在尘幙中。君于其间，虽以艰苦，又得未疾未竟学，然营两世殡葬，置冢嗣，御祲岁，障外侮，赤手撑拄，厥维艰哉！"至王思渠之子王元勋（1728—1807）时，为应科举以重振家声，不得已将祖宅翥云堂售于周氏。王元勋中乾隆四十二年（1777）举人，次年中进士，其出售翥云堂之时间当在乾隆四十三年（1778）前。

嘉定周氏之历史，有存世之《嘉定周氏族谱》可据考察。周氏迁嘉始祖应溪公为明万历年间人，原籍上海县周浦镇，为避倭寇乱，夫人携子（时应溪公已殁）逃难嘉定城西。其后子孙繁衍，至四世孙周鸣皋（1667—1733）生子四人：长子周瑾（1692—1749）、次子周琏（1698—1763）、三子周璠（1704—1751）均为国学生；四子周珏年十九卒，聘葛氏。据《周氏族谱》引嘉庆七年汪廷昉重修《太仓州志》卷四十四《人物·烈女三》载："葛氏年十七，许字东门周珏。烈女闻讣奔丧。姑失明，奉事尤谨。抚侄锦，教之成立。葬翁姑及夫，守节四十年。"知至周鸣皋时，周氏已迁居嘉定城东门，而其四子中三子为国学生（古时官学的学生，俗称秀才），周家其时已具"书香"的味道。至六世孙周鉴（1716—1771）、周镛（1718—1786）、周铭（1720—1777）、周镇（1744—1789）、周镜（1739—1795）、周镗、周锦（1728—1769）均为国学生，两代人出了10名秀才，周家其时已列入"斯文"的行列了。其后的周氏家族代有才俊出，至九世孙周保珪（1844—1885）、周保璋（1844—1897）兄弟于同治年间先后考取举人，周家声誉至于顶峰。在此200年间，周氏子弟时与里中缙绅之家联姻，周家已成嘉定有声望的家族。其中六世孙周铭之长女嫁于乾嘉学派宗师、同邑钱大昕之胞弟钱大昭，因有这层关系，钱大昕为作《嘉定周氏族谱序》。考《嘉定周氏族谱序》，有"予弟晦之婿于周氏，述其外舅之言，令予为序，不得辞"之言，知钱氏此文作于周铭卒年乾隆四十二年（1777）前。核对前文，可推知赵氏翥云峰归于周氏之时间当在周氏迁嘉六世时，具体当在乾隆四十年（1775）前后数年间。

王晦宅归周氏后，周氏将该宅改建为周氏宗祠，翥云峰仍立于宅内庭院中。此后的岁月里，周氏宗祠产权归属未有更替。至民国三十八年（1949），周氏第十一世孙、时任周氏族长的周承忠（1878—1970）著有《秋霞小志》十二卷，叙述了嘉定名园秋霞圃的沿革故事，书中卷十二《附录》中，列叙了秋霞圃四周原有之名宅故第，以记"当时东清镜塘两岸园林之盛"，翥云堂即在其列。其于"翥云堂"条目下，载有周氏八世孙周文禾（1807—1887）咏是峰诗（序见前文）。诗曰：

威凤轩远翥，神龙挐晴云。
侧翅攫郁勃，擘絮纠缤纷。
造化工变态，山灵盗奇文。
孕此一拳石，玉润留贞珉。
斩然额稍侧，腰瘦楚宫嫔。
岩泉滴之久，透漏泯其痕。
骨立二丈余，嵌空难写真。
斧劈兼大小，时带披麻皴。
荔仙题三字，缪篆镌厥身。
此石为报德，万里来边垠。
巨舶渡沧海，所费几万缗。
蛟螭未敢夺，鞭铎当失神。
冤释感无际，恩深波不沦。
壁陷堂皇在，已踰二百春。
天水不能有，归我宗祠新。
霜露时有祭，亦拜石丈频。
奈何涒滩岁，练水来妖氛。
宗祏尚无恙，山子犹嶙峋。
高曾魂就馁，涕泣志未伸。
怀哉入梦寐，何日躬明禋。

原周氏祠堂靠东大街一角原有文玉酱园，所制酱油、酱菜及陈酒等富有特色，远近闻名。相传该酱园为周文玉创办，“文”字辈是周氏八世孙辈。解放初期，文玉酱园“为当时嘉定酱酒行业中的最大企业”（《嘉定镇志》卷五《手工业·酿造业》）。1954年，经江苏省人民政府财政经济委员会批准，文玉酱园改组成公私合营文玉食品厂。在随后的岁月里，该厂产品有所增加，如味精、粉丝、面筋等，后来又增加乳腐产品等，厂名有所变更，厂房也有改扩建（含原周氏宗祠全部）。1980年将豆制品工厂划出，单独成立嘉定豆制品厂，1984年更名为嘉定酿造厂。（《嘉定县供销合作商业志》第六章《商办工业·酿造厂》）此20余年间，翥云峰一直被砌在该厂仓库的墙内，未受破坏。

1979年6月，汇龙潭公园一期（南部景区）建成开放。1980年，汇龙潭公园二期（北部景区）建设时，把嘉定境内原有的名人宅第中的部分优秀建筑等移入其中，而翥云峰亦经上海市文管会批准移入园内，并于同年为嘉定县人民政府公布为文物保护单位，2000年又公布为嘉定区文物保护单位。翥云峰这块历尽沧桑的名石，终于在汇龙潭公园内找到了合适的栖身之地，重获新生，并成为公园内的一景。而翥云堂也因其对于研究嘉定人文历史与建筑艺术等具有较高价值，先于1960年公布为嘉定县文物保护单位，后于1998年在嘉定老城改造时迁入嘉定地标建筑法华塔塔院内，2000年公布为嘉定区文物保护单位。

翥云峰

翥云堂

嘉定南门外的横沥街

章丽椿

嘉定南门吊桥朝南的南门外大街（后称瞜南街），是20世纪初通往南翔和上海的陆上要道。吊桥的东南堍有一条形成于清代呈“L”字形的横沥街，曾是通往东南各镇的主要的航道码头。

横沥街全长不到1公里（764米），宽仅3～5米，街的北段呈东西向，与环城河平行，西端与瞜南街的北端相连，东行至环城河与横沥河的交汇口后，街道便紧贴着南横沥河蜿蜒南行，直抵“弯里井”。井的南面有一条小河通往横沥河，两河的汇合处水面十分开阔，人称“三河洋”，是来往船只掉头的地方。小河北面的土路因走向弯曲无序，且高低不平，当地人戏称它为“弯里转”，沿着这条小路西行可以走到瞜南街的尽头。横沥街因紧贴在河边，居民均傍水而居，家家门外都有大小不等的水码头或水桥。横跨在横沥河上的北横沥桥（福

横沥街北侧是横沥河与嘉定护城河的交汇处，站在此处可以看到嘉定城南水关（2012年2月摄）

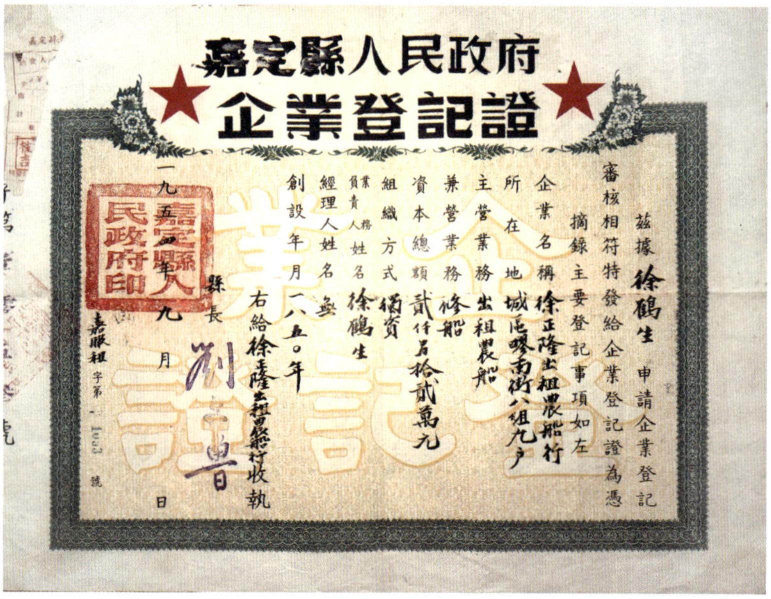

嘉定縣人民政府
企業登記證
茲據 徐鶴生 申請企業登記
審核相符特發給企業登記證為憑
摘錄主要登記事項如左
企業名稱 徐正隆出租農船行
所在地 城厢鎮南街八組九户
主營業務 出租農船
兼營業務 修船
資本總額 貳仟石拾貳萬元
組織方式 獨資
業務負責人姓名 徐鶴生
經理人姓名 無
創設年月 一八五〇年
右給 徐正隆出租農船行收執
縣長
一九五四年九月 日
嘉服租字第 號
嘉定縣人民政府印

1954年，嘉定县人民政府签发的“徐正隆出租农船行”企业登记证，记载其创设时间为1850年

2011年的南横沥街。其时大部分居民因老街改造而搬离，沿街小部分房屋仍在

寿桥）和南横沥桥（永安桥）两座石拱桥，把居住在东西两岸的人们紧密联系在一起，桥下南来北往的大小船只更是络绎不绝。

嘉定自宋元起就盛行纺织，明清以来横沥河周围一直是棉纱、土布和竹制品的集散地。由于纱庄布店高度聚集，形成了著名的纱场弄，这条全长约170米，宽仅2～3米的小弄。每天有大宗货物通过横沥河进出，人气十分兴旺。清末时，中国的土布市场渐被洋布所侵占，纱场弄繁荣光景不再。清光绪三十四年（1908），无锡人冯荣宾母女在嘉定镇东大街生产毛巾后，嘉定毛巾业得以迅速发展。在当时国产纺织市场萎靡的情况下，嘉定的毛巾业的异军突起，为地方的棉纱市场开辟了新的出路，横沥街的毛巾业也随之蜂拥而起。据记载，高峰时嘉定曾有大小30多家毛巾工厂（场）及家庭作坊，其中以横沥街最多。南华毛巾厂、马正昌毛巾厂等均是其中的佼佼者。南华毛巾厂位于疁南街与横沥街北段间，依偎着横沥河，水陆交通均方便。它生产的“玉兔牌”独树一帜，与恒泰的“麻雀牌”、合成厂的“双手牌”均进军南洋地区。直到1954年后，有关部门进行整顿，关停了7家小毛巾厂，并将另外22家小型厂合并为8家大型的联营厂，横沥街的小毛巾厂才结束了历史使命。

历史上的横沥街，也是嘉定大小船厂集中地，其中有规模较小的凌永顺船厂（凌宝明），和资金雄厚的徐家兄弟船厂。徐姓造船业始于明代苏州的徐正兴船厂（徐振元），清初徐胜臣兄弟到嘉定疁南街开设船厂，厂名仍为“徐正兴船厂”，主要从事木船建造，自1吨至5吨不等，除出售外，多为出租。以后徐氏子孙在西门外接官厅桥、西门钓桥和南门城河开设了大小几家船厂，但横沥街仍是徐家船厂的集中地，其中有：徐正兴（章记、奎记、华记）及徐正和、徐正元、徐正隆、徐正丰和徐海记等船厂。解放后这些船厂相继纳入嘉定造船厂，厂址移至西城河附近，开始建造水泥船和钢船。由于横沥河是嘉定通往南翔和上海的主要水道，横沥街的北段与外城河附近的盛氏轮船码头隔河相望，疁南街的沪嘉汽车运输有限公司也近在咫尺，横沥街凭借了水陆交通的优势，在20世纪初的嘉定南门外商贸圈发展中，有举足轻重地位。那里的泰来木行、王家元地货行、沈家糖房和朱正国的花行，以及横沥河两旁众多的毛巾

横沥街标识（2013年春摄）

厂和造船厂，都曾为横沥街商业的辉煌做出过贡献。

横沥街有不少宗教遗迹和人文历史，位于横沥街北面近护城河的“水仙庙”，建庙时间不详，供奉保佑船家的水神，人称水仙娘娘，占地一亩五分，有房八间，前来烧香的多为船家。位于横沥街西，纱场弄北面的万年庵，在清同治八年（1869）重建为南圣司祠，庙有七八间大小，香火十分旺盛。距弯里井不远处，隔河可见到留光禅寺，里面供奉了观音大士，据说佛像由埋在土中的木头刻成，异常珍贵。该庙建于北宋天圣年间，原来位于孔庙的正南方，全名为“留光显庆寺”。明代天顺四年（1460），嘉定知县龙晋在重建孔庙大殿时，发现该寺阻挡了孔庙的风水，与学府“相望而不相类，故挖泥堆山，增筑以障之”。现在孔庙前的应奎山，便是这个传说的见证。后来就将留光寺迁到了横沥河东的黄泥泾西南方。清康熙九年（1670）六月十七日“地大动，门壁皆震摇”，地震造成留光寺坍废，至同治八年（1869）才重建，寺庙的房屋不多，仅有三间，现已拆除。此外，清光绪十二年（1886）美国监理会在横沥街西面建造了福音堂并开办学校，解放初教徒不足50人。

民国十七年（1928）嘉定县政府建造东门至罗店的嘉罗公路，历时半年竣工，成为嘉定第一条公路。民国十九年（1930）又建造了跨横沥河的公路桥，虽然公路桥下的横沥街仍旧相通，但后来把公路桥以北的路段称为横沥街，南面的则称为横沥南街，住在那里的人习称它们为南街与北街。民国二十四年（1935）建成了时有“江南第一大干道”之称的沪宜公路，次年嘉罗公路与沪宜公路完全衔接，采用制式的公路木板桥。

20世纪80年代后，随着南门地区居民小区的建成，各种大型商贸场所、购物中心和装饰市场相继出现，那里已经成为新的商业中心。在近几年的城市建设改造中，横沥街、纱场弄的地标建筑和人文景观已先后被拆除，昔日横沥街和纱场弄繁荣的旧貌，也将从人们记忆中逐渐消失，但是它们曾为嘉定的商业历史书写过光辉的一页。

嘉定胡家花园

陈 洁

今年4月初，我与我们𧀻云艺术馆馆长周嘉出差北京，应约拜访胡厥文先生次子胡世华老人。老人的家在天坛附近，朴素的客厅里，墙上挂着胡厥文先生的照片、胡厥文先生与毛主席握手的照片，还有抗战时期徐悲鸿画给他叔父胡叔常的《双骏图》（复制品）等。胡世华老人跟我们谈起了他父亲的过往和他们对于嘉定的回忆，让我们倍感亲切。对于他的老家胡家花园，他没有多谈，他拿出珍藏的老照片给我们看，泛黄的照片无声地叙述着胡家当年的往事。对于胡家花园的情况，曾听家乡的老人们说起过，说当年该园很美，进去游览的人很多。北京回来后，我决心收集资料，加深对胡家花园历史的了解。

雪园内之“古华楼”（《名人书画风景及古迹》）

嘉定天主教主心堂旧貌（《嘉定县志》卷三十三《风俗·宗教》）

嘉定自建县以来，宋元明清及民国各时期先后出现了数十家私家园林，经历史变迁，现存古园林已屈指可数，著名的尚有建于明代的秋霞圃和古漪园。在民国时期，嘉定著名的名胜古迹，据1936年中华全国道路建设协会编著的《中国公路旅行指南》可知有二处，一为奎山公园，另一为雪园。奎山公园为民国十八年（1929）辟孔庙全部建设而成，后经抗战而名存实亡，“文革”结束后经政府重新规划，于今孔庙保护区外新建汇龙潭公园。而雪园为民国时期新建的私人宅第，因其主人姓胡，邑人俗称胡家花园。

胡家花园位于嘉定古城城中偏西，据民国二十八年（1939）伪嘉定县公署所编《名人书画风景及古迹》（画册）介绍：“雪园为邑绅胡雪帆（按：其长子胡师王，次子胡厥文，三子胡叔常）所筑，在城内宫保桥南堍，滨练祁塘。”据地方文献知，宫保桥原位于孩儿桥（俗称小囡桥）西，桥南堍为中下塘街，北堍为西大街（今名人民街），桥拆于1970年左右；原孩儿桥位置南北向，于

1959、1960年建成了南北穿过嘉定老城的城中路。

关于胡家花园的四至范围，考察《嘉定镇志》、《嘉定建设志》、《嘉定地名志》及1970年代嘉定镇测绘图等知：东至潜研堂（清邑人钱大昕故居），东南至城中路，南至今城中路72弄，西至何家浜（1978年左右填没，其北出口一段今仍在，上有跨中下塘街一桥，名戚家桥，今亦仍在），北至中下塘街，其西北为天主教主心堂。

一、关于胡氏园及古华楼

胡家花园的辟建，源于胡家遭遇的一段往事。胡雪帆（1866—1919）曾祖父胡起凤，字质夫，为清"嘉庆庚申（五年，1800）副贡，署吴县教谕。建义庄，输田千亩，规条悉遵范氏。家有园亭，时与邑人士为诗酒之会"（清《光绪嘉定县志》卷十八《人物志三·孝义·胡起凤传》）。历史上胡起凤是作为一个孝子善人为时人所知的。胡起凤所建的园子名胡氏园，位于嘉定城"西城，俗称花楼头"（《光绪嘉定县志》卷三十《名迹志·第宅园亭》），其具体位置在练祁塘北的今人民街、城中路西；其所建义庄名"胡氏安定义庄"，在胡起凤过世后，其后人曾请其生前友人、邑人朱右曾（1800—1858）写了《胡氏安定义庄碑记》（文载民国《嘉定县续志》卷附《前志补遗》），述其为人及建义庄之经过。胡氏园建成后，胡起凤邀好友、邑人毛岳生（1791—1841）写了《胡氏园记》（文载毛岳生《休复居诗文集》之"文集"卷四），叙述其建园缘由及庭院风貌，其文曰：

嘉定处娄江之东，地益近海，平衍无高山穹谷潭洞竹木之胜，以故瑰奇豪富之子，往往辇石凿池，辟为园宅。溪涧峰壑隋陁天成，凡松栝竹柏芙蕖薜荔芳草之属皆具，而台榭楼馆隐显参错，敻旷幽邃，偃息观望，而益以坚士大夫山林肥遯之志，不可谓非贤者事也。余同郡胡君质夫行介而和，迹近而高学，既杰出于众而性犹肫笃。初亦思自见于功名，既弃去，乃一意于诗，诗益高雅不易得。尝以其尊甫先生好游未果，为营园池于居侧，以娱乐其志。尊甫既亡，不忍游是园者数年。后始稍稍修葺，日侍其太夫人游焉。暇则读书属文，邀宾客饮酒为欢。其趣舍粹亮，洵非恋爵禄而衰色养者比焉。夫园居泉石花竹之饶，君子处以广其心而悦其性者，诚不谓无益焉，矧又出于养志之事哉？由是言之，君子所以事其亲者，亦视其丰约而已。约者且以求丰，而丰者岂可约哉！文章学问名誉之立，所以修其身也，仁义忠信惠爱之休所以仁其亲也，然则胡君夙夜兢兢思益成其志者，善惇而弗衰，年艾而加勤，岂仅是园宅乎哉！……

除此园外，胡起凤在练祁塘宫保桥南堍尚有一处宅第名"循陔小筑"（民国《嘉定县续志》卷十五《杂志·教会》之"天主教"条），其后半部分建有"古华楼"一座。

胡起凤之子胡澄，据朱右曾《胡氏安定义庄碑记》所载是先于其父去世的。另据《胡厥文回忆录》知：胡澄因病亡故时，其子胡砚耕（名敬曾）尚在襁褓中，待胡起凤原配夫人逝世时，砚耕方16岁，同族分割祖业，砚耕仅得其半。为此胡砚耕发誓子孙如能兴旺，必另建安定支祠。后遭逢太平天国兴起，胡砚耕避难他乡，祖宅"古华楼"所在地产被族人售给了法国天主教会。待胡砚耕回乡，经多方交涉无效，只得购置位于张马弄南的"延和堂"居住，而从此胡氏家道中落。法国天主教会购得此地产后，遂于同治三年（1863）在其地建起了天主教主心堂，其基地3.6亩（民国《嘉定县续志》卷十五《杂志·教会》）。

二、古华楼的重建及扩建

据《胡厥文回忆录》载：原古华楼建筑精巧，景色优美。胡砚耕在世时决意要重建古华楼以复祖业，终因财力有限未能如愿，后来竟郁愤成疾而逝。其子胡雪帆也是个至孝之人，他决心完成父亲生前遗愿，筹建古华楼和安定支祠。

胡雪帆（1866—1919）字光墉，"幼而聪颖，年十八补邑诸生（俗称秀才），以事父不远游。……性廉慎精勤，以襄理平粜为邑耆宿所器重，自是与闻邑政，历董存仁、育婴、清节、积谷、教育款产事，剔除积弊，公私之界厘然。督浚东北乡各河，遘岁歉，以工振，省耗节时，妇孺交颂。……君宽和平坦，外圆内方，排解纷难无德色，遇横逆泰然受，干以非义则拒之峻，因公抗争侃如页，退而淡忘，不损交谊。尝谓人或负我，我终不负人。治家主俭约，但蓄花木自怡。既建安定支祠城西区，乃营古华楼其北，复曾祖旧业，承先志也。楼成，将奉母娱老，而母殁，竟以忧病疽卒。综君生平，事亲孝，为人谋忠，服公务任劳怨，能浃人以诚。其寻常善行，若恤孤寡、周贫乏类时俗所优为弗志”（见《胡君墓志铭》，载沈恩孚《沈信卿先生文集》）。

胡雪帆营建新的胡氏安定支祠于原祖业古华楼之南部，支祠建成后即于其北部、原古华楼之东部兴建新古华楼。支祠与新古华楼建设的时间，据《胡厥文回忆录》载，起于民国五年（1916），终于民国七年（1918）10月。支祠大堂额名“承志堂”，楼仍以旧额名“古华楼”，楼高三层，底层西、南两面上刻篆书“古华楼”三字，为使二三层高爽明畅，底层于设计时即不作房屋使用。新古华楼落成之时，胡雪帆亲家沈恩孚（1864—1944，其次女沈方成嫁于胡雪帆次子胡厥文）曾作诗以贺。其诗曰：

1930年代，胡厥文全家与沈恩孚在雪园“古华楼”前合影

故园劫后又回春，变态风云迹已陈。
乔木百年留旧荫，桑田万顷起微尘。
龙争虎斗山河在，燕舞莺歌堂构新。
家国苍茫同--感，古来何事不由人。

正当胡雪帆欲以新建的古华楼奉养其老母时，不幸其母于楼成后的第二年即1919年病逝，同年胡雪帆也因忧伤之极患病离世。

胡雪帆逝世之年，其子胡厥文（名保祥，1895—1989）正在上海同济医工专门学校工作。为了纪念父亲，胡厥文与大哥胡师王（名保良）、三弟胡叔常（名保恒）三人一起筹划对古华楼进行扩建。扩建工程最后于1929年10月整体竣工，按照《胡厥文回忆录》的记载，自建新古华楼到扩建全部完成，前后经历了14年。此14年间，胡厥文先后创办了新民机器厂（1922年，股东为胡厥文、胡玉书、穆抒斋、穆藕初、沈恩孚）、合作五金厂（1927年，股东为胡氏兄弟姐妹五人）与黄渡电灯公司（1929，股东为胡厥文、钱志衡、夏琅云），因此胡氏兄弟有实力支持该工程的进行。

扩建以古华楼为主体建筑展开，在其周围设计了亭、台、房、轩等附属建筑，又有假山、池、桥等景观。为此胡氏三兄弟有分工：大哥胡师王主管雇工计资，二弟胡厥文负责度地布景，三弟胡叔常负责督匠营造。为造假山，他们购买了大批石头，计130船之多。从1919至1929年间，“利用年假，我们堆起了假山，筑起了石桥，栽植柳、竹与花草，还建造了风车，利用风力提水。每当和风吹来时，假山上便有一道瀑布倾泻而下，颇为别致”。又在古华楼东南角修筑了胡君墓。如此，古华楼的扩建，使得胡家庭院俨然是一座园林了。工程竣工后，将所建园林取名“雪园”（有沈恩孚题写并刻石），以寄托哀思。“以‘雪’名园有着多重含义：一以景遗行之洁，一以恢复旧业雪前人之恨，一以事园竣工之日而先君已永隔人天不胜鸿雪之感也。”后来胡家兄弟姊妹又把该园的恢复与反对帝国主义侵略联系起来，因此又含有了雪国家之耻之义。胡氏雪园的建成，可以说是“凝结着我们两代人的心血”（《胡厥文回忆录》）。

胡家花园主体景区，其中可见石屋、也亭、池塘等建筑，也亭西部之楼房一角为天主教主心堂建筑

建成后的胡家花园的规模，据《嘉定地名志》第七篇“历史地名”之《人文建筑地名》载：“（胡家花园）占地2.2公顷，宅、园、祖坟、祠堂、义庄合于一园。有曲径、回廊、花墙、漏窗、月洞门、雕花住宅楼，有胡雪帆墓地和祠堂二进，共有房屋102间。花园有土山两座、池塘一泓、湖石多处、三层阁亭一座、其他亭榭三座、水井三口、乔木扶疏、四季花卉。西部略小，称‘义庄’。”

三、胡氏雪园八景

雪园的兴建是当年古城嘉定的一件大事，因其构思巧妙，设计紧凑，亦山亦水，不仅吸引了嘉定本地人前来观赏，同时因其名声的外传，也成为外地人来嘉定后乐意留足之地。

在雪园已初具规模的1927年年初，沈恩孚有诗题作《雨中偕杨夫人步至胡氏雪园》：“东风吹面雨如尘，柳未成丝绿未茵。百岁同心顽健日，万方多难偶闲身。沧桑城郭亲情旧，烟树亭台手泽新。石室蟠虬池放鸭，潜研堂址古华春。”又有作于1928年的《寄赠雪园》，中有“雪园新树初覆额，回望花楼天咫尺。鸟语虫声隔院闻，秋月春风感今昔。乾嘉老宿此穷经，深柳书堂梦竹汀。蠹食周秦古文字，燕飞王谢旧门庭。……绿杨并作

雪园一角（童寯《江南园林志》）

原位于雪园东南角的胡雪帆墓

一家村，来往白云欣有主。迢遥累叶诵清芬，池馆亭台酒正酣。亦水亦山几丘壑，宜晴宜雨自烟云”之句，当年胡氏家人其乐融融之景象与雪园雅致之风貌从中可见一斑。

关于雪园在当年嘉定的地位，1936年出版的《中国公路旅行指南》一书中《嘉定名胜古迹一览表》是这样介绍的：“雪园，南门张马弄。园中亭榭楼阁，结构尚佳，夏日池中遍植荷花，为消暑之胜地。”而童寯于1937年完成的《江南园林志》一书介绍：“雪园，属胡氏，为近构。锐意雕凿，人力太胜。”于是可知，雪园是作为一个知名园林为世人所知的。

1937年“八•一三”淞沪战役爆发后，胡家举家内迁。胡母赵慧贞于1940年病逝，抗战胜利归来棺木合葬于胡雪帆墓地。“八•一三“后，沈恩孚以病留上海，曾作《胡氏雪园八咏》以为思念。诗曰：

雪影

此雪永不消，此影永不灭。
悠悠今古心，何人慕高洁。

永春台

高台为谁筑，为报慈母恩。
金萱仙去后，春永在乾坤。

春霭山房

山房不倚山，春霭足藏春。
泉石有结构，于此寄闲身。

石屋

石屋通曲桥，可以纳微凉。
桥下水清浅，谓宜卧鸳鸯。

瀑布

瀑从何处来，人巧侔天工。
昼夜亦不舍，宛与原泉同。

古华楼

花楼花已古，霜后见红叶。
红叶时乱飞，翩翩若蝴蝶。

秋韵轩

秋风过我耳，秋水濯我足。
夕阳无限红，芳草自然绿。

位于胡雪帆墓园北部的永春台

雪园内之秋韵轩（私人藏）

雪园内之晚香草堂

也亭

亭前一小立，天地在方寸。
邹孟广居观，蒙庄齐物论。

1949年嘉定解放后，胡家花园部分建筑暂作中共嘉定县委用房，北靠中下塘街的正门门厅及侧室，胡氏兄弟借于薛君楚夫妇开设金城照相馆，园中南部的部分小屋有施姓等人家住着。花园的归宿，据胡厥文次子胡世华先生回忆，1951年胡厥文兄弟姊妹商量后，一致同意将园捐给嘉定县政府。当年捐献花园时胡厥文的心情，其幼子胡世孚在《祖传基业古华楼的变迁》一文中这样描述："我记得上海解放不久，有一次随父亲返嘉定，父亲领我到古华楼穿假山，过小桥，在祖父墓前又伫立片刻，一言不发地走遍了古华楼的亭、台、房、轩。现在回忆起来，才体会到这是父亲向祖传基业的告别啊！"（胡世孚《纪念我的父亲胡厥文》）

1956年起，嘉定县人民政府迁入办公，园中原有住户全部搬出。1969年，"园中筑人防工事，晚香草堂等建筑尽被拆毁，其基地上建县档案馆用房"（《嘉定县志》卷二十七"文物胜迹"之《附记：已废私园》）。1998年，嘉定区人民政府迁出，改建为嘉城名苑住宅区。

嘉定孔庙魁星阁的影像记忆

徐征伟

嘉定孔庙是嘉定知名度最高的名胜古迹，因其规模宏阔，建筑整饬，山水清幽，历来广受人们喜爱。这里不仅是教化嘉定的摇篮，也是人们探幽揽胜、吊古伤今的绝佳之地。

孔庙前有一泓池水，名汇龙潭。潭之南有山名应奎山，潭东南岸有亭名魁星阁，潭东北岸有文昌阁，潭之西岸为民居，潭之四角有五条河流与之相连。因潭居孔庙正前方，旧时被认为是一地人才汇集之处，是风水宝地，明清时期嘉定人才辈出，似乎也证实了这一说法。

时间已进入21世纪，对于嘉定孔庙的前世今生，已经成为嘉定人民集体记忆的一部分了。其中关于孔庙的影像记忆，现在还缺乏系统的收集与整理。这一工作的意义与价值，相信随着工作的推进与深入，会有阶段性的成果出现。

今就已经收集到的孔庙魁星阁的影像资料作一整理，情况如下：

一、1870年代，孔庙魁星阁

此照为当年西方人所摄，反映的是汇龙潭东南一角景象，图中可见应奎山一角、佑文桥与魁星阁，及阁东侧民居。从照片上看，魁星阁底层的门已经用砖砌封起来了，二层的门已经全无，一层的飞檐上长满了杂草，一派残破衰败的景象。据清《光绪嘉定县志》卷九《学校志》载，因遭庚申劫难（1860，咸丰十年），致使孔庙建筑群损毁严重，同治年间只对部分建筑“略加修饰”，到光绪初年才重建了其主要建筑。五年（1879）时，又把残破的魁星阁做了修复。此照所示，应是当年

1870年代，魁星阁

1900年代，魁星阁

1900年代，魁星阁（明信片）

修复之前的面貌。

二、1900年代，嘉定湖边的风景

此为当年别发洋行出品的风景明信片。该照是从孔庙东的宾兴桥北横沥河上向南拍摄的，画面中有高耸的石砌宾兴桥拱，河面上一男子划着小木船，远处为魁星阁，从葱茏的树木与男子的衣着可知，时在夏天。其时魁星阁整体建筑良好。

三、1900年代，嘉定河边的寺庙

此为当年菲律宾烟草公司出品的风景明信片，是以所拍照片为蓝本制作的，反映的是汇龙潭东岸魁星阁一带景象，岸边湖面上有一带篷的小木船。其时魁星阁保存完好。

四、1900年代，嘉定的寺庙

此为当年菲律宾烟草公司出品的风景明信片，是以所拍照片为蓝本制作的。从画面知，当年拍摄者是从魁星阁东侧向西取景的。作品以魁星阁为主体，以应奎山及汇龙潭西民居为背景，时在夏天。

五、1900年代，嘉定的寺庙

此为当年菲律宾烟草公司出品的风景明信片，是以所拍照片为蓝本制作的，黑白、彩色各一张，反映的是汇龙潭东南一角景象，图中可见应奎山一角、佑文桥与魁星阁，及南下塘街东侧民居。

六、1910年代，嘉定汇龙潭潭影阁

此照见于《20世纪初的中国印象——一位美国摄影师的纪录》，美国人施塔福摄。此照从佑文桥上向北取景，以魁星阁为主体，背景中可见孔庙仰高坊、石狮栏、当湖书院正门、宾兴桥与文昌阁，阁前河面上停靠着多艘乌篷船。从画面的雪景可知，时间当在岁末年初。

七、1910年代，上海的美国侨民在学潭边船上留影

此照见于《20世纪初的中国印象——一位美国摄影师的纪录》，美国人施塔福摄。此照拍摄者在仰高坊前水桥边向东南取景，背景中有魁星阁。当年美国侨民乘船来到嘉定，在孔庙上岸前留影。图中有一旗帜，上书“世界万国将成一国”，这是他们中的牧师为了向嘉定人传教，把基督教文化中的“千年王国”理想表述为

中国儒家文化中的大同世界理想。按画面中人物着装与树木景象来看，时在春夏之交。

八、1913年，嘉定端午龙舟竞渡

此照见于《20世纪初的中国印象——一位美国摄影师的纪录》，美国人施塔福摄。嘉定端午节期间的龙舟竞渡自具特色，在当年苏州地区非常有名，每当活动举办，不仅嘉定全城为之疯狂，也吸引了周边各地的人们前来观赏。此照反映的是1913年6月竞渡时活动主赛场汇龙潭中的热闹景象。画面中潭中赛船、游船群集，岸边挤满观赛的游人，背景中有魁星阁。

九、1921年，嘉定魁星阁

此照为摄影家欧阳慧锵所摄，见于其所著《摄影指南》，此书于1923年出版后一版再版。当年从佑文桥上向北拍摄，画面中主体为魁星阁，前方为横沥河入汇龙潭口，河面上一木船正摇橹北行，水面泛起阵阵涟漪，背景中可见孔庙仰高坊与石狮栏。此书每幅作品都有康有为点评，此照评语为：“水静如镜，忽遇小舟过处，激荡成纹，几疑身临其境。”

十、1922年秋，嘉定城内之魁星阁

此照从仰高坊前西侧向东南拍摄，以魁星阁为主体，阁北侧河边停靠一带篷木船，背景中可见南下塘街一排民居。

十一、1930年代，嘉定孔庙魁星阁

此照为孔庙奎山公园时期影像，由上海王开照相馆冲印。画面以魁星阁为主体，汇龙潭中一小木船正好划过河面。

十二、1930年代，嘉定学潭

此组照片共二张，为著名摄影人金石声所摄。一张从仰高坊前水桥西侧向东南取景，画面主体是水桥前停靠的小木船，背景中为魁星阁。一张从佑文桥上向北取景，画面前方为一向北划行的小木船，画面上部中间为魁星阁，阁前为南杨树浜与横沥河交汇口，水面停靠一乌篷船，背景中可见孔庙前石狮栏。从人物着装与树木葱茏景象，可知此照拍摄时间当在夏天。

十三、1934年，嘉定文庙魁星阁

此照从仰高坊前西侧向东南取景，1934年9月16日，杨文卿摄。主体为魁星阁，背景中可见佑文桥及南下塘街一排民居。

十四、1930年代，嘉定文星阁

此作为当年杭州都锦生丝织厂出品的系列名胜风景织锦画之一，以摄影作品为蓝本创作。画面主体为魁星阁，魁星阁误作文星阁。从佑文桥上向北取景，魁星阁前水面上有一横向划行之小木船，应奎山与南下塘街岸边景物摄入一角，背景中可见仰高坊、石狮栏与当湖书院正门。

十五、1940年前后，孔庙仰高坊

此照摄于“八·一三”淞沪战役后，从孔庙正门棂星门前左侧向偏东南取景。画面以仰高坊为主体，坊中间南侧站立四人，三人为西服男子，一为时髦女士。坊西侧门洞口整齐地堆排了大的砖头，边上还散落着不少砖，坊北有一石坊构件掉落一旁，坊顶部神像构件基本不见。背景中可见魁星阁，建筑基本完好。

十六、1949年，泛舟汇龙潭

此照摄于1949年3月，时嘉定县中同学张正、朱木兰与好友陈乐善泛舟汇龙潭。画面上方可见魁星阁只存木结构框架，但阁的石材基座依然完好，基座上及周边都是散落的砖头。

据史料与采访老人可知，魁星阁在1950年代初已不存。1970年代后期，嘉定兴建汇龙潭公园一期时，曾多方收集影像资料，并按原貌在原址重建。

从晚清至民国时期留下的大量影像资料可知，嘉定最为吸引人的地方是孔庙。魁星阁作为孔庙建筑群的一部分，是游人乐于驻足流连的景点之一。大量已知的魁星阁影像资料，便可作充分的证明。

1921年，嘉定魁星阁，欧阳慧锵摄（《摄影指南》）

一张摄于85年前的老照片

陈四益

这是一张85年前拍摄的老照片。熟悉嘉定的人一看就知，拍摄地是嘉定的秋霞圃。也算是异数，作为背景的那座假山石，经历了几次战火，至今仍存，风貌依然。照片上的人，则除了当年只有两岁的一位姑母健在，其他十位均已辞世。物是人非，令人唏嘘。

照片上的各位除去一位是我表兄，都是我的长辈，待我一一介绍：

前排于石前或立或坐者，左起第一人是我的祖母沈慧解，当年43岁。左起第二人着长袍坐于石上的是我小叔叔陈邦华，当年6岁。左起第三人是我二叔陈振华，当年19岁。左起第四人是我祖父陈翰青，当年47岁。左起第五人着马褂坐于石上的是我表兄吴江枫，当年5岁。右前着西装站立者是我父亲陈声华，那年24岁。

后排于山石上或站或坐者，左起第一人是我的大姑父吴志廉，当年28岁。第二人是大姑母陈媖琴（吴江枫是他们的儿子），当年27岁。左起第三人是三姑母陈嬿琴，11岁。第四位是小姑母陈楚君（2岁），用手护着她的是二姑母陈婉琴，那年16岁。

祖父陈翰青，是县衙职员。陈家几代都是一线单传，直到我祖父祖母，才人丁兴旺。到了20世纪五十年

1930年，陈四益全家合影，摄于秋霞圃

代，祖母常要计算家庭人数，竟有数十人之众——当然，她是把儿子、女儿，媳妇、女婿以及孙子孙女、外孙子女，无内无外，统统都计入陈家门庭的。拍此照片时，父亲尚未娶妻，所以，用嘉定老话说，我还在“坑缸板浪拾赤豆”呢。

父亲这一辈，照片中有三男、四女。其实，本来养活的男孩有四位，名字是按“声、振、家、邦”排序的，因三子家华早夭，所以照片中只余三位了。他们对“声振家邦”这类“老八股”的名字似乎不大喜欢，所以父亲后来自己取了个字，叫“当时”。振华、邦华两位叔叔也分别取字为“同时”与“及时”，后来都以字行，祖父倒也听之任之，由着他们了。

四位姑母，大姑母在照片拍摄后没两年便过早去世，留下了表哥吴江枫。二姑母陈婉琴原是考取上海一所医学院的，但因交不起高昂的学费，只好另考了公费的南京中央政治学校，后又因参加学生运动被除名，于是到北平在北京大学借读旁听，准备次年报考北大。但“一二•九”运动后，华北危急，便又与同学一道奔赴延安，改名陈楚平。三姑母陈嫵琴，是1937年“八•一三”第二次淞沪战役之后，随家逃难到西安后，因得到二姑母传信，也奔赴延安的。三姑母参加革命后，一方面为了避免牵累家人，一方面也对原来过于柔弱的名字不太喜欢，遂谐其原音（这原音是要按嘉定话读的），更姓改名为成也竞。至于小姑母本来就因世风改变，没有随几位姐姐的名字排行，取了楚君的名字。二姑母改名楚平，倒是随了妹妹呢。

他们在延安也留下了一张老照片。后排左起是余宗彦（三姑父）、成也竞和陈楚平。前排两位都是他们在解放日报的同事，一位是后来担任过新华社上海分社社长、新华社总编辑的赵棣生，另一位是后来担任过北京市委书记、煤炭工业部部长的高扬文。

大姑父吴志廉，一直在上海交易所工作。大表哥吴江枫在之江大学读工程（20世纪中叶并入浙江大学），毕业后到北京长辛店铁路机车厂工作，成为技术骨干、中层干部。及至“文革”，长辛店铁路机车厂名列“六厂二校”，成了“出经验”的地方。传达有关文件时，我听

抗战时期，赵棣生、高扬文（前排左起）、余宗彦、成也竞和陈楚平（后排左起）在延安合影

到他竟成了“从宽”的“典型”，真不知道“罪”是由何而来，“宽”又从何谈起！

父亲在抗战前担任苏州一所专科学校校长，1937年“八•一三”淞沪战役之后，苏州已成前线，师生纷纷离校。父亲在校为校长，在家为长子，遂肩负起带领家人及尚困校内无法回家的十几位学生逃难内迁的责任。经武汉，安顿好学生，又转道西安。送三姑母陈嫵琴奔赴延安时，父亲说：“你们去为国，我来为家。”于是率祖父母、小姑母及子女三人开始了长达十年的流亡生活。老的老，小的小，为生计还要不断地转换学校，谋求续聘或转聘，直到1947年才携家回到上海。父母一生做的都是教育工作。三叔陈同时一直做财会工作，始终不曾离开苏州。小叔陈及时则是随学校与同学从另一条路入川的。49年以后，他进中国人民大学学习，后来成为对外经济贸易大学统计学教授。小姑母陈楚君，很早就参加教育工作，1949年后入华北“革大”学习，后来在中央办公厅工作。照片上唯一健在的她，今年也已届米寿之期。

一张老照片，记录了一家人当年的情景，也是家庭变迁的一个节点。从嘉定走出后，全家再也无人在嘉定定居。嘉定，对于我这一代和我们的下一代，只是父辈们口说、我们心驰神往的故乡了。

家风家训与嘉定地方社会

王光乾

古贤云："物格而后知至，知至而后意诚，意诚而后心正，心正而后身修，身修而后家齐，家齐而后国治，国治而后天下平。"[1]这段被历代仁人奉为至理名言的古训，其精神内核在笔者看来可以理解为私德能够决定家风，家风能够决定民风，乃至士风、官风，从而最终关系到国家民族的治乱兴衰。

事实上，仁人志士真正能够走上治国平天下历史舞台的寥若晨星，他们济世利群的实践往往在族人、邻人、乡人中展开。他们在修身治家上的探索和坚守，成就了自己，培育了子孙，发展了本族，造福了桑梓。这在嘉定这座素有"教化之邦"美誉的城市的历史记忆中，有着很多鲜活的实例，不少内容至今仍然闪耀着智慧和人性的光芒，非常值得今人思考和借鉴。

早在宋代，嘉定地区就已涌现出最早的一批世家，如练祁市孙载家族、外冈杨滋家族、蒲华塘龚宗元家族等。明清以迄民国，在县城及各乡镇散居着一大批望族，如明代城中徐学谟家族、金兆登家族，南翔张任家族、李流芳家族，安亭张意家族，娄塘唐爱家族、何平家族，广福须之彦家族，清浦瞿仁家族，罗店施凤仪家族；又如清代城中曹仁虎家族、陈诗庭家族、王鸣盛家族、黄汝成家族，南翔李赓芸家族、程庭鹭家族，戬浜王敬铭家族，望仙桥钱大昕家族，石冈赵俞家族，马陆封锡爵家族；再如民国城中顾维钧家族、胡厥文家族，南翔陈家栋家族，以及寓居嘉定的福建同安曾铸家族等等，总计不下数十家，在嘉定区域历史乃至中国历史上留下了或深或浅的印记。[2]

不可否认的是，在传统农业社会里，这些世家望族在嘉定地方上享有较强的控制权和话语权，是精英人群的产出地和孵化地，是公共事业的创建者和襄助者，是地方社会的召集者和领导者，是文化艺术的创造者和传承者，是士风、学风与民风的养成者、塑造者和优化者，在区域社会中扮演着举足轻重的角色。而之所以如此，不仅仅是因为其掌握了非同寻常的政治和经济地位，而是因为他们诗礼传家，制订了并传承着优良的家训家风，从而在修身、齐家、利群三者之间创建了有机的关系，为地方社会带来缕缕惠风。

笔者关注嘉定家风家训有年，搜集有关本地的家风家训资料数十种。包括系统的家训、家规、家宪、族党规约，以及包含家风信息的宗祠记、义庄记、墓志、名言等各种文献。经过排比研究，窃以为其精神内核主要有以下六点：

一、励志勉学 学贵立品

大族若不能保持文化优势，最多只能是财主，故无不把对子孙的教育作为头等大事。如南翔陈氏的《训声》中说："我族人丁日盛，政农工商各执一业。然任从何业，必先读书识字。子孙读书之费，必不可省。"[3]

值得当代家庭教育学习的是，这些家训倡导智育和德育并举，尤重德育。如外冈杨氏《家规十二则》中称："择端悫师友，将正经书史严加训迪，务使沐浴诗书之内，出入孝友之中。他日做秀才便为良士，做官长则为良臣，就是为农工商贾，亦不失为安分之良民。"[4]城中廖氏《求可堂家训》也推崇"读书尤以立品

[1] 《礼记•大学》。

[2] 详见拙著《诗礼传家——嘉定望族》，上海文化出版社2014年版。

[3] 民国《南翔陈氏族谱》卷一。

[4] 清《练川杨氏族谱》卷首。

家規十二則

一展祠墓祠乃祖宗神靈所宅墓乃祖宗體魄所藏子孫思祖宗不可見見所宅所藏之處即如見祖宗時而祠祭時而墓祭猶恐不敬矧可不至乎此事死如事生事亡如事存之道族人所宜首講者

一睦宗族嘗謂睦族有三要曰尊尊老老賢賢輩行最長者尊也則毋敢觸犯輩行雖卑而齒邁者老也亦當待以高年之禮有德行可師者賢也賢者乃本宗楨幹當親炙之景仰之每事就

清《练川杨氏族谱》书影

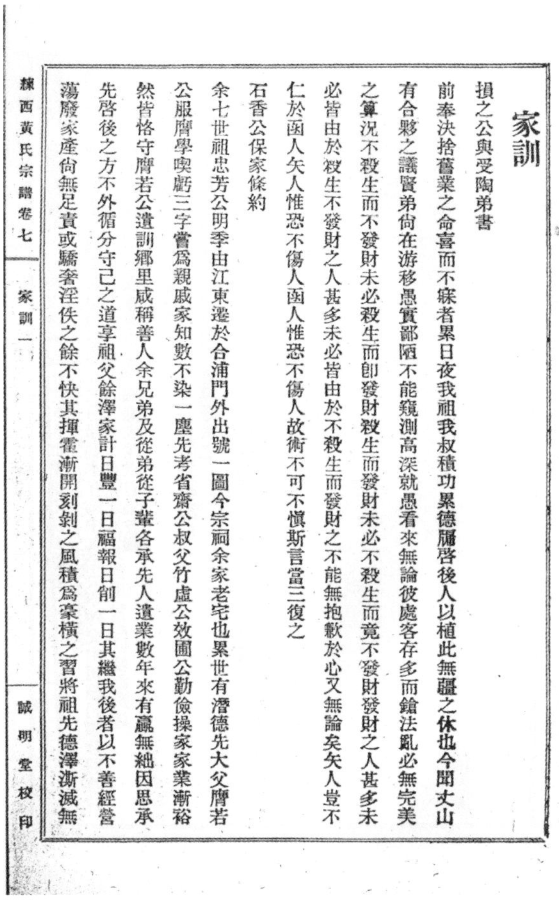

家訓

損之公與受陶弟書

前奉決捨舊業之命喜而不寐者累日夜我祖我叔積功累德牖啓後人以植此無疆之休也今聞丈山有合夥之議賢弟尚在游移愚實鄙陋不能窺測高深就愚看來無論彼處客存多而鎗法亂必無完美之算況不殺生而不發財未必殺生而卽發財殺生而發財未必不殺生而竟不發財發財之人甚多未必皆由於殺生不發財之人甚多未必皆由於不殺生而發財之不能無抱歉於心又無論矣矢人豈不仁於函人矢人惟恐不傷人函人惟恐不傷人故術不可不愼斯言當三復之

石香公保家條約

余七世祖忠芳公明季由江東遷於合浦門外出號一圖今宗祠余家老宅也累世有潛德先大父膺若公服膺學喫虧三字嘗爲親戚家知數不染一塵先考省齋公叔父竹虛公效圃公勤儉操家家業漸裕然皆恪守膺若公遺訓鄉里咸稱善人余兄弟及從弟從子輩各承先人遺業數年來有贏無絀因思承先啓後之方不外循分守己之道享祖父餘澤家計日豐一日福報日削一日其繼我後者以不善經營蕩廢家產尚無足責或驕奢淫佚之餘不快其揮霍漸開刻剝之風積爲豪橫之習將祖先德澤漸滅無

練西黃氏宗譜卷七　家訓一　誠明堂校印

民国《练西黄氏宗谱》书影

为先”。[5]西门黄氏代表人物黄鋐在其所著的《保家条约》中也说：“读书即不为科名起见，必得讲明圣贤道理，方可为人养正之功。责在蒙师，所系重大。子弟或有苕发颖秀者，文行交修，华实并茂，尤不可少名师裁成。”[6]

清代的钱大昕、王鸣盛既是学术巨擘，又是人伦师表，不仅直接带动了两个家族的子弟刻苦向学，修品立德，在端正嘉定的士风和学风方面亦居功甚伟，影响匪浅。其后的嘉定士子师法钱、王，致力学业，洁身自爱，哪怕在学问上没有建树，也特别看重自己的品节。无怪乎《光绪嘉定县志》卷首谭钧培序曰：“王光禄（鸣盛）、钱少詹（大昕）两先生崛起于乾嘉之间，人伦师表，履蹈粹然，博大闳深，海内宗仰，为一代儒者冠冕。后之学者仰承轨躅，无不以潜研经义、躬行实践为宗。”同书卷八《风俗》亦称：“乾隆以后，宗仰钱、王，通经学古，穷达一节，即朴遬无文，亦复束修自好。”

二、孝悌传家 诚信立身

宋代的龚明之自幼受祖父母教养。祖母李氏曾梦到神仙告诉她说：你可以活到七十二岁。大观年间，七十二岁的李氏果然一病不起，想到自己寿限已至，料定在劫难逃，倍感凄凉。明之见状，心有不忍，遂先后七次焚香于头顶，祷告上天，宁愿自己少活五年，以延长祖母的寿命。香烟的熏灼令明之头痛难忍，甚至脑中产生爆裂之声，但他始终不为所动。精诚所至，金石为开。不久，李氏病愈，果真又活了五年。明之的祈祷和李氏的康复之间未必有因果关系，但他的孝行却是至真至诚的。

龚明之生平“不作貌言（假话），每自谓平日受用，

[5] 民国《嘉定廖氏宗谱》卷六。

[6] 民国《练西黄氏宗谱》卷七。

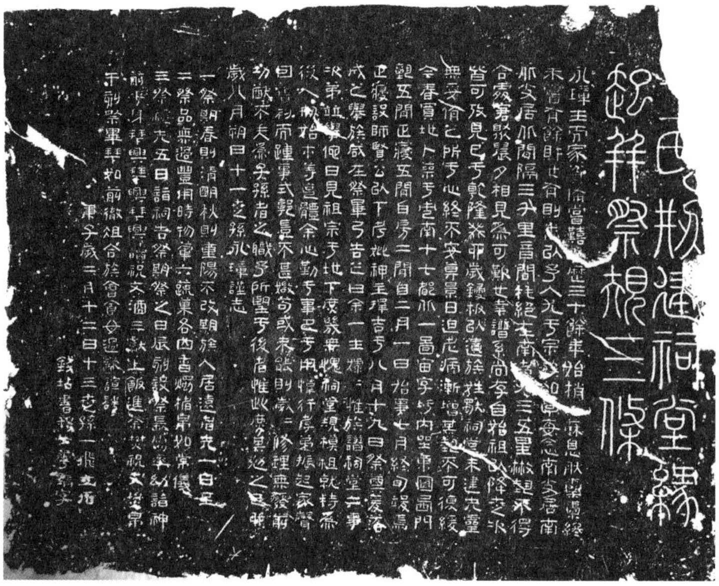

《王氏创建祠堂缘起并祭规三条》石刻（拓片）

唯一‘诚’字”。[7]绍兴二十年（1150），龚明之中举人，时年已六十，友人劝其将年龄改小，为日后发展留有余地，他笑曰：“吾平生未尝妄语，且不敢自欺。”[8]坚持如实上报。

龚明之孝义诚信的磊落品格，在士大夫中广受好评。时在两浙西路任监司的郑兴裔曾予以高度评价：“倡明圣道，绍孔孟之心传；敦叙彝伦，拟曾闵之至行”，“立德立言，多士矜式”，“孝行节谊，著于乡闾。”[9]

龚明之得到时人的爱戴和尊重，被奉为世人学习的楷模：

> 乡人教其子弟，必以先生为法；路人一见，悉以手加额，相与逊道而过之；下至田夫野叟，诵其所为，则目为佛子。其他识与不识，皆曰“老先生”。其殁也，士大夫跋涉舟车数十里，哭先生之丧；虽鄙夫小人、道相违者，亦皆出为涕。[10]

对于诚信，各家家训也都不约而同地着重强调。如外冈杨氏《家规十二则》专门强调子孙“为工者不可作淫巧，售敝伪器物”。[11]南翔陈氏《宗规十二条》中要求子孙在交际中要务必“敬信”。[12]

三、勤俭持家 节约用度

不管是创业还是守业，嘉定世家大族无一例外地以勤俭为铁则。外冈杨氏《家规十二则》有“勤职业”、“崇节俭”两则，并在后一则中强调“且以俭示后，子孙可法，有益于家；以俭示人，敝俗可挽，有益于国”。[13]清钱大昕在《钱氏宗祠记》中与同宗成员共勉道：“无忘祖宗淳朴之遗，相勉以孝悌，而勿流侈靡，以致后不能继。”[14]清王永璋在《王氏祠堂规例》中要求合族子弟务必“勤于事，节于用”。[15]城中廖氏《求可堂家训》的“四要”中，特意将“要勤俭”放在了首位。[16]西门黄氏《保家条约》也劝诫子孙：“服御、饮食及一切动用器皿皆宜质朴，婚嫁务崇省俭，即丧葬大事，亦不得踰分越礼。”[17]

---

[7] 宋郑兴裔《郑忠肃公遗集》卷上《荐举龚明之状》。
[8] 宋龚明之《中吴纪闻》附《龚明之传》。
[9] 宋郑兴裔《郑忠肃公遗集》卷上《荐举龚明之状》。
[10] 宋钟离松《宋宣教郎龚先生（明之）墓志铭》，载明都穆《吴下冢墓遗文》卷一。
[11] 清《练川杨氏族谱》卷首。
[12] 民国《南翔陈氏族谱》卷一。
[13] 清《练川杨氏族谱》卷首。
[14] 清钱大昕《潜研堂文集》卷二十一。
[15] 民国张启秦《望仙桥乡志稿》之《祠庙》。
[16] 民国《嘉定廖氏宗谱》卷六。
[17] 民国《练西黄氏宗谱》卷七。

戬浜王氏晚明时的代表人物王绳爵常年与雇工一起参加农业劳动，不避风雨，家业隆隆而起，最终富甲一方，为家族日后的发展奠定了雄实的物质基础。

《光绪嘉定县志》卷八《风俗》载："道光季年，渐趋华竞。浮薄少年，衣食粗裕，动辄肩舆。自徐桓生观察（经）、朱亮甫太守（右曾）先后回里，年逾耆艾，安步当车，陋习为之一变。"即道光末年，嘉定风俗渐趋奢靡，攀比成风。年轻人只要家境尚好，哪怕身强体壮，出门必乘轿。而自高位致仕还乡的徐经、朱右曾，不但告诫子弟不可效仿，而且以身作则，虽年过花甲，依旧安步当车。最终，青壮年乘轿的陋习不见踪影，奢华之风也被逐渐洗除。

四、清廉正直 洁身自好

康熙四十七年（1708），福建永定县举人廖冀亨出任苏州吴县知县。在任三年，赈饥有法，断案如神，尤其敢于剔除税粮征收中的积弊，受到合县百姓的爱戴，也得到苏州知府陈鹏年、江苏巡抚张伯行等廉吏的器重。而为人贪横的两江总督噶礼与陈、张二人不睦，廖冀亨也因不肯媚事他而遭到忌恨。康熙四十九年（1710），朝廷听信噶礼的一面之词，将陈鹏年与廖冀亨同时罢官。廖冀亨搬出县衙之日，囊中仅余铜钱十九枚，人称"十九青钱大清官"。这个贫穷的县官凑不够回乡的盘缠，只好流寓在苏州，子孙最后在嘉定落地生根。

吃、喝、嫖、赌、毒，害人败家，各族均三令五申，教育子孙不可沾染。廖氏《求可堂家训》的"四戒"中特别强调了"戒赌博，戒贪酒"。[18]戬浜王氏晚清时的代表人物王惟成，在《重建王氏宗祠碑记》中与本族子孙相约："有好饮、赌博"者，当执行家法，予以惩戒。[19]

寓居嘉定的闽籍富商曾铸不但告诫族人远离毒品，还对吸食大烟的丑恶现象深恶痛绝，认为"鸦片不除，中国无由争存"，[20]于是出资率先在嘉定县、上海县创立戒烟会——"振武宗社"，劝导吸毒者戒毒，并免费赠送相关药物，收效显著。各地纷纷效法，支社接踵而起。在曾铸的直接和间接影响下，成功戒毒者多达数万人。

五、热心公益 造福桑梓

"嘉道以来，秦、黄诸大族偶遭灾赈，踊跃倡捐，不烦劝募。"[21]秦即城中世善堂秦氏，黄即西门黄氏，两族都世代传承着济世利群的家风。

道光二十九年（1849），嘉定遭遇空前严酷的水灾。米价腾踊，每升从三十五文涨至六十八文。官办义仓存粮甚少，杯水车薪，无法开赈。县令陈镕缺乏才干，一筹莫展。百姓走投无路，铤而走险，抢打富户和米铺，社会乱象丛生。秦家的代表人物、七十九岁高龄的秦溯萱不顾年迈，挺身而出，先后采取如下措施：一、带头捐献钱粮，以补义仓之不足。二、秦家钱庄以最低的利息大量向灾民放款，秦家当铺也尽可能地接受灾民的典当。三、自掏腰包，以工代赈，招募灾民修葺秦家花园。在秦溯萱等正直士绅的不懈努力下，灾情渐渐平复，社会趋于稳定，一场动荡被消弭于无形。

清黄鋐《保家条约》中专设一条阐明该族对公益事业的态度：

> 公事贵实心也。凡有益桑梓者，能身任则身任之，否则襄助，以期有济。不可萌悭吝心，亦不可作自私自便计。倘水旱灾荒，公事中为极大，尤当不遗余力。[22]

道光十八年（1838），黄鋐出资重建嘉定城西门护国寺外的众安桥。道光二十六年（1846），又与徐经共同创办了洒埽会义塾。初学举业的贫寒子弟可以免费入塾学习，也可从义塾领取束脩自行择师。参加州试、院试，酌情给考费。若院试后受招参加复试，另给盘缠。黄、徐二人的这一善举，促进了当时嘉定地方教育和科举事业的发展，功不可没。黄鋐之兄黄钟除多次捐资赈灾、浚河之外，还持续捐助育婴堂达十数年之久，"活

[18] 民国《嘉定廖氏宗谱》卷六。
[19] 清《嘉定王氏支谱》卷首。
[20] 民国《嘉定县续志》卷十一《曾铸传》。
[21] 光绪《嘉定县志》卷八《风俗》。
[22] 民国《练西黄氏宗谱》卷七。

婴儿数百口，费私钱亦数千余缗”。[23]朝廷屡屡要授以官职作为奖励，皆力辞不受。

在仁义为怀的家风熏陶下，嘉定先贤不仅在灾荒面前挺身而出，仗义疏财，而且未雨绸缪，防患未然，创建了一系列能够长期运行的慈善组织、慈善基金，其中最具代表性的非义庄莫属。胡氏安定义庄是嘉定历史上的第一座义庄，由前人大副委员长、民主建国会主席胡厥文先生的高祖父胡起凤创建于清道光年间。在胡家的示范作用下，客居嘉定的闽籍富商曾铸、著名外交家顾维钧之父顾溶先后于光绪和宣统年间创建了曾氏瑞芝义庄、顾氏承裕义庄，南翔陈家栋家族也在民国时期创办了陈氏义庄。无一例外，四家义庄从筹划到建成都至少经过了两到三代人的长期积累和不懈努力。没有仁者爱人的胸怀和百折不挠的毅力，恐怕是无法完成的。

义庄以地产和房产为基础，资助对象主要是本族、亲族、友朋、乡邻中的弱势群体，覆盖恤贫、济急、养老、扶幼、救灾、助学、助婚嫁、助丧葬等方方面面，是一种小而全的民间自助性的慈善组织。顾氏承裕义庄有良田“二千三百亩有奇”，收入可使族戚中“贫乏者寒有衣，饥有食，疾病有医药，子女有婚嫁，生有养，死有葬”。[24]曾氏瑞芝义庄有“常稔田一千五百八十亩有奇”、房屋若干间，规划详密，考虑周全，“凡鳏寡孤独废疾之养，吉凶祭祀之需，备荒积谷之有资，童蒙设教之咸备，推之本支、外戚、受业先师”，[25]庄中还设有义塾，教授中西知识，本族子弟、异姓子弟，甚至佃农子弟，都可免费入学。尤其值得称道的是，瑞芝义庄还提供深层次的人文关怀，对于误入歧途的子弟，督令他们入庄中的洗心所自省，并给予反复教育开导，务必使其改过向善。

义庄不占用政府资源，却分担了一部分政府职能。以当今社会学的角度来考察，它无疑是一种非常好的非营利性社会组织。其运行机制和人文资源，值得我们深入探索和积极借鉴。南翔陈氏义庄的出资人之一、曾经留学日本的陈家栋曾对义庄和国家慈善事业的关系有一段精辟的论述，入情入理，发人深省。

义庄之养老怀幼诸举，与国家之慈善事业同一旨趣。国家为全民族之总枢，敷施政治，经纬万端，或有未能兼顾者。若以族为单位之自治团体，每一家族各有一义庄，则全国之慈善机关几若恒河沙数，岂复有无告之民乎？是义庄者，代国家养老怀幼也。[26]

六、开明睿智 崇尚新知

西门黄氏清末代表人物黄宗起是嘉定最早认识到西学重要性的人物之一。当大多数士人还沉浸于四书五经、醉心科考之时，他却开风气之先，要求二子世礽、世祚兼习外文和算学，以致令“邑人士相顾骇诧”。[27]其侄黄世荣推己及人，于光绪二十四年（1898）斥资白银数千两，在家中设立普通中英学社，延聘名师，向嘉定学子传播外文和西学。直至光绪二十九年（1903），清政府明令废科举，办学堂，引入西学课程，人们才如梦方醒，叹服黄氏有先见之明。

更难能可贵的是，黄家特别注重女子教育，并明确写入民国三年（1914）新修的《族党规约》中：“吾族子弟不论男女，已届就学学龄，必须入学。如有学龄已届，父兄不令入学者，族长得强迫之，族人得督促之。”

黄家在教育上的觉醒和先行，对当时嘉定地域内的旧道德、旧思想形成了巨大的冲击，引领了一代嘉定学子开眼看世界，呼吸新鲜的学术和自由空气，直接和间接造就了一批彪炳史册的英才，其中包括不少女贤，如名记者浦熙修、医学家葛成慧等。

---

[23] 清毛岳生《休复居文集》卷五《黄损之（钟）墓志铭》。

[24] 清袁树勋《顾氏承裕义庄碑记》，载民国《嘉定县续志》卷十三《金石》。

[25] 清章鸿森《曾氏瑞芝义庄规条序》，载清《曾氏瑞芝义庄全案》卷上。

[26] 民国陈家栋《陈氏义庄汇录序》，载民国《南翔陈氏族谱》卷一。

[27] 民国黄世祚《先考止盦府君（黄宗起）行状》，载民国《练西黄氏宗谱》卷三。

嘉定竹枝词略考

朱少伟

长期以来，上海嘉定竹枝词佳作繁多，精彩纷呈。

竹枝词，亦称衢歌、棹歌、杂咏等，源于巴渝（今重庆）一带的民歌。唐代诗人刘禹锡任夔州刺史时，根据民歌改作新词，写了《竹枝词》等组诗，歌咏三峡风情，并曲折地流露自己遭受贬谪的心情。这些作品不胫而走，流传颇广。从此，历代诗人常以竹枝词吟咏乡俗和儿女之恋，形式皆为七言绝句，声调轻快，语言流畅。

嘉定竹枝词颇有渊源，但最早对其推广起到重要促进作用的是清代嘉定人王鸣盛（1722—1797）、钱大昕（1728—1804）。王鸣盛少即善诗文，为乾隆年间进士，初授翰林院编修，后官至内阁学士兼礼部侍郎，他首先撰下《练川杂咏》（六十首），并在《自序》中说：“嘉定之为县，本宋昆山东境练祁市，宁宗嘉定间析置县，即以纪年名之。予家先世居昆山，先大父卓人先生移居嘉定。甲戌春日，京邸无事，怀故乡景物，捃摭旧闻，作绝句六十首。其中援引，多邑志所未载，后之采风者或有取焉。”王鸣盛的《练川杂咏》，用“三江烟水接溟蒙，最好东吴更向东。荷叶菱丝秋瑟瑟，放船恰趁鲤鱼风”开头，描述令人难忘的嘉定风情，或景或物或事皆倾情，终以“江村烟景足盘桓，两岸无山野色宽。相约比邻老兄弟，风阑雪艇下渔竿”来收尾。钱大昕早年便以诗赋闻名江南，同为乾隆年间进士，曾任詹事府少詹事、广东学政，他读了王鸣盛的《练川杂咏》，欣然作《练川杂咏和韵》（六十首），并多加注释，如“渔灯横照绿波明，插藕编蒲岸岸平。沙里钩来乡味好，绝胜糖蟹（按：即一种腌蟹，制作时须在稀糖中浸一段时间）与糟蛏”，附注曰：“沙里钩，蟹属，以沙中钩出故名。”“菱角青青豆荚黄，秋成风候未全凉。老农曲指稻将熟，下马试看乌野香”，附注曰：“乌野香、下马看，皆稻名。”“沙外平沙村外村，黄墩东望是雷墩。吴船贩取秋瓜去，柔橹咿呀划水痕”，附注曰：“黄墩在县西南二十里。雷墩在县西南五里，产西瓜最美。”王鸣盛之弟王鸣韶（1732—1788）在家独侍二老，闭门读书，诗列“江左十子”之一，他读了王鸣盛的《练川杂咏》，亦作

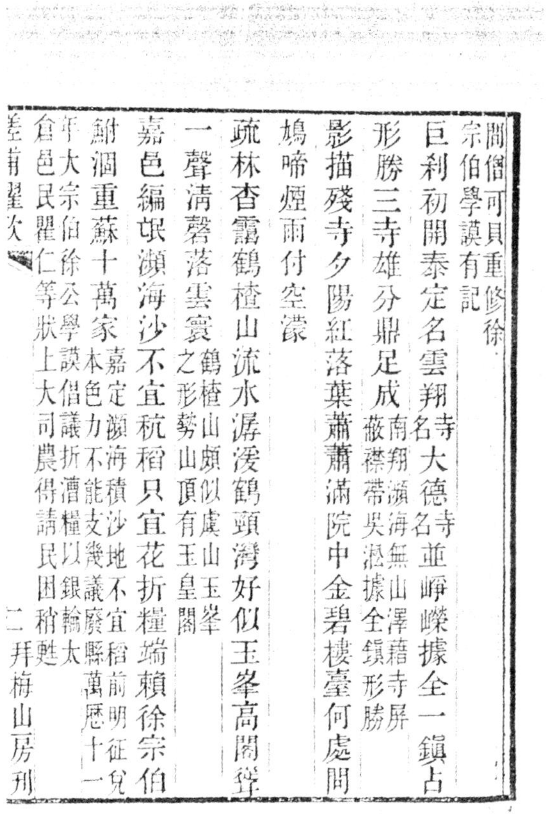

闍僧可貝重修徐
宗伯學謨有記
巨刹初開泰定名雲翔名寺大德名寺並崢嶸據全一鎮占
形勝三寺雄分鼎足成南翔濒海無山澤藉寺屏蔽襟帶奥衍據全鎮形勝
影描殘寺夕陽紅落葉蕭蕭滿院中金碧樓臺何處問
鳩啼煙雨付空濛
疏林杳靄鶴槎山流水潺湲鶴頸灣好似玉峯高閣聳
一聲清磬落雲寰鶴槎山頗似虞山玉峯之形勢山頂有玉皇閣
嘉邑編氓瀕海沙不宜秔稻只宜花折糧端賴徐宗伯
鮒涸重蘇十萬家嘉定瀕海積沙地不宜稻前明征兌本色力不能支幾議廢縣萬歷十一
年大宗伯徐公學謨倡議折漕糧以銀輸太
倉邑民瞿仁等狀上大司農得請民困稍甦
槎浦櫂歌　二　拜梅山房刊

陈松《槎浦棹歌》书影

《练川杂咏和韵》六十首，并在《自序》中说："家兄向有《练川杂咏》六十首，钱竹汀（按：即钱大昕）学士次韵和之，极为博雅。余复采集杂事，续和若干首，亦可少补志乘之略。惟见闻浅陋，词句鄙俚，不堪步两先生后尘耳。"王鸣韶的《练川杂咏和韵》，每首都加注释且较详细，如"为闹元宵雨乍晴，箕姑响卜对抬行。天时渐觉春阳好，却待花朝赏彩轻"，附注曰："《赵志》：'俗以正月十五夜击锣鼓，曰闹元宵。又以筲箕插箸，蒙以巾帕，两人对抬请箕姑神，至则能写字，以应卜者所叩。二月十二日为花朝，剪彩条系花树，曰赏红。'""蚕豆花收麦浪沉，漫忧疰夏病相侵。呼儿牵浆前村去，轧轧哇鸣溪岸深"，附注曰："《杨志》：'俗产蚕豆，大如拇指，佳于他邑。'夏至日用蚕豆、小麦煮饭，名夏至饭。戒坐户槛，云犯之得疰夏病。谚云：'田鸡叫得响，田内要牵浆。'""黄梅时节雨丝丝，茶试旗枪蟹眼迟。闲凭芥浮阁上望，三张画景四君诗"，附注曰："俗以黄梅时受雨水煎茶，有藏水至数年者。芥浮阁，郑闲孟所居。张彦，字伯美，子芑，俱工画，与张宏齐名，称'吴下三张'。明邑令谢三宾刻《嘉定四君集》。"他们那别具一格的作品，颇似反映嘉定人文掌故的壮丽画卷，后皆被收入《先泽残存》；而三位诗赋名家"开风气之先"以竹枝词来唱和，不仅有助于它摘掉"俚词"的帽子，更有助于它的不断普及。

随后，嘉定竹枝词进入一个新的发展时期，不仅出现了像陆遵书（清乾隆二十四年举人，曾以画被钦取内廷侍直）所撰的《练川杂咏》（六十首）、瞿中溶（1769—1842）所撰的《续练川杂咏》（二十八首）之类的"名篇"，对地域风物进行综合描述，也出现了像愿花常好馆主人所撰的《疁城竞渡竹枝词》（曾载于1879年7月4日《申报》）、张锡爵（1692—1773）所撰的《白鹤江棹歌》之类的"力作"，对传统节俗或水乡风情进行专门介绍。另外，还出现了几个竹枝词多有涉及的乡镇，如涉及嘉定黄渡的竹枝词，较出色者有金襄（乾隆四十六年进士）的《黄渡竹枝词》、顾荃的《黄渡竹枝词》、李荣春的《黄渡竹枝词》、盛廷猷的《黄渡竹枝词》等；涉及嘉定安亭的竹枝词，受赞誉者有张昉的《安亭竹枝词》等；涉及嘉定南翔的竹枝词，较著名者有陈松的《槎浦棹歌》等，它们都是极好的乡土教材。

若论及撰嘉定竹枝词最多的作者，当推清代光绪年间的陈松，他的《槎浦棹歌》多达一百首。他在《跋》中说："余家南翔，即槎浦之滨……偶于故纸堆中检出昔时仿朱竹垞太史《鸳湖棹歌》，制为此词，略加点勘，亟录存之，计得百首。首列寺观者，镇以寺名，亦以寺重也。其次若人物古迹，若第宅园亭，及神祠（坛）祠墓，皆关乡党掌故，且亲历其境而讽咏之。兼之一二轶事者，以资见闻，博雅君子或有取焉。伤今怀古，意有交之致，不仅纪风土物产已也。"《槎浦棹歌》中，谈寺院的如"巨刹初开泰定名，云翔（寺名）大德（寺名）并峥嵘。据全一镇占形胜，三寺雄分鼎足成"，谈古树的如"一抹浓阴满屋除，槎溪胜地半邱墟。空庭老树垂头在，曾听东林人读书"，谈胜迹的如"檀园邱壑慕前贤，回忆鸥波一惘然。山雨楼空何处访，诗囊画稿付云烟"，谈节俗的如"仲春重庆作元宵，满眼花光月助姣。蜿蜒龙灯工剪采，六街如昼沸笙箫"，谈渔翁的如"细雨斜风鹤颈湾，渔翁蓑笠钓船还。出山人怅投纶晚，虚愿芦花浅水间"，谈牧童的如"牧童放犊水之涯，布谷声中雨似麻。待趁新晴天气好，手携小锉削棉花"，这些描述不仅非常生动、细腻，而且能给大家带来无限遐想。可以说，《槎浦棹歌》几乎就是近代嘉定南翔的"百科全书"，它能引人走进古镇历史的深处……

笔者留意嘉定竹枝词有年，由衷感到：它既是一个史料宝库，也是一朵民间文艺奇葩。现在所能觅见的许多前人作品，对于研究当地历史文化和社会风土，都有着极大的价值。

《嘉定方言词语汇集》读后感

张剑光

作为嘉定人，自然对家乡的方言特别感兴趣。小时候在老家，说的是一口纯正的嘉定话，原汁原味。有些话脱口而出却不知怎样写，有时很想知道这些话到底是哪些词语，但最后却是不了了之。后来到了上海，只几十里路，不但说话的音不一样，而且字、词有很大的差别。总感到自家的方言是很美好的，这发音老祖宗传给了我们，必定有其意思在内，如果到了我们这一代给扔了，是有点可惜的。

昔年读大学时，看到一篇论文考证《水浒》词语，作者洋洋得意，认为考出了不少今天使用的词语与《水浒》里的词语的差别。有个“面汤”，作者认为本该是喝的面条汤，没想到竟然是洗脸水，不能喝的。一看我就乐，我们嘉定洗脸水也是叫面汤，难不成我们嘉定都是梁山好汉的后代？想想这种词语可能是明朝流行的，当时大家全是这样说的，《水浒》作者不过是用到书里而已，而我们在生活中保持了明朝的一个词语。于是一直以为，我们嘉定的方言还是挺有渊源挺有文化的。

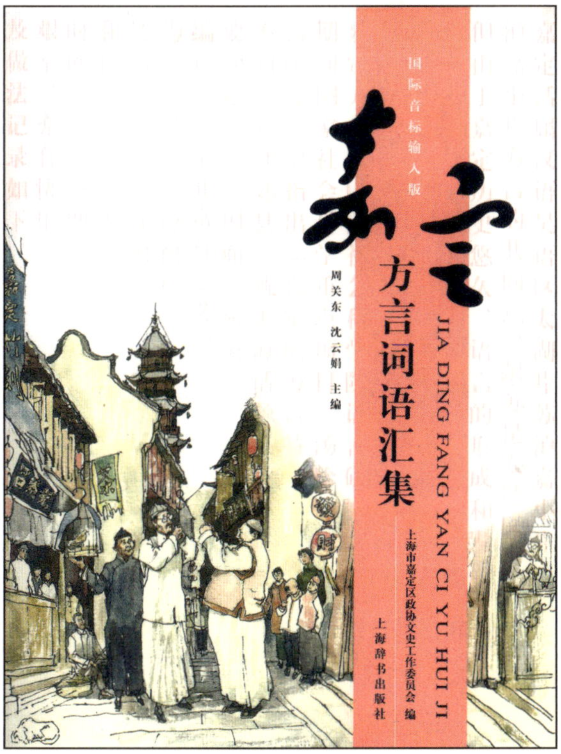

周关东、沈云娟主编《嘉定方言词语汇集》

去年有学者告诉我说有人编过嘉定方言的书。因为对家乡方言有兴趣，于是东打听西打听，这才知道上海辞书出版社2013年出过一本《嘉定方言词语汇集》，作者是周关东、沈云娟，遂设法搞到了一本，放在床头边，临睡前翻翻看看。书拿到时，先看了有没有“面汤”这词语，不出意料，果然在第144页上有，也是解释为“洗脸水”。此外还有一个“舀面汤水”，意思是“打洗脸水”。

今天一页明天一页地慢慢翻翻，发觉此书有不少好的地方。如全书是分类编排的，分成俗语、熟语、谚语、歇后语、詈语、基本词语几大类，而基本词语里分成身体容貌、行为举止、人物称谓等23个小类。先不说这样的分类是否完全妥当，但至少让我们阅读的时候十分方便，同一类的词语放在一起，可以对照，体会词语之间的差别。书的后面，有词目笔画索引，按图索骥，也方便了查找。

从整书来看，此书的长处我认为有几个方面：一是收的词语较多。今天流传的，或者今天使用不是太多的词语在书里都有，对保存嘉定方言作用巨大。二是为一些词语建立了书写的标准。收的词语中有不少今天只知读音而不知写法的，书中有了具体的文字书写，虽然这种写法不一定全部准确，但毕竟为后人立了一个

《嘉定方言词语汇集》书影

标准。比如书第270页，嘉定方言中指小气时有一个“蔑惜”的概念，这个写法是否妥当或可讨论，但该书为我们定下了这个字的书写标准。三是词语的解释十分简洁，不罗嗦。书中一个词语举一个例句，不用书证，便于当代人的快速阅读。四是图文结合，对一些特殊的物体还有简图，便于直观理解。

好话大体上说这些。因为是家乡人编著的书，或许有些偏爱，有些任性，请大家不要见怪。

接下来说说此书一些不足的地方。由于我看书没有连贯性，常是跳跃式的，因而发现的一些错误也是零散的，只是随便捡出一些例子来说明一番。

我发现，书中一些词语的解释不够完整。如第6页“白吃白奘”，解释为“不用菜吃饭”。按我的理解，这个词语一般是说吃饭时不用吃什么菜，人的身体反而会很强壮的意思。如第262页“乌苏”，解释为“不干净、不整洁”，这主要是从穿衣上说的，但民间常会说“今天天气很乌苏的”，往往是指天气既潮又闷，人感到乌苏，即不舒服的意思。

一些相同词语的解释不统一。如第134页“曲死”，解释为：吝啬、不识时务、不得好死的人；而同页“阿曲死”，解释为：不识时务、过于抠门的人。其实，曲死和阿曲死，所指完全相同，而书中的解释不一致，很难使人明白为什么会这样。

一些词语的解释不贴切。如第134页“狗屁”，解释为：语言文字不通顺、不合理。看到这里，令人不解。这个解释实是在说“狗屁文章”，而不是在解释“狗屁”，不知作者当时是怎样想的。再如第135页“透乱”，解释为：炫耀、鲁莽、冒失的行为。这个词语我认为解释有很大问题，嘉定话“透乱”是指人，实是指有炫耀、鲁莽、冒失行为的人。此词与“老卵”近似（第133页解释为：假充内行，自以为是的人），因而两词的写法标准似乎有一个不是太妥当。第168页“料泡”，解释为：煤油灯罩。其实料泡是指灯泡，我小的时候认为玻璃灯泡为“塑料灯泡”，大概就是从“料泡”这里引伸出来的。

一些词语的词性搞错。如第135页“落桥”，解释为：难对付的人。其实落桥就是动词，指使坏、作梗。

一些词语有缺漏。第135页立了“透乱”条，但方言中有“透乱结格”；第133页立了“老卵”条，但方言中有“老卵结格”，似应补上；第278页立了“逐个”、“逐个逐个”条，却不见“逐点”、“逐点逐点”等条，后者使用得可能更频繁。

一些词语有重复。如第264有“坍宠”条，第270页有“摊冲”条，两者其实是同一个词语。

个别词语的解释可能有问题。如第7页“有淘有伴”，解释为：有淘伴，有兴趣。解释为有淘伴、有伙伴是对的，但解释为“有兴趣”就有点难以使人理解了。

上述指出的一些问题，因为是随手翻阅的，我并没有查工具书，理解上或许会太主观，凭了自己的想象而产生一些误差，或许在嘉定城的东西南北各地理解一个词语各有所恃，会有所不同，而笔者是按着嘉定城北方言来理解的。因此所言肯定会有不妥，敬请各位赐教。

用真情描绘家乡的历史画卷

——记嘉定民俗画家严永芳

徐征伟

2014年11月26日，嘉定广播电视台微信平台在“推荐”栏目推出了《一份78岁老人给嘉定的礼物，你get了吗？》，介绍嘉定区华亭镇北新村袁桥严永芳老人创作的家乡民俗风情画；同日晚间，嘉定电视台《嘉定新闻》又以《耄耋老人忆当年　倾力绘制民俗画》为题，对严永芳老人的创作作了报道。消息播出后，老人与他的民俗风情画创作引起了家乡人民的广泛关注。

严永芳先生出生于1937年，是嘉定县华亭乡严家阁人，祖辈都是农民。先生从小就喜欢画画，乡间田头的花花草草、鸡鸭猪羊都成为他绘画的对象。对于儿童时候的绘画经历，他回忆道：“当年我在华亭新庙小学读书，记得有一次举办学区儿童书画竞赛会，有四五个小学的学生参加了比赛。当时比赛内容是先写一幅书法，再画一只橘子，结果我获得了第二名的好成绩。校方奖励给我一打铅笔、两打练习簿。”从此，他对画画就更情有独钟了。

1958年秋，严永芳创作的《月下罱泥》，发表于该年11月的《沪郊农民报》

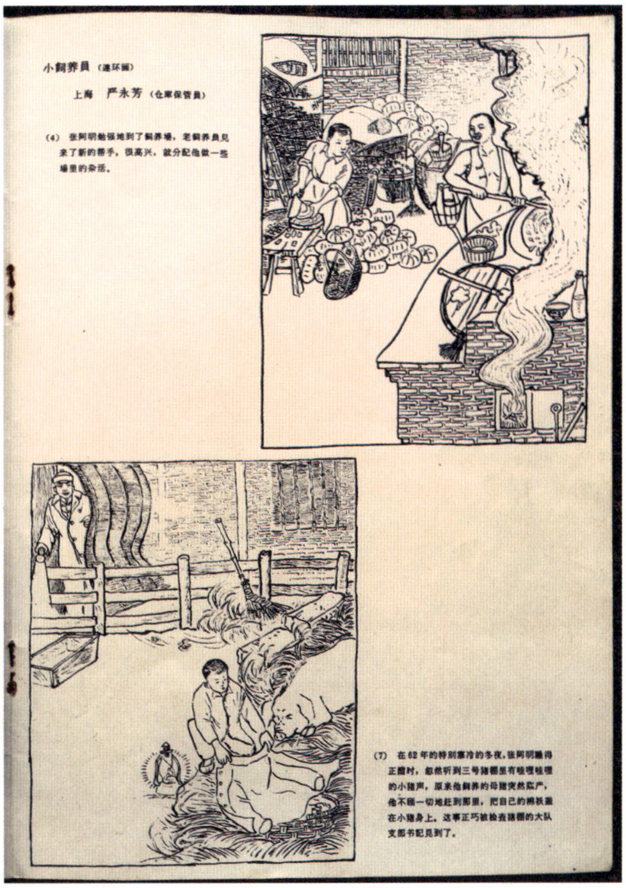

1961年夏，严永芳创作的连环画《小饲养员》（1965年《美术》第四期）

小学毕业后，严永芳就在家务农，但在此后的工作生活中，画画一直没有离开过他，成为了他精神生活的一部分。1957年后，梦想成为拖拉机手的他，成为了袁桥大队牧场的一位养猪员。期间，他用自己的生花妙笔，创作了一系列反映农村生活劳作的画作，如《月下罱泥》、《我们自己繁殖鱼苗》、《挖蛹》、《奶奶，又多了两只小鸡》等，发表在当时的《沪郊农民报》上；《只说不做的王阿大》发表在《嘉定文艺》上。

贴近生活、反映生活、描绘生活，一直是严永芳的创作主张。1964年夏天，由嘉定县文化馆推荐，他参加了上海市群众艺术馆举办的连环画创作培训班。短暂而紧张的学习期间，他以自己的养猪生活为蓝本，创作了连环画《小饲养员》，因广受好评，随后入选了在上海美术馆举办的展览。1965年春，该组作品又入选了在中国美术馆举办的"全国工农业余美术作品展览会"。时任中国美协副主席的著名画家蔡若虹，在1965年《美术》第三期上发表的专文《一卷丹青　一片丹心——记全国工农业余美术展览会》中对该作作了介绍，认为是难得一见的好作品，并作为优秀作品的代表刊登在该年的《美术》第四期上。该作后被中国美术馆收藏。

贡献才智，服务社会，也是严永芳一生的追求。1965年后，他被调到嘉定县手工业局从事嘉定黄草织品样品的设计，多年里他设计的创新样品深受外商的喜爱，为家乡黄草制品的生产与发展做出了一定的贡献。1972年9月，他曾代表嘉定黄草编织设计人员赴北京，参加由对外贸易部、第二轻工业部与文化部在民族文化宫举办的全国工艺美术座谈会。1979年底后，他因工作出色，被抽调到新成立的嘉定县工艺品公司下属的疁城绣品总厂，从事产品设计，任劳任怨，为嘉定这一传统民间工艺的传承与发展，做出了应有的贡献。1985年，绣品总厂成立了绣品服装分厂（后改为上海抽纱公司嘉定抽纱服饰联营厂），作为主要样品设计者，为了争取中东地区客商的订单，他一面观摩国外来样，一面广泛查阅各种资料，加深对阿拉伯地区风土人情、宗教信仰、生活水平的了解，创新设计出了带有自己个人风格的花样，以此制作的产品在中东市场享有了一定的声誉。由于他的表现优秀，1986年被评为上海市农机系统先进生产者，1989年5月13日的《解放日报》第二版发表通讯《独具匠心绘绣袍——记嘉定抽纱服饰联营厂设计员严永芳》一文，专门介绍了他的工作事迹。

1997年退休以后，严永芳先生除了参加家里的田间劳动以外，空闲时候还是会时常拿起手中的笔，画画那

严永芳先生在创作

严永芳先生的家：华亭镇北新村袁桥209号

些熟悉的生活。今年夏天，他萌发了创作家乡风俗画的念头，于是一发不可收，几个月里，先后画了有几十张。这批画作，以早年间嘉定农村传统的生产生活为题材，形象而生动地再现了当年乡亲们劳作的场面、日常生活的片段、饮食的习惯等，作品构图饱满，情节生动，刻画细腻，可谓雅俗共赏，观来亲切感人。民风民俗是一地风土人情的客观反映，是民俗文化的重要内容，在旧时民间社会生活中占有重要地位，它的形成是一个长期积累的过程，社会生活的许多方面都会在其中留下印记。进入新世纪以来，随着嘉定城市化的大发展，旧时传统农村的很多东西都慢慢消失了，但是作为历史的记忆，它的价值依然鲜活，因为它不仅是我们家乡生动的风情画卷，也是我们祖辈那些难忘岁月的一部分。

11月中旬，华亭镇文广中心在获知严永芳先生的创作后，对他的创作给予了肯定，并随后把他的画作在全镇各村举办了巡展。消息传到区里，于是就有了本文开头介绍的嘉定广播电视台的报道，及随后家乡人民的反响。

12月9日，我再一次来到华亭镇严永芳先生家，了解他的创作意图与经过。先生个子不高，身材清瘦，身体不是很好，但还是热情地接待了我。在谈到最初在看到这批风俗画时的心情，他的儿子严大龙说："从我内心来讲，看了后感到亲切，感到自然，仿佛这些故事就在身边，就在昨天，我们平常的生活就是这样子的。"先生接口说："画的就是自己的生活。"

在11月26日的《嘉定新闻》报道中，严先生是这样说的："我的这批画作，主要是反映自己童年的生活，表达对家乡的感情。画作中的有些人物就包括自己在内。"同时受访的当地村民汪荣祥说："这些画画得太像了，活龙活现的，都是我们农村碰得到的，也是我们亲身经历过的。"最后严先生说："我创作这批画的总题目就是：故乡情深。"是的，故乡情深，这是我们大家共同的心声啊！

今年5月，"家乡的味道"绘画作品展在嘉定图书馆成功举办，共展出严永芳先生近一年来创作的作品60余幅，展览吸引了无数的市民前来观赏。正如展览前言中所述的那样，"那一份最原始的家乡之情，最朴素淳朴的画风，勾起大家的回忆与共鸣"。这批画作让年长的观众回忆起那些年的乡村记忆，而一些没有乡村经历的小朋友则通过画作了解了当年农村的生活风貌。

严先生的家乡民俗风情画创作才刚刚开始，他说他还要继续画下去。我们有理由期待，凭着他的才情与热诚，随着他回忆的深入，将会有更多的画作问世，从而带给我们更多的惊喜。在此，我们衷心地祝福先生：身体康健，生活安详，创作愉快！

挖竹笋

从前嘉定农村几乎每家人家屋后都有个竹园。竹材的实用价值很高，田间劳作的农具、生活日用的器具、屋前宅后的篱笆等，每每取用。在清明前后，天气转暖，雨水充足，竹园里笋牙就破土而出。每当此时，各家都会拿上刀具、拎着小竹篮，走进竹园挖笋。通常是大人挖笋，小孩拎篮。鲜嫩的竹笋可以炒着吃，也可以做汤，清脆可口，大人小孩都喜欢。没有挖去的竹笋生长得很快，没过多少日子，就长成高高的竹子了。

该图描绘的是孩子跟着大人，在竹园里挖竹笋的情景。

挖竹笋

晒黄鱼

华亭北临江苏的浏河港，每年清明、谷雨时节，浏河港总会有大量渔船出海捕鱼。每当此时，乡亲们都会过去买回不少数量的黄鱼，当时有人买了贩到乡下，叫“贩黄鱼”。尝过鲜后，一时吃不掉的黄鱼，需要晒干，以便保存到日后再吃。咸黄鱼是当时嘉定北乡农村的一道家常菜。

该图描绘的是当年农家架起竹竿，晾晒黄鱼的场面。

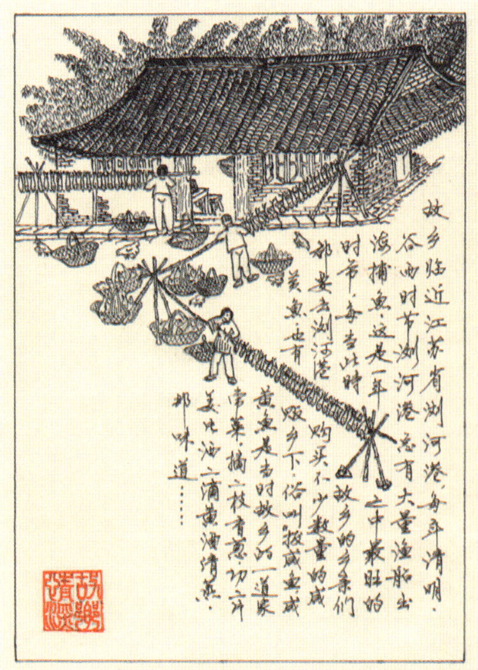

晒黄鱼

掼麦、扬麦

掼麦、扬麦

嘉定传统粮食作物为小麦与水稻。旧时生产力水平落后，每到收获季节（俗称农忙），广大农村的田间、宅头到处是一派忙碌景象。收割的、挑运的、脱粒的、装袋的，每每一人兼具数职。图中斜躺的农具叫稻床，是从前水稻、小麦等脱粒的专用农具。

该图描绘了农忙时节农民掼麦（稻）、扬麦（稻），与翻整、打包搬运稻谷（麦子）的劳作场面。

挂大蒜

嘉定白蒜是嘉定的重要物产，因具有蒜头肥大、瓣形粗壮、色泽洁白、内质脆嫩、辣味浓烈、耐于储藏的特点，历来深受国际客商的欢迎，闻名于国内外市场。大蒜在第一年的9月间播种，来年的5月底6月初收获。大蒜在拔出田地后，要晒上几天，然后切去尾梢干掉的茎叶，捆扎成把后，高高地挂藏于屋檐下，让其自然风干，到了大暑时再切去秆、削去根须出售。

该图描绘的是当时农村捆扎大蒜，登高悬挂于屋檐下的情景。

挂大蒜

踏咸菜

从前每到入冬以后，嘉定农村家家户户都要腌制青菜（嘉定俗称白菜）。自家田里的白菜收割后，要晾晒一下，然后一层层放入缸中，均匀撒上盐，用脚踩踏，最后在上面放上一块大的石头压住。过了十几二十天的样子就可取出食用了。腌菜用料除了白菜，另外如雪里蕻等也可同样制作。从前生活艰苦，咸菜是农村经常食用的家常菜。

该图描绘的是旧时农家在灶间踏咸菜的情景，图中的灶花图案都是一些喜庆吉祥的题材。

踏咸菜

“接沪”还是“接淞”：沪宁铁路嘉定段路线之争

岳钦韬

引言

横穿嘉定南境的沪宁铁路是一百多年来嘉定境内的交通要道，在经济、军事、政治、社会、文化等各个方面都发挥了重要作用，然而由于铁路归国家管理，其档案资料皆由铁路部门保存，因此地方上难以对铁路进行深入研究，史学界的江南铁路史论著也是凤毛麟角。为此，笔者以“沪宁、沪杭甬铁路与近代长江三角洲地区社会变迁”作为博士论文的选题，着重探讨铁路工程建设对地方社会的影响。在撰写过程中，笔者发现沪宁铁路嘉定段的路线布置有过一番曲折，经历了从“接淞”到“接沪”的过程。下文对此问题作一阐述。

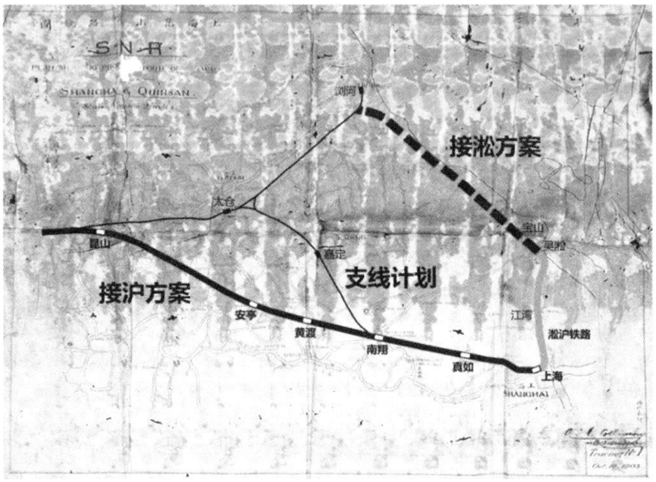

沪宁铁路上海至昆山段两种路线布置方案图

鉴于甲午惨败，列强谋取中国铁路修筑、贷款权日亟之势，1895年时任两江总督的张之洞于7月奏请清政府兴建江南地区的铁路，其计划为：“由上海造铁路以通苏州，而至江宁，旁通杭州，此路最有利于商。”路线分为“自镇至宁、自苏至杭两路，或官办或商办”，建成后可使“江宁、苏、杭联为一气”。[1]原吴淞铁路作为其中一部分（更名为淞沪铁路）得以重建，1897年2月开工，1898年9月通车。

与此同时，英国以最惠国待遇及利益均沾为由，于1898年4月向清政府提出承办沪宁铁路并随即签署《沪宁铁路草合同》。该合同签订后，督办铁路大臣盛宣怀曾派人会同英国怡和洋行工程师玛礼孙（G.J. Morrison）对沪宁铁路进行了初步勘测，[2]其总体计划乃从上海（属松江府）向西经太仓州、苏州、常州、镇江四府一州而抵江宁。

但此后英方仍不断要求扩大其利益，双方经协商后于1903年7月正式签订《沪宁铁路借款合同》，铁路建设随即启动。同年8月，以英籍工程师格林森（A.H. Collinson）为首的勘测队分四段对沪宁铁路进行详细勘测，上海至苏州为第一段。[3]10月10日，格林森绘制了上海向西，经真如、南翔、安亭至昆山的路线图，并通过沪宁铁路总公司递交给盛宣怀。铁路建成后除将昆山城外路线从城北移至城南外，[4]其余部分与此线基本相同。

[1] 《署江督张之洞奏筹办沪宁铁路已派洋员测勘分段兴造折》，王彦威、王亮编：《清季外交史料》第119卷，书目文献出版社1987年影印本，第15—16页。

[2] 交通、铁道部交通史编纂委员会编：《交通史路政编》第11册，1935年，第3121页。

[3] 沪宁沪杭甬铁路管理局编查课编：《沪宁沪杭甬铁路史料》，1924年，沪宁篇第37页。

[4] 《吴淞新开商埠仿照沪界办理片》，中国科学院历史研究所第三所编：《刘坤一遗集》第3册，中华书局1959年版，第1030页。

1898年4月，清政府以“淞沪铁路，将次竣工，商货往来，自必益形繁盛”而自行宣布吴淞开埠。[5]1903年6月，淞沪铁路向北延伸到了吴淞镇北的炮台湾。[6]因此在格林森勘测的同时，上海、吴淞一带的地方绅商就希望铁路能配合吴淞开埠而改以吴淞为起点，经宝山、浏河、太仓以达昆山，昆山至上海路线与淞沪铁路接轨是在上海（接沪）还是在吴淞（接淞）遂成为沪宁铁路建设初期的一大问题。

10月初，作为沪宁铁路总办之一的潘学祖拟订了接淞方案，当面向盛宣怀陈述此举可“借兴商埠”，故盛宣怀即令其随同格林森勘测太仓至昆山路线，“以备比较”。[7]15日格林森将该方案线路图提交沪宁铁路总管理处（以下简称总管理处）第二次会议进行讨论，随后由总管理处将相关情况告知潘学祖及另一名总办朱宝奎，由朱宝奎翻译后呈盛宣怀审核。[8]

11月11日，盛宣怀在致两江总督兼南洋通商大臣魏光焘及江苏巡抚恩寿的函件中，认为10月10日格林森提出的方案“大致就道路远近、施工难易、商赁多寡”三方面“折中核定”，尤其是以建筑费用“不越全路借款”为准。此外，吴淞开埠后“未即兴盛”是因为淞沪铁路距离“太短”，等将来与沪宁铁路其他段衔接并通入内地后，吴淞与内陆地区都将“自渐繁盛”，似乎“不在接轨之远近也”，所以不赞成接淞方案。但盛宣怀也表示在太仓至昆山段的勘测图完成后，再请魏、恩两人审核确定路线走向。[9]次日，魏光焘即回电称，两种方案比较后如果“差率不远，宜仍就吴淞接轨，于商埠大有裨益”，同时已令潘学祖向当地绅商解释此事，[10]可见魏光焘对此颇为肯定。

15日，盛宣怀要求再作勘测，并称南洋通商大臣亦欲如此。19日，总管理处第六次会议对该方案再作讨论，璧利南（Byron Brenan）、蓝台尔（David Landale）、格林森、朱宝奎、潘学祖到会，[11]其中多数意见认为“改道实为不便”，而由上海直达昆山“较为便利”，因铁路通车后沪苏段“载运来往客货，较他段为最繁”。管理处表示尊重各成员意见，但仍委托格林森详加考察。[12]

由于铁路仍以上海至昆山线开展征地等工作，1904年初，“旅沪众商”不得不向督办吴淞开埠工程总局（以下简称工程总局）具文请愿，指出接淞方案的三大益处，其文如下：

筑路工程，贵乎便捷，取道于上海，道迂而费重，取道于吴淞，径捷而费轻，上海一路，桥多水广，必须绕过南翔，吴淞一路，地宽径直，可以直达昆山，相形之下，似以取道吴淞为便，此有益于工程者一也；市面之兴衰，视铁路为转移，吴淞开埠，国家耗费颇巨，铁路不由吴淞接轨，则地非冲要，埠务难期兴旺，所费皆成虚掷，若接轨吴淞，则地利可兴，商务必盛，此有益商埠者二也；上海商务繁盛，已属登峰造极，浦江积淤日甚，开浚之请日坚，铁路由淞接轨，轮船起卸货物，不必迂道江行，浚浦之议，有辞可卸，权利不为侵占，地方免多事故，此有益于交涉者三也。

概言之，第一，吴淞至昆山的路线里程数低于上海至昆山，且河流较少，便于工程建设；第二，有利于吴淞开埠，不致浪费国家经费；第三，避免租界通过《辛丑条约》规定的疏浚黄浦江而夺回航运优势。

工程总局将此情禀报魏光焘后，魏氏即亲自前往上海、昆山沿线察访，认为众商所言“正与本大臣所见

[5] 《淞沪铁路展造滨北工程并行车收支细数清册（一）》，全国图书馆文献缩微复制中心编：《清邮传部珍存铁路文档汇编》第一册，2004年影印本，第331页。

[6] 《寄江督魏午帅、苏抚恩艺帅》，盛宣怀：《愚斋存稿》卷六十一《电报》38，思补楼，1939年，第28—29页。

[7] 《沪宁铁路总管理处会议日记》（抄本），上海图书馆藏，1903年10月15日，无页码。

[8] 《寄江督魏午帅、苏抚恩艺帅》，盛宣怀：《愚斋存稿》卷六十一《电报》38，第28—29页。

[9] 《魏午帅来电》，盛宣怀：《愚斋存稿》卷六十一《电报》38，第29页。管理处由5人组成，中、英各两人，但包括格林森，故英方占优。参见《沪宁铁路借款合同》第六款。

[10] 《沪宁铁路总管理处会议日记》，1903年11月19日。

[11] 《南洋大臣批上海商业公所禀宁沪铁路请由吴淞接轨由 附原禀》，《北洋官报》第243期，1904年3月，第2—3页。

[12] 《寄京外务部、宁魏制台、苏端中丞》，盛宣怀：《愚斋存稿》卷六十六《电报》43，第7—8页。

相同”，且与“地方交涉、国家帑项”关系犹大，因此于3月间再次要求盛宣怀核查，并“坚持商办”。[13]

此后，供职于铁路工程购地总局的林贺峒（林则徐之孙）同样认为“在沪接轨，利少害多”，其中包括“运兵有阻”，即不利于军队调防，故请最先提出吴淞开埠的沈敦和与“同谙洋务”的朱宝奎两位沪宁铁路总办，与英国怡和洋行商议此事，“怡和必应遵办”。[14]

笔者认为，第二、第三两点乃出于国家主权考虑，无可厚非，但第一点值得商榷，因为无论从格林森的路线图还是当代地图分析，吴淞至昆山的路线里程数（约57公里）均大于上海至昆山（52公里）路线，是真正的“道迂而费重”，唯一的好处是可以将太仓州城、宝山县城、浏河镇等重要城镇连成一线，而上海至昆山段仅有南翔一镇尚属发达。而这一点不久也被盛宣怀发现并作为反对理由，“逐节争驳”林贺峒等人所言之各端。

与此同时，由怡和、汇丰两家洋行合资成立，具体办理沪宁铁路建设、贷款等项目的中英银公司以“造路应舍远取近，养路应舍瘠取肥”为标准，认为吴淞至昆山段“路远地瘠，货客稀少”，昆山至上海“经真如、南翔等著名富镇，工程亦近”，可见此说对沿线城镇情况的看法亦有失偏颇。但该公司又以在伦敦发行铁路债券为由，声称沪宁铁路“有利益无浮费”才能吸引投资者，如果“中道改议，取信何从”，因此不能改变原计划而失债信。

“为兴埠、防患起见”，沈敦和、朱宝奎两人经“数日争执”，最终于8月间[15]提出了一项折中办法：将沪宁铁路总站从上海改至吴淞，同时将普通货仓、铁路材料仓库、机车车辆修理厂等一切重要设施“悉置吴淞”，并增加黄浦江码头数量。盛宣怀颇为赞同，故于9月10日同时致函北京外务部、已调任闽浙总督的魏光焘以及江苏巡抚端方，声称该方案不仅使沪宁铁路以吴淞为首，江宁为尾，“扼江海要领”，而且使“江海货客，悉萃于此”，吴淞“自日兴盛”。而否决接淞方案实为“有利无害”，因此举可使英国债权人“不致异议”。至于林贺峒所言，“尤属误会”，因军队武器将由铁路专车运送并直达吴淞海口，“上海只是经过，洋人无权干预”，而且上海站及选定的路线都在租界以外。鉴于铁路债券已售，故盛宣怀请外务部“迅赐核定”。[16]

次日，魏光焘回电表示“此变通办法，洵属权衡利害，斟酌尽善”，应在外务部及端方回电后由盛宣怀“照议核办”。[17]同日，外务部回复称英国驻华公使强调上海至昆山路线已于发行债券时宣布，“此时万难更改”。该部另表示未曾接到更改路线的报告，故令盛、端二人核查后再作回复。[18]

9月13日，盛宣怀回复外务部、端方等人，向外务部表示虽然同样是在上海接轨，但上述折中方案“比较权利，所收实多”，同时请端方迅速确定方案。[19]22日，外务部来电表示同意该折中方案，并已回复英国公使和端方二人。[20]该部在回复端方的电文中表示“路名宁沪，应令沪、宁两路为起轴”，如改至吴淞则“取道稍迂”，盛宣怀既与中英银公司商定此折中办法，南洋通商大臣“亦无异词”，故可照此方案执行。如浏河镇“商务较旺”，将来可以由国人自办铁路连接吴淞，“不必让宁沪公司占去”。此外，外务部劝说道：中英银公司的债券已经出售，英国公使多次催促确定方案，“碍难久延”，故按照盛宣怀的方案回复英使。[21]但端方对此表示疑议，列出了以下两点理由作为回复：

自淞接轨，则货先到淞，自沪接轨，则货先到沪，货

---

[13] 根据沪宁铁路总管理处第18次会议内容大致判断，参见《沪宁铁路总管理处会议日记》，1904年8月23日。

[14] 《寄京外务部、宁魏制台、苏端中丞》，盛宣怀：《愚斋存稿》卷六十六《电报》43，第7—8页。

[15] 《魏午帅来电》，盛宣怀：《愚斋存稿》卷六十六《电报》43，第8页。

[16] 《外务部来电（并致江督苏抚）》，盛宣怀：《愚斋存稿》卷六十六《电报》43，第8—9页。

[17] 《寄京外务部、宁魏午帅、苏端午帅》，盛宣怀：《愚斋存稿》卷六十六《电报》43，第9页。

[18] 《外务部来电》，盛宣怀：《愚斋存稿》卷六十六《电报》43，第10页。

[19] 《外务部致苏抚电》，《沪宁铁路总管理处会议日记》，1904年10月27日。

[20] 《苏抚复外务部电》，《沪宁铁路总管理处会议日记》，1904年10月27日。

[21] 《外务部来电》，盛宣怀：《愚斋存稿》卷六十六《电报》43，第10—11页。

若在沪卸载，则所谓多设码头，江海货客悉萃于淞者，皆成虚词。……沪站虽与英界相隔，实与美界相连，止隔一浜，倘日后推广美界，则于运兵必多胁制。

至于解决方法，端方认为从北方运来的货物及铁路沿线的出口物资都必须在吴淞装卸，“方于埠务有益”。而中英银公司英方所占股份仅有两成，恐无法阻止美方行为，故必须请美、英等各方列强立据声明不再扩展租界、干预铁路事务。不过端方仍表示虽有疑议，但仅仅是在盛宣怀方案之内“稍事推敲”，并非完全否定，故仍将以大局为重，同意折中方案而“不致阻碍大工”。最后，端方呈请外务部转令盛宣怀“悉心妥筹”。[22]

25日，外务部将上述端方意见告知盛宣怀，令其详加研究后回电。[23]29日，新任两江总督李兴锐致电盛宣怀，表示接沪方案“既难改议”，那么就必须防止美租界扩张而将铁路并入界内，故请其“妥筹商酌”。[24]

10月底，端方致电李兴锐陈述更改路线之始末，希望得到李兴锐的“鼎力扶持”。他表示自己和魏光焘均赞成接淞方案，因此“叠次咨请盛大臣坚持”，在得到盛宣怀折中方案的回复后仍向外务部“力辩”。虽然没有成功，但仍表示以大局为重，只是认为此事早就该讨论，而不应在中英银公司发行债券后再作申诉。[25]

至此，接淞之议未能实现，上海至昆山段仍按格林森设计的路线建造（仅将昆山城北路线移至城南）。而上述折中方案最终也被否决，沪宁铁路总车站仍设于上海（即后来的北站），仅在吴淞蕰藻浜南的张华浜建造了一所机车修理厂和张华浜站的黄浦江码头。[26]1905年秋，新任购地局总办林贺峒解释了未在吴淞设总站的理由：

吴淞僻在海隅，距沪三十余里，往来无多人，其车站能容纳之？今沪宁为四通八达之区，东南最大之干路，熙来攘往之人出于此，内河外海之货集于此，无大车站不能容之。

由于1920年吴淞第二次开埠后，商埠督办张謇亦计划将总车站移设吴淞，[27]因此笔者认为“接淞”和总站迁移方案未能实现是导致吴淞第一次开埠失败的重要因素。

多年后，时任邮传部尚书的盛宣怀在1911年该部会议上阐述“沪宁路縻费过巨”一事时，认为“接轨上海，不接轨吴淞”与铁路材料不先向汉阳铁厂购买、材料厂及其他重要职位不用华人等项“皆显示违抗之意”，与合同不符。盛宣怀所言似在为己开脱，因其已在此前的历次路权风潮中因出卖路权、唯英人马首是瞻等事而遭千夫指，而盛宣怀在此事件中始终不同意接淞方案，且不乏维护英方利益之辞，故确实负有主要责任。

结论

沪宁铁路最终选择“接沪”，即今天从安亭入境，经黄渡、南翔进入普陀区的路线布置方案。但无论是“接淞”还是“接沪”，都没有通过嘉定县城，图1中的支线最终也没有建成，因此沪宁铁路对嘉定城的影响比较有限，而南翔、安亭等设有车站的城镇则因铁路而兴，但同时也在民国初军阀战争、1924年江浙战争以及两次淞沪战役中遭受了战火的摧残（对此笔者将另作阐述）。所以铁路对嘉定的影响是多种多样的，不能以一种单一的模式来解读。

---

[22] 《署江督李勉帅来电》，盛宣怀：《愚斋存稿》卷六十六《电报》43，第11页。

[23] 《苏抚端午帅致江督李制军辩论宁沪铁路电文》，《申报》1904年10月30日，第3版；《江督李制军接苏抚端午帅辩论宁沪铁路电》，《沪宁铁路总管理处会议日记》，1904年10月27日。

[24] 张允高等修，钱淦等纂：民国《宝山县续志》卷三《路衔》，民国二十年（1921）铅印本，第34页。

[25] 《禀复盛宫保沪宁铁路并未多购地亩》，林贺峒：《味雪堂遗集》，古闽林氏，1909年，第44页。

[26] 吴淞商埠督办张謇：《吴淞开埠计划概略》，《申报》1923年1月1日，第26版。

[27] 《沪宁路将有整顿之机　亡羊补牢未为晚也》，《申报》1911年4月4日，第5—6版。

《中国文学家大辞典》跋语

谭正璧 遗稿　谭 篪 整理

按：在撰写先父传记时，我无意间发见了一篇从未发表过的《中国文学家大辞典》跋语。翻开当年出版的《中国文学家大辞典》，不知为何未采用这篇《跋语》。这是一段历史的记录，在今天更是难得的有历史价值的珍贵史料。现整理出来，一者以为怀念，一者以飨读者。谭篪，2015年6月。

本书编纂之动机，肇始于五年之前。其时余任国文教员于省立某中学，讲授多暇，辄执笔为文章。先后凡编成文学史类书籍若干种，近六十万言。继因应讲授时参考之需，拟编一《中国文学家传》。初时计划，人数不得逾千，字数至多不逾二十万，其体例有若孙俍工氏之《泰西文学家别传》而已。但一经动笔，即感所限人数字数之不敷。乃改为分类纂辑，拟成《中国诗人传》、《中国小说家传》、《中国戏曲家传》凡若干种，每种字数约十万，合之可得五六十万。自以为成书既明，印行亦便。迨写成十万字左右时，忽又自念，此种分类编法，既不宜于参考时之翻检，而中国诗人、小说家、戏曲家，殊多一身兼其数者，分隶既理所不能，重见又不胜其烦，仍不如混而一之之为便利而合理也。乃决定复并为一书。本书大体为文言，中间偶杂一二白话者，即以掺入此十万字左右先成之稿故也。

古人穷愁然后著书，若余之穷且愁者，固已无殊于著书之古人。况世道崎岖，人心鬼蜮，渺渺此身，不知将置之何地始为愈？尝读林纾《冷红生传》，称“生木强多怒”，又云：“一有所狎，至死不易志。”余固若尔人者，乃欲驰驱于名利之场，志愿既乖，力安能胜？昔人有云，不为“无益之事，何以遣有暇之生”，况若执笔为

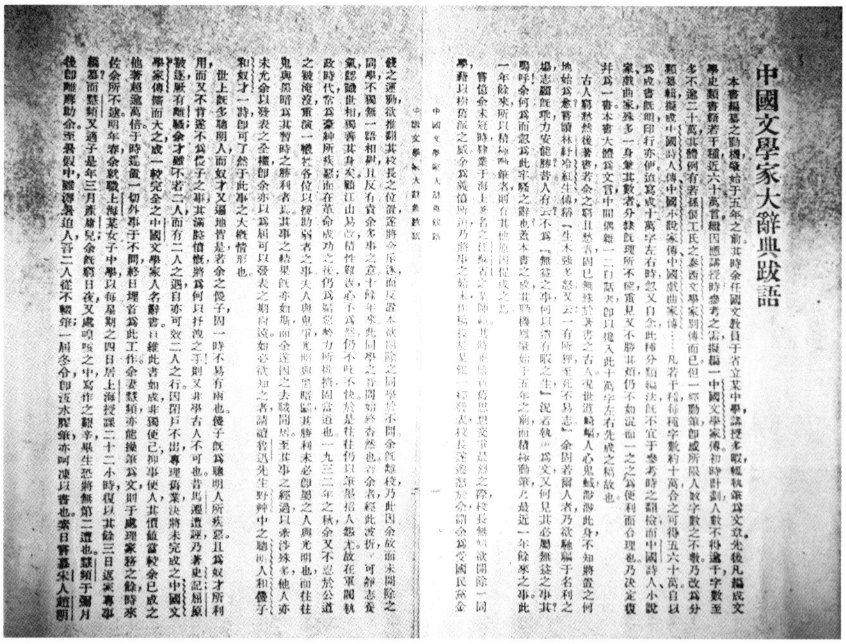
中國文學家大辭典跋語

谭正璧：《中国文学家大辞典》跋语

各版《中国文学家大辞典》

文，又何见其必属无益之事？呜呼！余何为而忽而此牢骚之辞也？盖本书之成，其动机虽肇始于五年之前，而积极动笔，乃最近一年余来之事。此一年余来，所以积极动笔者，则有其他原因促成之焉。

尝忆余未冠时，肄业于海上著名之片江苏省之某师范。其时正值新旧思想交争最烈之际，校长无端欲开除一同学，借以树旧派之威。余为义愤所迫，乃将事之始末，作稿投于某报。一经发表，校长遂迁怒于余，谓余为受国民党金钱之运动，欲推翻其校长之位置，遂将余斥逐，而反置本欲开除之同学于不问。余既离校，乃此因余故而未开除之同学，不独无一语相慰，且反有责余多事之意。十余年来，此同学之音问始终杳然也。若余者，经此波折，宜静志养气，认识世相，独善其身矣。顾江山易改，积性难返，心不为然，仍不吐不快。于是往往仍以笔墨招怨尤。故在军阀执政时代，常为豪绅所疾恶；而在革命成功之后，仍为腐恶势力所排挤，固当道也。一九三二年之秋，余又不忍于公道之被淹没，重演一牺牲各位以援助弱者之事。夫人与鬼争，光明与黑暗斗，其胜利未必即属之人与光明也，而往往鬼与黑暗为其暂时之胜利者焉。其事结果既亦如此，而余遂因之去职闲居。至其事之经过，以牵涉殊多，他人亦未允余以发表之全权，即余亦以为届可以发表之期尚远。如必欲知之者，请读鲁迅先生《野草》中之《聪明人和傻子和奴才》一文，即可了然于此事之大概情形也。

世上既多聪明人，而奴才又遍地皆是，若余之傻子，固一时不易有两也。傻子既为聪明人所疾恶，且为奴才所利用，而又不肯遂不为傻子之事，其满腔愤慨，将为何以抒洩之乎！则又非学古人不可也。昔（司）马迁遭诬，乃著《史记》；屈原被逐，厥有离骚；余才虽不如二人，而有二人之遇，自亦可效二人之行。因闭户不出，专理旧业，决将未完成之《中国文学家传》扩而大之，成一较完全之中国文学家人名辞书。且维此书如成，非独便己，抑是便人，其价值当较余已成之他著超逾万倍。于时遂置一切外事于不问，终日埋首于此工作。余妻慧频，亦能操笔为文，则于处理家务之余，时来佐余所不逮。明年春，余就职上海某女子中学，以每星期之四日居上海授课二十二小时，复以其余三日返家专事编纂。而慧频又适于是年三月产庸儿；余既穷日夜，又处皇咳之中，写作之艰辛，毕生恐将无第二遭也。慧频于弥月后即离蓐助余。至暑假中，虽溽暑迫人，吾二人从不辍笔；一届冬令，即冱水胶笔，亦呵冻以书也。素日尝慕宋人赵明诚、李清照夫妇玩古归来堂，自以为其乐在声色狗马之上，今余二人亦颇足以仿佛之。至今岁二月，全书告成。综计人数共近七千，字数不下百万，而余二人乃以一年余之时间写成之。既以自惊，亦足自豪也！

世之聪明人，见余颇好著述，嫉其将赖以名世而不利于己也，乃不屑造作子虚乌有之事以诋毁之。其尤可笑者，莫如《橄榄月刊》所登《抄袭家谭正璧》一文。骤睹其题，以为必为一篇皇皇大作。及翻原文，乃仅寥寥数十字。大意谓余所编《中国文学进化史》全抄郑振铎《文学大纲》，《中国女性的文学生活》全抄陈东原《中国妇女生活史》。余无他语也。读之为作苦笑。盖月刊之出版，适在余为傻子之后二月，世间乃有此巧事耶！余性戆直，不善虚饰，故从未有撺取他人著作之大意，另成一书，而自诩为创作。生平著述，除诗与小说外，皆属述而不作。其《中国文学进化史》一书，除末一章外，本几无一语出于己，但亦非采自一书，其书目已于序言中一一开列，以示不敢掠美。郑氏《文学大纲》故亦其中之一，但谓余全抄是书，曾读余书者谁其信之！至《中国女性的文学生活》之与陈氏《中国妇女生活史》，两书之性质既全不同，即借引史事二三处亦不逾千言，且于每节后列目声明，其余三十万言皆与之毫无关系。设非其人患神经错乱症至不可救药，决不无端作此诳语也。但余最不解该月刊之主编人，对此寥寥数十字之大文，何所取而必欲登载之也？呜呼，借文章为私人洩怨之具，如言之成理，人情或可相原；至若此者，其居心真不知如何云之始为当也！余今复为此书，在百万余字之中，无一语无根据，无一事无来历，不知彼人见之，又将赐余以何种徽号也！呜呼！中国著述界之道德，竟一至于斯！

上所云云，乃欲证余此书，实成于穷愁忙迫之中，非可与坐于洋房中沙发上口衔雪茄之著作家相提并论。且余在著述界中，仅一无名小卒，而嫉忌之者千方百计破坏之犹不止，故未免言之哓哓。然余又岂得已哉！人生不过数十寒暑耳，与人争取一日之长，即胜又有何益？不若为公理之争，虽败犹有荣也。余好著述，乃余之癖性所致，非与他人角名争利也。既无损于他人之名利，又何为而必欲嫉忌之？故非谓其别余有心不可也。且余非敢自诩：世之真能以全力从事学问者究竟有几人？若余者，虽思想材力不必胜人，而独于好学一事，则颇自信为不肯后人。穷愁为余，乃以工作教酬所获，全供之于市书，除非疾病至于昏聩无知，从无一日手离书卷。若此者固不必有益于人，然可决其必犹贤于博奕也。他人不于此争胜而必欲嫉忌之，究属何故？呜呼，余为穷愁而好书，又为穷愁而著书，世之人聪明者既皆不若余之穷愁，为奴才则可以不至于穷愁，对于余，其亦可以息其嫉忌之心矣。至于余好仗义执言，往往为公理而得罪他人，则公论若存，是是非非，千秋自有定评。固不必于一朝以口舌辩定之也！

但余不知不感谢世之聪明人与奴才。设世上无此二种人物，则余书必不成就。盖余本无于一年半之时期中，以一手成此百万余言大书之决心也。嫉忌余者，今竟为助余者矣。塞翁失马，安知非福！此一年余来，人事给予余之教训，已足使余消释过去种种愤慨于无形。然自今而后，余始知聪明人固可恶，而奴才尤可恶；聪明人诚为戕世之贼，而奴才之害人尤甚于聪明人。犹之刘鹗所谓“赃官可恨，人人知之；清官尤可恨，人多不知。若赃官自知有病，不敢公然为非，清官则自以为不要钱，何所不可”，奴才之害人也不负责任，犹之清官自以百不要钱也。余颇悔前此时于鲁迅先生之诗之草草读过矣。

此书成其半时，承光明（书局）主人王君雅意，即付排印。迨全书告成，而排印亦已三分之二。否则此百万余言之书，非再阅一年余之时期，必不及与世人相见也。且此类大部参考书籍，在学术上之价值固不至甚低，然其销行之程度则殊可虑。此则凡营书业之人类皆知之。光明主人之不假思索而印付排印，其初固抱牺牲之决心也。呜呼！此书编成既不易，而付排印所费又殊浩繁，今仅以二年余之时间，全书竟得出而问世，则光明主人对余之信任及其尊重学术不较利益之衷怀，殊令人感激而又钦仰无已也。

近晤多年未见之老友朱君，朱君固早以善著书称者也，忽谓余曰：“著书乃穷愁者之事，著书愈多，则其穷愁也愈甚。故余近来不复著书，惟终日读书而已！”是言也，实一般著述家所共有之心理也。然世之无须著述者，则又往往不肯读书矣，将奈之何！且当著述之际，此中自有乐趣。不独静对古人，可以滤清胸中块磊；即于处世任事之阅历，亦可由是增益。余每忆去秋某夕，夜凉如水，万籁俱寂，但闻秋虫伏于阶下作悲鸣。当此之时，中儿已先入眠，庸儿于哺乳后亦熟睡，余与慧频乃于围城中相对展纸，悉束不休。慧频目疲首欲沈，犹强为讳其不倦，偶为余所见，则为之嫣然一笑。余之睡魔因亦为却。此中景况，又岂聪明人与奴才所能得而玩味哉！故余始终甘之而不悔也。

书籍出版，欣喜无限，乃自为跋如右。

一九三四年七月十日，正璧跋于黄渡

平汉抗敌留印

沈逸千

在7月7日卢沟桥廿九军抗战发动以后，全国朝野都已认清这是日本继东北二进占我华北之真面目揭露了，国人对于英勇杀敌的捍土将士都抱着一颗热烈之同情心，在精神上、物质上予前方将士以最大之希望与鼓励。中央方面知道敌人倾巢进犯，深恐廿九军势力孤薄，故抽劲旅北上，驰援前方，讵料当时廿九军的一部分领袖在暴日与汉奸重围之下，犹以日方和平为恃，故意劝阻援军于保定、石家庄之南，然敌人之和平实系缓兵之计，一面调兵遣将，把持交通，占领阵地，筑飞机场，安排炮位，而我华北军事当局竟视若罔闻，并不令驻军修筑工事，同时反将北平城门大开，街道障碍物全部拆除，以示我方的真正和平。此时敌人早把我驻军包围得像那天罗地网了，遂食和平之约，突在7月底的几天里，将南宛、团河、平郊各处，恣意轰击，我廿九军根据地之南宛大本营，不待准备即被敌炮火破坏无余，其他各军亦悉遭摧败，于是我军不得不放弃华北军政经济中心的平津了。以抗日成名的廿九军，遂在敌人欺骗、汉奸播弄之下，而遭受这次意外之大打击。

廿九军虽遭打击，然而喜峰口、卢沟桥杀敌之伟绩，依然存在，况因此而激起我国的全面抗战，终将予敌国以整个的毁灭，看吧！廿九军现在保存着十万大军还在津浦线伺机反攻，而平汉线上我们已有最精锐的生力军严阵以待，又看察、绥、晋北同时发难抗敌，而淞沪我军更予敌人以空前的打击，兹现将平汉战区视察印象报告于后。

（一）华北各省受暴日的压迫，比南方更深切而直接，所以战区人民对于政府领导的牺牲抗战，都具绝大决心，大有誓与暴敌不共戴天之概，但看前后方民众自动为军队任运输、救护、做工事、做饮食等，日夜忙碌，毫无怨色，返观敌军阵线里的同胞们，日在兽兵奸淫劫掠之下，大都冒险地往我阵地逃过来，此时我军不特不惊害他们。遇到妇孺更能尽力地救护，把她们送回后方去，在战区民气这一点上看来，日军必定要遭到失败是很显著的。

（二）敌人此来乃为侵略战，所以将士都怕牺牲，在前方凭着犀利的武器和猛烈炮火，才仅仅维持他们现有的阵线，如果一遇我军冲锋袭击的时候，他们的炮火便没有效力，那时敌军一见我军，几乎失掉了整个的战斗力。现在前方将领正等待着统一的军令的下来，准备予敌人以最严重的损失，所以收复失土，复仇雪耻，只是时间上的问题，只须等候时机的成熟。

（三）敌国的军阀和财阀，因为看中国有了广大的国土和丰饶的资源，而缺少抵御外侮的勇气，所以得寸进尺地一往直前，不知道“九•一八”后的五六年来，我全国人民已容忍到最后的关头，全国上下已经团结像钢铁一般坚硬，所以这回日本再没有像取东北那样一本万利的好机会了。同时我们要知道一个营养不足的新兴强国，他国里的财政和民间的经济，在历年侵略军备吸收之下，早已到了山穷水尽的状态，同时他们的暴行，震动了全世界人士的愤慨。所以它在世界上只有它的敌人，它一旦和我国作战到相当的时期，不是国内革命的爆发，便是激动世界的实力制裁。

以上敌我的国情，在华北前后方的军人和民众，都认得很清楚。所以我军在战胜时，并不骄傲，而对战败也不懊伤，因为我们的胜利，却在最后的持久战中得之。

平汉线我军阵地可分中、左、右三方面。中路为琉璃河平汉铁道线至窦店，与良乡敌军相峙。右翼在永定

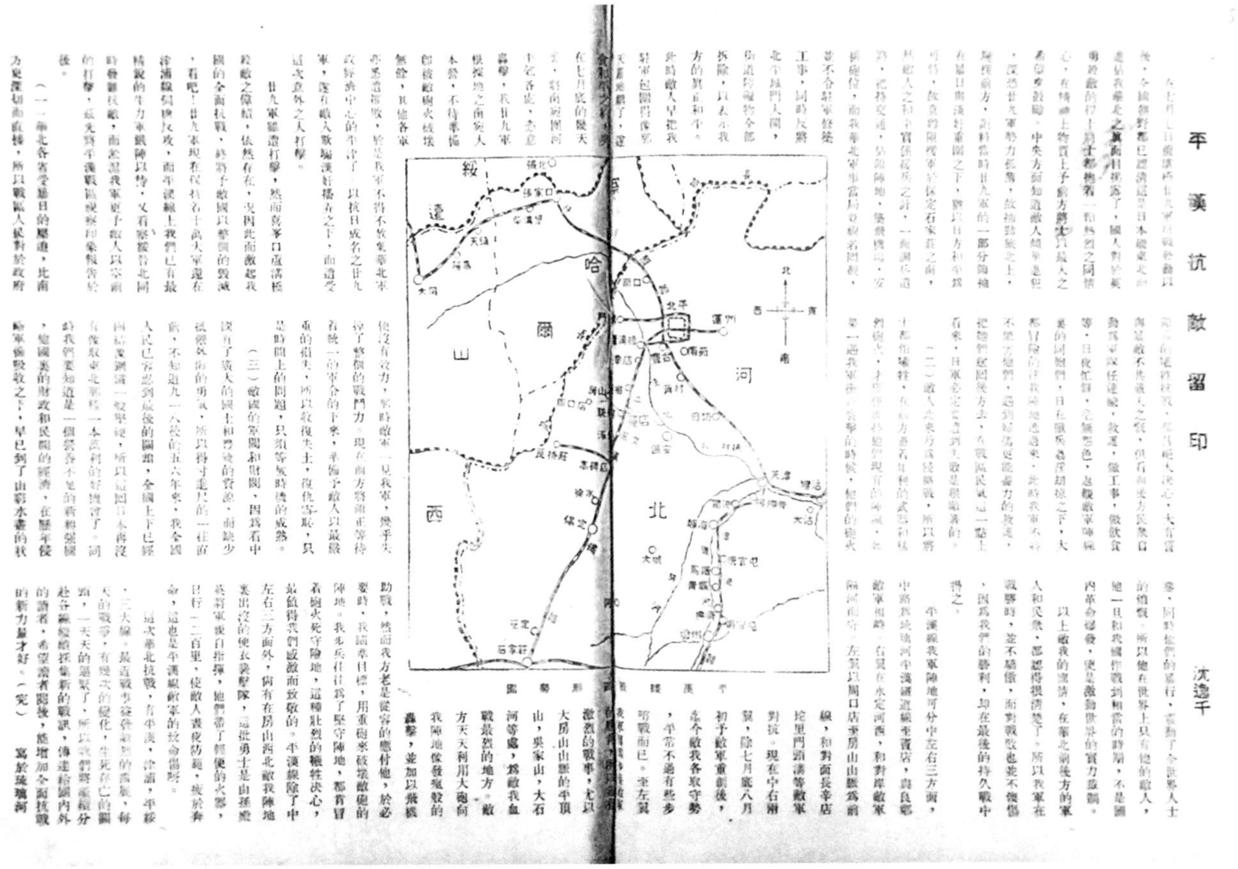
平漢抗敵留印

沈逸千

沈逸千《平汉抗敌留印》书影

河西，和对岸敌军隔河而守。左翼以周口店至房山山脉为前线，和对面长辛店、坨里、门头沟等敌军对抗。现在中、右两翼，除7月底、8月初予敌军重创后，迄今敌我各取守势，平常不过有些步哨战而已。至左翼我军因为抄袭敌军的腹背，所以常有激烈的战事，尤以大房山山脉的平顶山、吴家山、大石河等处，为敌我血战最烈的地方。敌方天天利用大炮向我阵地像发疯般地轰击，并加以飞机助战，然而我方老是从容地应付他，于必要时，我瞄准目标，用重炮来破坏敌炮的阵地。我步兵往往为了坚守阵地，都肯冒着炮火死守险地，这种壮烈的牺牲决心，最值得我们感激而致敬的。平汉线除了中、左、右三方面外，尚有在房山西北敌我阵地里出没的便衣袭击队，这批勇士是由孙殿英将军亲自指挥，他们带了轻便的火器，日行一二百里，使敌人昼夜防范，疲于奔命，这也是平汉线敌军的致命伤呀。

这次华北抗战，有平汉、津浦、平绥三大线。最近战事益发剧烈地扩展，每天的战争，有几次的变化，生死存亡的关头，一天天地逼紧了，所以我们将继续分赴各线，继续采集新的战讯，传达给国内外的读者，希望读者阅后，能增加全面抗战的新力量才好。

写于琉璃河

编者按：原文载《良友战时画刊》第8期，1937年9月26日出版。

祖父沈逸千的抗战写生

沈原一

抗战美术史是我国现代美术史上一段令人着实难忘的历史，这个英雄辈出的时代造就了一大批文艺人才。其间，活跃着不少卓有成就的艺术家，而且多为血气方刚的青壮年。当时，吾祖父沈逸千（1908—1944）不过二三十岁，便跃然成为其中大名鼎鼎的一位画家。曾任香港《美术家》杂志主编的黄蒙田先生（原名黄茅，系抗日漫画宣传队队员）作为上述那个轰轰烈烈时代的过来之人，对昔日画坛上的情景记忆犹新，感触尤为真切。黄先生认为："在当时来说，像他那样以最大的热情投入为国家民族战斗第一线并以自己的艺术作为战斗武器的艺术家，几乎难以找到第二个。"[1]此虽一家之言，但借此我们可以想象得出一个从"九·一八"事变后就屡组并领导救亡美术宣传团体（上海美专国难宣传团、中国抗战艺术出国展览筹备会、战地写生队）且为之贡献出一生的画家是什么样的人。记得俄国作家托尔斯泰说过："有价值的艺术家是为他的信念做出牺牲的艺术家。"我想，把这句话用在这儿，是很恰当的。

祖父沈逸千是当时画坛上的一员骁将，正进行着以中西绘画技法合璧的新国画形式的尝试，这为古老的传统绘画艺术如何适应时代的潮流开辟了新路，为后来

[1] 黄蒙田：《沈逸千八十诞辰》，《黄蒙田散文·回忆篇》，第9页，天地图书公司1996年版。

卫立煌签名画像

朱德签名画像

《黄河西岸的古镇》

《大刀向鬼子头上砍去》

中国画的发展提供了宝贵的经验，更为可贵的是，他在这段国难深重的日子里，不愿闭门造车，而积极投身于如火如荼的抗日救亡运动，走南闯北，出入硝烟弥漫的战场，冒着死亡的威胁，以手中的画笔再现了一幕幕真实的历史场景。其战地写生作品堪称一部不可多得的珍贵历史文献（惜在“文革”浩劫中损失严重），这是他不忘艺术家的神圣历史使命，并在技法和题材选择方面摆脱传统意识束缚的成果。无怪乎美术史论家黄可明确指出：“在投身抗日救国宣传活动的画家群中，沈逸千是杰出的代表。”[2]

在每一位真正的艺术家的作品中，自然都倾注着各个作者的情感，法国雕塑家罗丹就说过这样一句名言：“艺术就是感情”，而俄国哲学家、评论家别林斯基则进一步阐述道：“如果艺术作品只是为了描写生活而描写生活，没有任何发自时代的主导思想的强有力的主观冲动；如果它不是苦难的哀歌或热情的赞美，如果它

《中条山机枪手》

[2] 黄可：《中国新民主主义革命美术活动史话》，第310—311页，上海书画出版社2006年版。

《火线上押解下来的日俘》

不是提出问题或解决问题，那么，这样的艺术品就是僵死的。”我祖父沈逸千在当年是一位享有“写生第一”称号的画家，他“走遍了南北各战场和西南、西部大后方，在文艺工作者之中，他是走路最多、走得最远的一个人。如果读万卷书不如行万里路，那末，他的作品的价值也就可以知道了。……不是在承平时代遨游名山大川，他在抗战五年中，经常是前方的，太行山、中条山他曾停留过相当久的时候，两次长沙会战，国军远征缅甸，他都及时赶到。他背着画箱，奔走南北，出入战场，不是以一个悠然的写生画家的姿态出现的，他是作为一个抗战宣传的艺术工作者，在后方收罗了后方生活的动态，带给前方将士看；在前方抢救下血淋淋斗争的史料，带回给后方民众看，他是用他的画笔来联系前方与后方的”。[3]因多为即兴作品，笔下充满了激情，虽着墨不多，敷以淡彩（有的就是纯水墨的），但内涵丰富，形象典型而生动，既不呆板，也不教条，富有时代气息，故在当时巡回展出时深受欢迎。其中有战壕里的一瞬间、督战将领暨政要人士之画像（作品上留有被画者的亲笔签名）以及普通军民甚至日本俘虏的形象，有战场巡礼，也有具象征意义和战略意义的建筑物，如《黄河西岸的古镇》等等。

我祖父沈逸千试图从各个角度去全方位地描绘战时场景，范围包括正面战场和敌后游击战场，反映的面比较广，例如，《中条山机枪手》表现的是他在正面战场所见，《大刀向鬼子头上砍去》所绘的则是一位手持利刃毙敌5名、夺敌机枪1挺、步枪2支而自己身负7处伤的敌后游击英雄形象，《火线上押解下来的日俘》记录的乃是他在长沙大捷时之所见，而《有家归不得的关东人》则无疑是对东北沦陷的一曲挽歌。

《有家归不得的关东人》

正是这些真实撼人的写生画，使得我们如今在离抗战胜利70周年后观之犹如置身当年，似亲眼目睹了历史之一幕幕。我们应该感谢这位舍生取义的画家用其一腔热血和宝贵生命换来了这些画稿，这些血汗的结晶品，确实构成了一部关于二十世纪三四十年代中华儿女反侵略之民族解放斗争的抗战史画，从而刷新了二十世纪美术史册。

[3] 茅盾：《对逸千画展的感想》，《茅盾全集》第二十二卷，第356页，人民文学出版社1993年版。

邵燕祥嘉定一日

楼耀福

2013年5月，邵燕祥老师有过一次嘉定之行。

能当面聆听邵老师风趣深刻的谈话，一直是我心之所向。2012年7月，我们从中国作协雾灵山创作之家回上海，路过北京，拜访过他。见面那天，我们提早到了相约地点。大厅里一位老人穿一件白色圆领汗衫，短裤，拉着辆可折叠的小车，上面是些简单的包包。我一看正是邵老师，一旁是他夫人谢大姐。他们刚从郊区回市区，坐的地铁。就在这次见面中，我们相约第二年在上海再见。

第二年开春之后，我一直留意关于邵老师的信息和行踪。4月，从微博中得知他们夫妇已回邵老师的故乡萧山。我即请朋友转达问候，并期待他们来上海，强调是前一年在北京的约定。

邵燕祥在嘉定孔庙仰高坊前

在等候邵老师的日子里，我得知香港牛津大学出版社精心编辑出版了《邵燕祥自书打油诗》。看着网上那本样书的漂亮封面，我对邵老师的思念更切。

谢大姐终于来电话了，说“五一”来嘉定。

邵老师知我喜茶，那天刚进门就赠我一罐“大山坞”安吉白茶，说是杭州作家王旭峰所赠，“两罐转赠其一，算是半壁江山”。他还是那么风趣幽默。

春季，正是嘉定白蚕与蒜苗上市时，嘉定白蚕与蒜苗的香糯久负盛名，上馆子不一定能吃到，我自己采购自己掌勺。邵老师食之连称其美味，称南下近一个月，此餐最合他意。

邵老师知我写过王世襄，是个“世襄粉”。吃着家常菜肴，他说王世襄是个地道的美食家，不仅自己能做，而且能非常专业地品评。一些名厨每有“新作”都以能请他品尝为荣。香港有个叫土哥的，父亲曾是某省书记，上世纪八十年代末，父子反目，土哥南下一心钻研厨艺，不问时政。一日来京，说要为世襄老人做几个菜，自带食材、调料和全套菜具，在邵老师家厨房操作。王世襄喝一口土哥做的煲汤，夸其“神品”。邵老师还专门写了“神品”两字，以证此事不虚。邵老师与世襄老人关系非同一般，他说：“早知道你那么崇拜王世襄，他在世时，我是可以介绍你认识的。”至此，与王世襄我真有失之交臂的后悔。

午后，游嘉定孔庙，邵老师称赞宋代古迹能保护至今，很不容易。他说他最早了解嘉定是从“扬州十日”、

邵燕祥夫妇与殷慧芬在嘉定孔庙东庑廊下交谈

“嘉定三屠”开始的。游罢州桥老街，我们在敬茶坊喝茶。我提到他刚出版的《邵燕祥自书打油诗》。邵老师说：“你看到了？我还没看到呢！”我说：“我是从网上看到的。诗好字好，真漂亮。”邵老师答应拿到样书后一定寄我们一册。

傍晚，我送邵老师谢大姐回市区宿地，满以为短短的嘉定一日游已画上句号。岂知没多久，他从北京不仅寄书，而且还寄来我非常喜欢的墨宝：“一千三百多年了，历历唐梅证一身。不为梅妃抒旧怨，何须马嵬溯前因。欲知往岁玄宗事，宜问上阳白发人。我自长安局外树，花开万朵伴生民。”江南之行，邵老师在余杭塘栖古镇拜唐梅，闻系开元年间所植，即兴赋诗，借唐梅抒怀。又过两个多月，我在《新民晚报》“夜光杯”读到邵老师《云水山房散诗》一组。《塘栖古镇拜唐梅闻系开元年间所植》正在其列，另一首《初来嘉定感怀》，更让我怦然心动：“史以真实能发聩，城因屠戮久知名。只缘某是清兵后（其母为满族血统），独向郊原吊冥灵。”

在嘉定这块土地上，邵老师仅因其母是满族血统，便“独向郊原吊冥灵”。我感慨良久。

流动的古城

——皮划艇环游嘉定古城河

陆争友

智者乐水，仁者乐山，自古文人骚客从不掩饰对山水的亲近，士大夫的生命和精神最是依恋山水。“两岸猿声啼不住，轻舟已过万重山”、“兴尽晚回舟，误入藕花深处”、“春潮带雨晚来急，野渡无人舟自横”，这些经典的诗句无不彰显出古人对舟子、流水的喜爱。一叶扁舟不仅是简单的代步工具，更是一个美丽的符号，千百年来勾画了多少咫尺相思、江岸送别的经典画面。

初夏，正是竹深留客处，荷净纳凉时。携妻带女并邀好友一行五人，泛舟嘉定古城河。虽不似古人一叶扁舟，只自备皮艇一艘，倒也契合当下与时俱进的社会风气。我们选择靠近东门吊桥嘉定环城河绿化带处下水，此地的亲水草坪便于操作。花约20分钟给皮划艇充气，并穿着救生衣，装备救生圈等必要的安全措施，然后起航。

甫一下水，天空便飘起了牛毛细雨。细雨蒙蒙间，小艇所至划开水面上点点浮萍，此情此景连小女都不禁吟起白居易的诗句“小娃撑小艇，偷采白莲回。不解藏踪迹，浮萍一道开”，惹大家一阵欢笑。船行水面顿觉远离尘嚣，舒展身心，仿佛时间也在此放缓了步伐。轻划小艇，悠然赏两岸风光，环城河绿化带仿佛妇人项间佩戴的翡翠项链，将古城装点得格外清秀动人。灰鹭、白鹭等水禽不时掠过水面，惊起阵阵涟漪，岸边步道上晨练的人们，见我们划艇而过投来好奇的目光，不时有人与我们并肩而行，攀谈几句。经过紫藤公园时，

悠然行进中的皮划艇

透过茂密的树丛依稀可见园中盛开着的紫粉色，这座和式风格的公园，在我们少年时期便已建成。十多年来，园内设施日益完善，紫藤、樱花等各种植物日益茁壮，尤其是紫藤花，近年来更是闻名遐迩，不仅是嘉定市民，市区乃至外省都有游人慕名前来赏花。

过紫藤公园不久，忽然飘来阵阵丁香花香，不时还有花瓣飘然入艇。闻香而望，一片青灰色的古城墙掩映在岸边参天大树之中，横跨横沥河东西两岸。巍峨的城墙上"南水关"三个遒劲有力的大字用花岗岩雕刻而成，镶嵌在城墙之中，显得格外醒目。南水关自古是水道入城的必经隘口，数百年来几经兴废，直至1991年夏秋由人民政府出资重建，妥善维护方使其恢复历史风貌。饱经风霜的南水关，像一位威武的将军镇守着水道关隘，护佑着一城的平安；又像一位慈祥的老者，世代守望着城中子孙后辈。置身于水关桥下，我仿佛看到城墙上战火熊熊，烽烟四起，又觉像是坐在爷爷的膝下听他缓缓地述说着沧桑变迁……

嘉定古城河是上海唯一的保存完好依然发挥功能的河道，也是全国不多见的古代护城河遗址，全长约6公里余，同老城区内贯穿东西南北的练祁河、横沥河一起，构成了"环形加十字"的独特水系。基于这样独特的水系，嘉定城邑除东、南、西、北陆上四城门外，另有相对应的四座水关门。水关与陆上城门同为嘉定城墙的组成部分，目前仅存重修后的南水关、西水关两座。南水关以西，与水关相连的是两处古城墙遗址中的一处。沿河为带状秀苑，廊道亭阁，枫楠修茂，尽显古城魅力。遥想南水关曾经的辉煌，如今韶华已去，留下的只是断壁残垣，不免心生寂寥。

出南门吊桥，溯流而上，经上海大学嘉定校区、丽景小区，来到塔城路桥西北堍的古银杏树公园。公园内有数十棵树龄百年以上的古银杏树，小时候这里还有居民区，我有同学便居住其中，为保护古树，后将此处居民迁出，改建成如今的古树公园，供市民休闲建身之用。嘉定自古人杰地灵，银杏树嘉定又称"灵眼树"，在嘉定安亭还有一棵千年古银杏，为上海树王。听老人讲，灵眼树通常栽种在寺庙道观周围，据说此处古时也是有座大寺庙的，只是如今早已不见踪迹。

坐在小艇上看古城西水关

再往北便是曾经嘉定最繁华、最热闹的西门地区了。练祁河两岸的老街统称西门老街，如今南岸的西下塘街因为金地小区的建造已经荡然无存，每经此处总叫人唏嘘不已。练祁河由此入城，一路向东穿城而过，在法华塔下与横沥河交汇。练祁河素有嘉定母亲河之称，在南宋嘉定十年以年号命名为"嘉定"之前，这片土地一度被称为"练祁市"，而这个"市"所反映的正是西门老街的繁华。记得小时候爷爷还在的时候，最喜听苏州评弹，老街上就有一座老式茶馆，喝茶、聊天、听书是当时人们比较时髦的休闲方式，爷爷有时也会带我一起去。只见茶馆的小舞台上一男一女长衫旗袍，三弦琵琶又弹又唱，吴侬软语咿咿呀呀……那时年幼是听不懂的，但是茶馆里又弹又唱的"老法人"、穿梭在茶桌间端茶递水的堂倌们，还有茶馆里人头攒动的茶客们却给我留下了至深的印象，至今记忆犹新。

过西门吊桥，在原复建纸箱厂旧址还有嘉定另一段古城墙遗迹，虽只剩残垣断壁，却隐隐还能看出当年的恢宏。沿岸修建了护栏，墙角及岸上铺种了草坪，常有市民于此晨练、垂钓。过古城墙遗迹，拐弯进入古城河北段，儿童公园、嘉定中心医院、桃园公寓、北水湾公园等地标建筑分布在古城河两岸。

回到东门吊桥，完成护城河环行嘉定，起点亦是终点，全程6公里水路，耗时3小时有余。于水路换个角度看嘉定，是一种别样的感觉。旧城河，新地标，这就是嘉定——教化千年的古城，创新与传承的新镇。

馆讯

1. 协助《胡厥文诗书选》出版

2015年4月1日，上海翥云艺术博物馆馆长周嘉等应约前往北京，拜访胡厥文之子胡世华先生，为出版《胡厥文诗书选》作沟通。9月29日，由中国民主建国会中央委员会、中华职业教育社主办的“纪念胡厥文先生诞辰120周年暨爱国主义教育基地揭牌仪式”在嘉定博物馆举行，胡世华与其子胡永谦应邀出席。10月2日，胡世华、胡永谦来我馆参观，并在馆藏胡厥文、胡叔常作品前留影。

周嘉与胡世华先生在商谈《胡厥文诗书选》事宜

胡世华先生在我馆参观留影

在“纪念胡厥文先生诞辰120周年暨爱国主义教育基地揭牌仪式”上，周嘉与胡世华先生等合影

2. 配合拍摄纪录片《翥云流长》

2015年3月至6月，上海翥云艺术博物馆配合嘉定电视台拍摄纪录片《翥云流长》，片长30分钟。该片于7月播发，是2018年嘉定建县800周年的献礼系列纪录片之一。

嘉定建县800周年的献礼系列纪录片之一《翥云流长》

拍摄现场

3. 接受《典藏》采访

2015年8月初，台湾《典藏》杂志来馆采访我馆周嘉馆长，介绍我馆所藏嘉定竹刻。

专访：《嘉定人的本土情怀——周嘉与他的翥云艺术博物馆》

2015年《典藏·读天下》第八期封面

4. 参加国家文物局培训

2015年8月4日至11日，国家文物局主办的“2015年度全国非国有博物馆馆长培训班”在内蒙古自治区赤峰市举办。我馆陈洁副馆长作为上海的代表参加该培训班，通过学业考核获得“文博业务培训证书”。

培训班开班现场

培训班部分学员合影。前排右三为陈洁

5. 承办嘉定区纪念抗日战争胜利七十周年图片展

2015年7月，“铭记历史·珍爱和平”嘉定区纪念抗日战争七十周年图片展在嘉定图书馆举办，这是“勿忘·前行”嘉定区纪念中国人民抗日战争胜利暨世界反法西斯战争胜利70周年系列活动的内容之一，我馆作为展览承办单位之一提供了部分展品。

8月7日至9月18日，“血染的民族魂——安亭：纪念抗日战争胜利七十周年影像实物特展”在安亭镇文广黄渡中心举办。该展览由中共嘉定区委宣传部指导，中共安亭镇委员会主办，我馆承办，展出我馆馆藏的抗战时期影像实物200余张（件）。在开幕式上，区委宣传部授予周嘉馆长“嘉定区纪念抗日战争胜利七十周年主题活动特别贡献奖”。

“铭记历史·珍爱和平”嘉定区纪念抗日战争七十周年图片展现场

“血染的民族魂——安亭：纪念抗日战争胜利七十周年影像实物特展”现场

6. 周嘉馆长获得荣誉

2015年9月4日，法国欧亚收藏家协会和法国国际艺术交流协会在法国里尔联合举办授职仪式。由协会高级顾问、前法国文化部人力资源部主任、著名学者及资深收藏家米歇尔先生，代表协会授予上海翥云艺术博物馆馆长、上海殷商甲骨文研究院副院长周嘉先生担任法国欧亚收藏家协会第一副主席聘书，法国国际艺术交流协会主席芬妮·玛当女士向周嘉先生授予荣誉会员及高级顾问聘书。

法国国际艺术交流协会主席芬妮·玛当女士向周嘉授予荣誉会员及高级顾问聘书

法国当地电视台跟拍我馆一行参加里尔淘宝节